经管华信 创新系列·会计学

基础会计学（第2版）（修订版）

Basic Accounting, Second Edition

◆李视友　主编

◆刘录敬　龚　丽　赵雪梅　副主编

電子工業出版社
Publishing House of Electronics Industry
北京·BEIJING

内 容 简 介

“基础会计学”是财经类专业各层次学生学习和掌握会计基本原理、基本方法与基本技能的一门专业基础课程，也是相关专业学生及人员学习和了解会计基本知识的入门教材。

本书按照由浅入深、循序渐进的认知规律安排总体结构和各章内容，每章均设置有“学习目标”、“知识链接”、“画龙点睛”、“勤学好问”、“重要概念”、“复习思考题”、“练习题”、“案例分析题”等特色板块，使初学者可以轻松、愉快地从不同角度、以不同形式加深对会计基本知识的理解与运用。全书共分10章，包括总论、会计科目与账户、记账方法、借贷记账法的运用、会计凭证、会计账簿、财产清查、会计报表、会计核算形式和会计工作组织。另外，本书还配套有教学PPT和《基础会计学模拟实训教程》。

本书适合普通高等院校的会计学、财务管理、工商管理、经济管理和其他相关专业的学生使用，也可作为从事会计及经济管理工作的企事业单位人员的培训教材和参考用书。

图书在版编目（CIP）数据

基础会计学/李视友主编. —2 版（修订本）. —北京：电子工业出版社，2015.3
（华信经管创新系列）
ISBN 978-7-121-25678-3

Ⅰ. ①基… Ⅱ. ①李… Ⅲ. ①会计学－高等学校－教材 Ⅳ. ①F230

中国版本图书馆 CIP 数据核字（2015）第 047348 号

策划编辑：王赫男
责任编辑：王赫男
印　　刷：三河市鑫金马印装有限公司
装　　订：三河市鑫金马印装有限公司
出版发行：电子工业出版社
　　　　　北京市海淀区万寿路 173 信箱　邮编　100036
开　　本：787×1 092　1/16　印张：16　字数：390 千字
版　　次：2015 年 3 月第 1 版
印　　次：2015 年 3 月第 1 次印刷
定　　价：35.00 元

凡所购买电子工业出版社图书有缺损问题，请向购买书店调换。若书店售缺，请与本社发行部联系，联系及邮购电话：（010）88254888。

质量投诉请发邮件至 zlts@phei.com.cn，盗版侵权举报请发邮件至 dbqq@phei.com.cn。

服务热线：（010）88258888。

前　言

为了适应“创新型人才培养”目标的要求，在电子工业出版社的大力支持下，我们总结多年的会计教学经验，精心编写了这本教材。本书具有如下特色：

1. 指导思想突出创新意识与创新能力的培养，力求在以能力为本的基础上做到通俗易懂，体现了对应用型本、专科学生实际操作能力的训练。

2. 体例编排别具一格。本书体系结构采用国际通行的“1；1.1；1.1.1”序号，每章开篇都编排了“学习目标”，章末都编排有“重要概念”、“要点回顾”、“复习思考题”、“练习题”和“案例分析”，每章的正文部分根据相应内容需要穿插有“知识链接”、“画龙点睛”、“勤学好问”等专栏，以丰富教学形式，促进教学效果，拓宽学生视野，启发学生思考，融知识性与趣味性于一体。

3. 教材内容新颖全面。本教材以 2013 年 1 月 1 日开始实施的《小企业会计准则》、《事业单位会计准则》及新修订的《企业会计准则》为依据，全面、系统地阐述了会计的基本概念、会计对象和会计方法，并以制造业的一般经济业务为例，介绍了会计核算的基本方法和借贷记账法的具体应用。

4. 便于学生自学和教师教学。每章后附习题及案例分析，可以大大方便教师教学和学生自学。

5. 注重学生实际操作能力的训练。本书的配套教材《基础会计学模拟实训教程》为本门课程的实验教学部分提供了基本素材，突出了学生综合素质和创新能力的培养思想。

本书由青岛农业大学经济与管理学院的李视友副教授担任主编，负责全书编写大纲的拟定、教材体例的设计和编写的组织工作，并总撰全书；由刘录敬、龚丽担任副主编，负责全书的统稿、修改工作。参加本书编写的人员分工如下：第 1 章由李视友副教授执笔；第 3 章由赵雪梅执笔；第 2、5 章由王小蕾讲师执笔；第 4 章由龚丽讲师执笔；第 6、8 章由刘录敬副教授执笔；第 7 章由王春副教授执笔；第 9 章由杨乐兴讲师执笔；第 10 章由刘麦荣教授执笔。

在本书编写过程中，借鉴了许多专家和学者的学术观点，参阅了许多同行的优秀教材，在此深表谢意！青岛农业大学经济与管理学院财务与会计研究所主任、博士金贞姬教授担任本书的主审，在此深表感谢！

由于编写时间仓促，编者水平有限，书中错漏之处在所难免，欢迎读者批评指正！

编　者

2015 年 2 月

目　录

第1章
总　论

学习目标

通过本章内容的学习，能够初步了解会计产生与发展的基本历程和所取得的主要成就；理解会计的定义、特征与职能；了解会计学及其分支的基本内容；掌握企业会计的目标和会计信息质量的基本要求；认识会计对象的含义以及企业资金运动的过程；掌握六大会计要素的定义、特征及分类；理解会计核算的四项基本前提和四项工作内容的含义；明确会计确认的三条标准和会计计量的五种属性；理解权责发生制与收付实现制的区别及其适用范围；掌握会计核算的七种专门方法及其相互联系。

1.1 会计的产生与发展

会计是适应社会生产发展和经济管理的客观需要而逐步产生与发展起来的，是社会经济发展到一定阶段的产物。会计作为经济管理的一个重要组成部分，有着漫长的历史，几乎和人类社会生产实践活动一样悠久。

1.1.1 我国会计的产生与发展

人类社会的生存与发展，离不开物质资料的生产。物质资料的生产过程同时也是各项耗费的发生过程。人们总是希望以尽可能少的耗费取得更多的劳动成果，这就需要对劳动耗费与劳动成果加以计量、记录、计算与分析，以便进行比较，确定盈亏。可见，会计是适应生产发展和经济管理的需要而产生的，这也正是会计产生的根本动因。

会计最早产生于原始社会末期，随着社会生产的发展，人们单凭大脑记忆已经无法完成对劳动耗费和劳动成果的管理，于是就逐渐发展到使用各种符号标志记数，如我国古代的结绳记事、刻木记事、绘图记事、垒石计数等，都是对生产过程中发生的耗费及取得的劳动成果进行的一些原始的计量、记录与计算。这些原始的简单计量、记录与计算虽然还不能称其为真正的会计活动，但其蕴涵着会计思想、会计行为的萌芽。这时的会计还不是一项独立的工作，而只是生产职能的附带部分。

到了奴隶社会繁盛时期，生产力发展到有了剩余产品，产生了物物交换行为，并且出现了商品生产和以某种商品作为一般等价物进行交换的行为，会计才逐渐从生产职能的附带部分中分离出来，成为特殊的由专人操作的独立工作。我国早在三千多年前的西周时期，就已经设置“司会”主管会计核算，并提出“零星算之为计，总和算之为会”，使用了“会计”一词。

到了封建社会，随着商品经济的发展，会计的社会地位和技术方法也有了很大进步。特别是唐宋时代，是我国封建社会经济发展的鼎盛时期，也是中国式会计全面发展的时期，其突出成就是发明了“四柱清册”的结账与报账方法。所谓“四柱”，是指“旧管”、“新收”、“开除”和“实在”，分别相当于现代会计的“期初结存”、“本期收入”、“本期支出”和“期末结存”。通过“旧管+新收−开除=实在”的平衡公式进行结账，以此反映经济业务的来龙去脉。“四柱结算法”的运用，是我国会计发展史上的重要贡献。到了明末清初，为了满足商业上计算盈亏的需要，人们又把“四柱结算法”改造为具有复式记账法萌芽的“龙门账”。所谓“龙门账”，是指把全部账目分为“进”、“缴”、“存”和“该”四大类，分别相当于现代会计的“全部收入”、“全部支出”、“全部资产”和“全部负债”。通过“进-缴=存-该”这一数量关系，分别编制“进缴表”（相当于现在的利润表）和“存该表”（相当于现在的资产负债表），从两方面计算盈亏，并在结算时验证两方差额是否相符，称为“合龙门”。清末时期，随着资本主义经济关系的萌芽，又出现了“四脚账”（又称“天地合账”）。在这种记账方法下，一切账项都要在“来”账上和“去”账上分别登记，以反映账项的来龙去脉。账簿采用垂直书写，分上下两格，上格记收，为“天”；下格记付，为“地”。上下两格所记金额必须相等，被称为“天地合”。

20 世纪初，西方国家的借贷记账法由日本传入我国，20 世纪 30 年代掀起了改良中式簿记的运动，出现了中式簿记与西式簿记并存的局面。新中国成立后，我国各行各业曾运用了借贷记账法、收付记账法和增减记账法，制定了一系列适合我国当时国情的会计制度。1993 年实施了《企业会计准则》、《企业财务通则》以及 13 个行业的企业财务制度和会计制度，规定企业统一采用国际通用的借贷记账法。1985 年 5 月 1 日颁布实施了《中华人民共和国会计法》，此后又经过了 1993 年和 1999 年两次修订，修订后的新《会计法》内容自 2000 年 7 月 1 日起施行。2000 年 12 月 29 日财政部颁布了《企业会计制度》，要求自 2001 年 1 月 1 日起暂在上市公司中执行。此后，财政部又相继颁布了一系列会计制度，包括 2002 年 1 月 1 日起施行的《金融企业会计制度》、2005 年 1 月 1 日起施行的《小企业会计制度》、《民间非营利组织会计制度》和《村集体经济组织会计制度》。2006 年 2 月 15 日财政部发布了新的《企业会计准则》，包括 1 项基本准则和 38 项具体准则，要求自 2007 年 1 月 1 日起首先在上市公司施行，由此形成了会计准则与会计制度并行的具有中国特色的会计核算规范体系。2011 年 10 月 18 日，财政部颁布了《小企业会计准则》，要求自 2013 年 1 月 1 日开始在小微型企业中施行《小企业会计准则》，在大中型企业中施行《企业会计准则》，《小企业会计制度》同时废止。2012 年 12 月 6 日财政部发布了《行政单位财务规则》和《事业单位会计准则》，自 2013 年 1 月 1 日起施行。自此我国的会计核算规范将越来越强化会计准则的地位和作用，弱化并最终取消会计制度。

1.1.2 西方会计的产生与发展

在西方，随着自然经济、商品经济向市场经济的过渡，从手工作坊到合伙制企业的出现，从股份公司的兴起到跨国公司的涌现，会计始终与社会经济发展相适应。西方会计产生与发展的基本历程大致可以划分为古代会计阶段、近代会计阶段和现代会计阶段三个时期。

1. 古代会计阶段

古代会计阶段主要是指从旧石器时代中、晚期到 15 世纪末复式簿记的应用之前这一时期。

从旧石器时代中、晚期开始到奴隶社会繁盛时期为止，在这一时期产生的最原始的计量、记录行为还不能算是真正意义上的会计行为和会计方法，还不是一项独立的工作，而只是生产职能的附带部分，是在生产时间之外，附带地把劳动耗费与劳动成果等事项记录下来。正如马克思所说的：“生产时间之外，附带地把收入、支付等记载下来。”在会计的发展史上，这一时期被称为会计的萌芽阶段。

到了奴隶社会繁盛时期，会计才逐渐从生产职能中分离出来，成为一项独立的职能。这时对会计的要求，不只是进行简单地计量、记录与计算就可以了，而是要求采用更先进、科学的计量与记录方法，从而导致了原始计量、记录行为向单式簿记体系的演变与发展。

2．近代会计阶段

近代会计阶段主要是指从15世纪末复式簿记的应用开始到20世纪40年代末这一时期。

近代会计起源于西方国家，也发展于西方国家。15世纪在意大利的佛罗伦萨、威尼斯等商业中心，出现了复式簿记法。1494年，意大利数学家卢卡·帕乔利的著作《算术、几何、比及比例概要》问世，标志着近代会计的开端。该书系统地介绍了威尼斯的复式记账方法，并从理论上进行了阐述，使复式记账方法得以在欧洲乃至世界各国迅速传播和推广。复式记账法的诞生与应用是会计发展史上的第一个重要里程碑。

19世纪初产业革命的完成，出现了股份公司。股份公司所有权与经营权的普遍分离，要求会计不仅能够记账、算账，而且更要注重报账以及对报账质量的监督，于是注册会计师职业就应运而生。1853年，在苏格兰的爱丁堡成立了世界上第一个注册会计师的专业团体——爱丁堡会计师协会，标志着注册会计师职业的正式诞生，这是会计发展史上的第二个重要里程碑。

3．现代会计阶段

现代会计阶段主要是指从20世纪50年代至今这一时期。

第二次世界大战以后，随着生产力和科学技术的飞速发展，人类从工业社会跨入了信息社会，会计领域也发生了深刻的变化。首先，是企业会计分化为财务会计和管理会计两大领域。第二次世界大战后，由于企业面临更为剧烈的市场竞争压力，企业管理当局对会计信息提出了新的要求，要求会计不仅能够反映过去，更应能够控制现在和规划未来，以便为企业的生产经营决策提供依据。因此，在以对外提供信息为主、受公认会计原则约束的财务会计的基础上，分化出以对内提供信息为主，以强化内部管理、提高经济效益为目的的管理会计。1952年，世界会计学会年会正式通过了“管理会计”这一概念，由此将企业会计分化为财务会计和管理会计两大领域，这是会计发展史上的第三个重要里程碑。其次，是会计信息系统的普及与推广。随着计算机在会计数据处理中的应用，会计逐步由手工记账发展为电算化系统处理。管理会计和会计信息系统，是现代会计的两个重要标志。最后，是会计规范日益国际化。公认会计原则是现代会计的基本特征，也是国际通用的会计语言。随着跨国公司的发展，国际经济交往的频繁，各国会计准则的基本趋同将成为会计规范的发展趋势。

1.2 会计的基本概念

1.2.1 会计的定义

什么是会计？广义地讲，会计包括“会计工作”、“会计人员”、“会计学科”等。本书将“会计”界定为“会计工作”，是狭义的会计定义。

虽然会计从产生到现在已有几千年的历史，但对会计内涵的理解仍存在不同的看法，其中具有代表性的观点是“信息系统论”和“管理活动论”两种。

1．会计信息系统论

会计信息系统论是把会计的本质理解为一个经济信息系统，认为会计是一种处理数据并提供财务信息借以满足信息使用者需要的方法或技术。这种观点最早源于美国会计学家 A. C. 利特尔顿。他在 1953 年出版的《会计理论结构》中提出，“会计是一种特殊门类的信息服务”，“会计的显著目的在于对一个企业经济活动提供某种有意义的信息”。20 世纪 60 年代后期，随着信息论的发展，西方发达国家的会计界普遍采用了“会计信息系统论”的观点。

在我国，较早接受“会计信息系统论”观点的会计学家是余绪缨教授。目前，我国会计界对“会计信息系统论”具有代表性的提法是由葛家澍、唐予华教授于 1983 年提出的，认为“会计是旨在提高经济效益，加强经营管理而建立的一个以提供财务信息为主的经济信息系统”。

2．会计管理活动论

会计管理活动论是把会计的本质理解为一种经济管理活动，认为会计是以货币为主要计量单位，对组织中的经济活动进行连续、系统、全面地核算与监督的一项经济管理活动。

我国最早提出这一论点的是杨纪琬、阎达五教授。他们在 1980 年发表的“开展我国会计理论研究的几点意见——兼论会计学的科学属性”报告中指出，“会计不仅仅是管理经济的工具，它本身就具有管理的职能，是人们从事管理的一种活动”。

本书认为，无论是“会计信息系统论”，还是“会计管理活动论”，本身并不对立，只是从不同的视角对会计本质所做的概括。从会计目标的角度看，会计就是提供财务信息借以满足信息使用者需要的一种工作。这里的会计信息使用者，既包括会计为之服务的组织内部的信息使用者，也包括外部的信息使用者。如本章第一节所述，自 20 世纪 50 年代以后，会计已经分化为侧重于对外提供信息的财务会计和侧重于对内提供信息的管理会计两大领域。单从侧重于对内提供服务的管理会计角度看，会计就是一种经济管理活动，是企业管理的工具。若从侧重于对外提供信息的财务会计角度看，把会计理解为一种管理活动似乎欠妥。外部的会计信息使用者需要借助会计所提供的信息作出相应的经济决策，这里的会计只是提供信息而非参与管理。因此，本书更倾向于“会计信息系统论”的观点。

综上所述，本书提出会计的定义如下：

会计是以货币为主要计量单位，采用专门的程序和方法，对组织中的经济活动进行连续、系统、全面地核算与监督，借以提供财务信息、满足信息使用者需要的经济信息系统。

1.2.2 会计的特征

从会计的定义表述中，可以看出会计具有以下四个特征。

1．以货币为主要计量单位

会计是从数量方面来反映经济活动的。经济活动的数量可以采用实物、劳动和货币三种计量单位。实物计量与劳动计量可以为经济管理提供必需的实物数量指标和劳动消耗量指标，但无法予以综合。只有货币计量才能将经济活动的数量变化转化为统一的价值指标，所以，会计必须采用货币计量作为统一尺度对经济活动进行核算与监督，同时采用实物计量和劳动计量作为辅助计量单位。

2. 采用专门的程序和方法

会计对经济活动的核算与监督，形成了一套特定的程序和专门的方法，这些特定的程序和方法相互联系又相互制约，构成了一个完整的方法体系，是经过长期的会计实践活动总结出来的，具体内容将在本章最后一节中介绍。

3. 对经济活动进行连续、系统、全面的核算与监督

会计对经济活动的核算与监督具有连续性、系统性和全面性。所谓连续性，是指对经济活动应按其发生的时间顺序进行不间断的记录。所谓系统性，是指对经济活动应采用一系列专门方法进行科学的分类加工，使之成为系统化的会计数据，以提供分门别类的有用信息。所谓全面性，包括两层含义，一是指对应由会计反映的事项，不能遗漏和任意取舍；二是指对经济活动应反映其来龙去脉，即反映经济活动的全过程。

4. 提供财务信息、满足信息使用者的需要

会计以提供财务信息、满足信息使用者的需要为最终目标。会计的记账、算账，都是为了最后的报账，即会计人员加工的信息，目的并非是给自己看的，而是以财务报告的形式提供给信息使用者用的，是为了满足信息使用者进行经济决策的需要。

1.2.3 会计的职能

会计的职能是指会计自身所具有的功能。我国《会计法》第三条规定："会计机构、会计人员必须遵守法律、法规，按照本法规定办理会计事务，进行会计核算，实行会计监督。"可见，会计的基本职能包括两项，即核算与监督，又称反映与控制。

1. 会计的核算职能

会计的核算职能是指会计以货币为主要计量单位，连续、系统、全面地记录、计算和报告组织的经济活动情况，以便为信息使用者提供有用的财务信息。核算职能是会计最基本的职能，又称反映职能，通常所说的记账、算账、报账等会计工作，都是会计核算职能的具体体现。

2. 会计的监督职能

会计的监督职能是指会计按照一定的目的和要求，利用会计核算所提供的信息，对经济活动的过程和结果进行检查和控制，以达到预期目标。监督职能就是监督经济活动按照既定的法规和制度运行，又称控制职能。会计监督包括事前监督、事中监督和事后监督。

会计核算与会计监督是会计的两项基本职能，两者相辅相成。核算是监督的基础，没有核算所提供的信息，监督就失去了依据；监督又是核算的质量保障，没有监督就难以保证核算所提供信息的真实性与完整性。

知识链接

会计的基本职能是核算与监督，这主要是针对财务会计而言的。如果从管理会计的角度看，会计的基本职能还应当包括预测、决策、规划、控制与考评等。

1.2.4 会计学及其分支

会计学是研究会计的产生与发展、会计的理论与方法，总结会计工作经验，探索会计工作规律的应用型学科。会计学是社会科学的一个分支，属于管理学学科门类下的工商管理学。

会计学按其研究的内容可以分为基础会计学、财务会计学、成本会计学、管理会计学、审计学、会计信息系统、会计史等重要分支。

基础会计学主要阐述会计的基本原理、基本方法和基本操作程序，是进一步学习其他会计学分支的基础，为学习会计学的“入门”课程。

财务会计学是指实际应用会计，侧重于现行会计准则下的会计实务操作，包括企业财务会计和政府与非营利组织会计两大类。企业财务会计是应用于工业、农业、商品流通业、交通运输业、施工业、金融业、旅游餐饮服务业、房地产开发业等企业单位的专业会计，其按照研究的业务范围不同，又分为中级财务会计和高级财务会计。政府与非营利组织会计主要是用于核算与监督政府与非营利组织财务收支活动的专业会计，它又分为预算会计和民间非营利组织会计两类。其中预算会计又包括财政总预算会计和单位预算会计，而单位预算会计又包括行政单位会计和事业单位会计两类。

成本会计学主要阐述成本核算的各种方法、程序以及成本控制的基本理论，一般作为中级财务会计的后续课程。

管理会计学是指运用财务会计提供的资料及其他资料，通过整理、计算、对比和分析，为企业管理者提供决策有用的会计信息的对内服务会计。

审计是依法接受委托，对被审计单位的会计资料及其相关资料进行独立审查并发表意见的一种经济监督活动。审计学就是研究审计的理论和方法，探索审计工作规律，指导审计工作实践的一门经济应用学科。

会计信息系统是运用电子计算机把手工操作方式转化为电算化操作以提高工作效率的应用学科。

会计史是研究会计的产生与发展，揭示会计发展的规律，并预测未来会计发展趋势的学科。

1.3 会计目标与会计信息质量

1.3.1 会计目标

会计目标是指会计活动所要达到的目的。如上所述，会计以提供财务信息、满足信息使用者的需要为最终目标。因此，会计目标取决于会计信息使用者的需求。

1. 会计信息使用者

确切定位会计目标，首先要了解会计信息使用者的结构，以及不同使用者的信息需求特征。企业会计的信息使用者，按照其与企业的关系可以分为外部会计信息使用者和内部会计信息使用者两类。由于两类会计信息使用者关注的重点不同，因而其对会计信息需求的侧重点也有所不同。

企业外部会计信息使用者主要包括投资者、债权人、政府相关部门和社会公众等。投资者既包括现有的投资者，也包括潜在的投资者，他们关心的是投资风险和投资报酬，需要的是能够反映企业赢利能力、偿债能力、股利支付能力、成长能力等方面的信息，以便作出判断及投资决策。债权人所关心的是自己债权的安全程度，需要的是能够反映企业偿债能力等方面的信息，以便作出相应判断和决策。政府相关部门包括国家发改委、中国人民银行、税务部门、财政部门、统计部门、国有资产监管部门、证券监管部门、银行监管部门和保险监管部门等，这些政府相关部门需要通过企业的会计信息了解企业的生产经营状况以便作出监管举措，制定宏观经济决策。社会公众关注的是企业与自身生活和工作息息相关的信息。

企业内部会计信息使用者主要是指企业管理层，包括企业董事会、监事会、经理层等，当然还应当包括企业工会及其员工。企业管理层需要的是对企业进行经营管理有用的信息，以帮助其进行科学的生产经营决策。

2．企业会计目标

我国现行会计规范明确规定，企业财务报告的目标是：向财务报告使用者提供与企业财务状况、经营成果和现金流量等有关的会计信息，反映企业管理层受托责任履行情况，有助于财务报告使用者作出经济决策。根据这一规定，企业会计目标可以概括为以下两点。

（1）反映企业管理层受托责任的履行情况

在现代企业制度下，企业的所有权与经营管理权的分离，要求企业的经营管理者作为财产管理的受托方，接受投资者和债权人等的委托经营管理受托财产，就应承担有效管理和运用受托财产、促使其保值增值的责任。因此，企业管理层应负有通过财务报告如实向委托方报告受托责任履行情况的义务，这是会计目标的“受托责任观”。

（2）有助于会计信息使用者作出经济决策

在市场经济环境下，无论是企业管理层，还是与企业利益相关的投资者、债权人等，都需要利用会计信息进行经济决策。尽管不同的会计信息使用者对会计信息的需求不同，但有一点是相同的，那就是如果没有会计所提供的财务信息，企业的管理层就无法作出相应的生产经营决策，与企业利益相关的投资者、债权人也无法作出是否对企业进行投资或信贷的决策。因此，企业通过提供会计信息，应能够有助于会计信息使用者作出相应的经济决策，这是会计目标的“决策有用观”。

1.3.2 会计信息质量

企业所提供的会计信息，是否能够满足企业会计目标的需要，则取决于所提供的会计信息质量。

1．会计信息使用者与会计信息质量

企业会计信息使用者的范围非常广泛，会计应当以尽可能满足这些信息使用者的需要为目标进行会计的确认、计量、记录和报告。然而，各种不同的会计信息使用者对信息需求的侧重点是不同的，企业要想建立满足各方信息需求的专用报表是不现实的。企业只能提供满足各种会计信息使用者通用目的的财务报告信息，即提供与企业财务状况、经营成果和现金流量等相关的会计信息，这是会计信息质量的相关性。

会计应当提供与会计信息使用者的需要相关的信息，然而，仅仅具有相关性，还不能算是有用的会计信息。如果所提供的会计信息不真实，那么很可能会误导会计信息使用者，使其作出错误的判断。所以，企业所提供的会计信息必须是对使用者有用的，所谓有用的会计信息，就是能够满足会计信息质量特征的会计信息。

2．会计信息质量要求

会计信息质量要求也称会计信息质量特征、会计信息质量标准，是进行会计处理、编制财务报告所依据的一般原则，是会计人员进行会计核算的基本要求。根据我国《企业会计准则——基本准则》的规定，会计信息质量要求包括以下八项。

（1）可靠性

会计信息质量的可靠性，又称真实性、客观性，是指企业应当以实际发生的交易或事项为依据进行会计确认、计量和报告，如实反映符合确认和计量要求的各项会计要素及其他相关信息，保证会计信息真实可靠、内容完整。可靠性是对会计信息质量的最基本的要求，就是要求企业的会计核算必须以实际发生的经济业务以及证明经济业务发生的合法凭证为依据，如实反映企业的财务状况和经营成果，做到内容真实、数字准确、手续齐备、资料可靠。

（2）相关性

会计信息质量的相关性，是指企业提供的会计信息应当与财务报告使用者的决策需要相关，有助于财务报告使用者对企业过去、现在或未来的情况作出评价或预测。会计信息如果与信息使用者的需要无关，会计核算就失去了意义，会计目标就是提供与会计信息使用者需要相关的信息，以满足其经济决策的需要。

（3）可理解性

会计信息质量的可理解性，又称明晰性，是指企业提供的会计信息应当清晰明了，便于财务报告使用者理解和使用。会计记录和会计报告必须清晰、规范，使会计信息使用者能够准确理解和利用会计信息，以作出正确的决策。

（4）可比性

会计信息质量的可比性，是指同一企业不同时期发生的相同或相似的交易或事项，应当采用一致的会计政策，不得随意变更，确需变更的，应当在附注中说明；不同企业发生的相同或相似的交易或事项，应当采用规定的会计政策，确保会计信息口径一致，相互可比。可比性要求企业提供的会计信息应当相互可比，保证会计信息在同一企业不同时期和不同企业同一时期可以相互比较和利用。即可比性包括纵向可比和横向可比两层含义。

（5）实质重于形式

会计信息质量的实质重于形式要求，是指企业应当按照交易或事项的经济实质进行会计确认、计量和报告，而不应仅以其法律形式为依据。在会计实务中，强调实质重于形式，是因为有些经济业务或事项的经济实质与其法律形式存在差异。比如，收入的确认，不能仅以商品是否交付或货款是否收到等表面形式来判断收入是否实现，而应以商品所有权上的主要风险和报酬是否转移等实质条件来判断。再如，对融资租入的固定资产视为自有资产进行核算，也是这一要求的体现。遵循这一原则，有利于真实反映企业所拥有的资产及所承担的负债，能够为会计信息使用者提供可靠的会计信息。

（6）重要性

会计信息质量的重要性，是指企业提供的会计信息应当反映与企业财务状况、经营成果和现金流量有关的所有重要交易或事项。企业的会计核算，应当在全面反映经济业务的基础上，对某些重要的经济业务进行单独反映，并在财务报告中重点说明。对次要的会计事项，可以适当简化核算，合并反映。当然，重要性需要依赖会计人员的职业判断，要从项目的性质和金额两方面作出判断。

（7）谨慎性

会计信息质量的谨慎性，又称稳健性，是指企业对交易或事项进行会计确认、计量和报告时，应当保持应有的谨慎，不高估资产或收益、低估负债或费用。谨慎性要求企业在处理不确定性经济业务时，应持谨慎态度，如果一项业务有多种可供选择的会计处理方法时，应选择不导致夸大资产、虚增利润的方法。在进行会计核算时，应当合理预计可能发生的损失或费用，而不应预计可能发生的收入和高估资产的价值。在会计实务中，谨慎性的应用是多方面的，比如，对应收账款提取坏账准备，就是谨慎性要求的体现。

知识探究

谨慎性要求并不意味着企业可以计提秘密准备，随意低估资产和收益，高估负债和费用。如果企业滥用谨慎性而人为调节利润，将违背会计信息的可靠性要求，从而损害会计信息质量，应视为会计差错予以更正。

（8）及时性

会计信息质量的及时性，是指企业对于已发生的交易或事项，应当及时进行会计确认、计量和报告，不得提前或延后。及时性具体包括三方面要求：一是及时收集会计信息；二是及时处理会计信息；三是及时传递会计信息，即及时编报会计报表。

1.4 会计对象与会计要素

1.4.1 会计对象

会计对象是指会计所核算和监督的内容，即特定主体能够以货币表现的经济活动。以货币表现的经济活动通常又称为价值运动或资金运动，因此，会计的对象还可以表述为特定主体的资金运动。企业的资金运动包括资金投入、资金循环与周转和资金退出三个过程。

1. 资金投入

企业进行生产经营活动的前提是必须拥有资金，企业资金的来源主要来自投资者的资金投入和债权人的资金投入。投资者的资金投入主要是指企业从国家、法人、个人或外商等处取得的投资，投资者可以现金、实物或无形资产等形式向企业投资，从而形成了企业的所有者权益。债权人的资金投入主要是指企业从金融机构、其他法人或个人举债借入的资金，从而形成了企业的负债。另外，企业在购销过程中与其他企业发生的商业信用而形成的各项应付及暂收款，也是企业的负债。

2．资金循环与周转

企业通过所有者权益和负债两种方式从外部取得的资金，是以各种各样的资产形态存在的，这些资产通常表现为货币资金、材料、固定资产等。投入的资金不会停留在某一种资产形态上不变，而是会随着企业生产经营的进行不断地运动着。

在产品制造企业中，企业的生产经营过程可以分为供应、生产和销售三个阶段。在供应阶段，企业用货币资金购买材料，形成储备资金。在生产阶段，工人利用自己的生产技术，借助于机器设备对材料进行加工，发生的耗费形成生产资金，产品完工后形成成品资金。在销售阶段，企业将产品销售出去，收回货款，得到新的货币资金。我们把资金从货币形态开始，依次经过储备资金、生产资金、成品资金，最后又回到货币资金这一运动过程称为资金循环，周而复始的资金循环叫做资金周转。产品制造企业整个资金的循环与周转过程可以简单描述为：货币资金→储备资金→生产资金→成品资金→货币资金。

在商品流通企业中，企业的经济活动可以分为购进和销售两个阶段。在购进阶段，资金从货币形态转化为商品形态。在销售阶段，资金从商品形态再转化为货币形态。企业整个资金的循环与周转过程可以简单描述为：货币资金→商品资金→货币资金。

3．资金退出

企业生产经营过程中所取得的收入，除要补偿发生的各项耗费外，还要按规定缴纳各种税费。企业实现的净利润，在提取必要的留存收益后，要向投资者分配。另外，企业的各项负债都要按期偿还。上述经济活动的发生，都会导致资金退出企业。

综上所述，企业生产经营过程中所表现的资金投入、资金循环与周转、资金退出，即企业的资金运动，就是企业的会计对象。以产品制造企业为例，资金运动过程如图 1-1 所示。

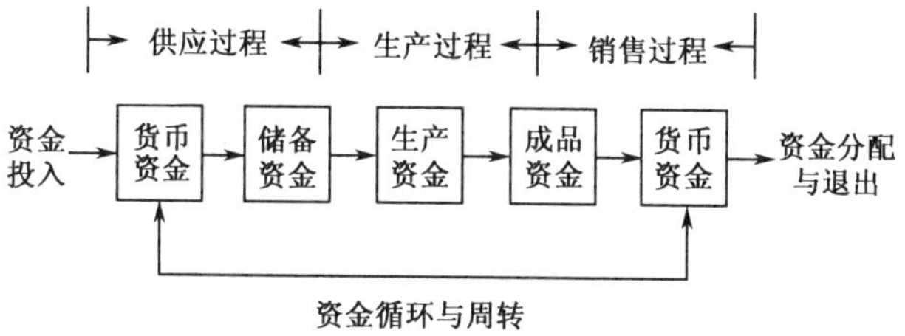

图 1-1　产品制造企业资金循环与周转图

1.4.2　会计要素

会计要素是对会计对象按照经济特征所做的基本分类，是会计核算对象的具体化，也是反映会计主体财务状况和经营成果的基本元素。我国《企业会计准则》将会计要素分为资产、负债、所有者权益（股东权益）、收入、费用和利润六个。其中，资产、负债和所有者权益三项会计要素侧重于反映企业的财务状况，构成资产负债表要素；收入、费用和利润三项会计要素侧重于反映企业的经营成果，构成利润表要素。

会计要素的划分在会计核算中具有重要意义。首先，会计要素是对会计对象的科学分类。会计对象的内容复杂多样，为了科学、系统地对其进行反映和监督，就必须对它们进行分类，没有这种分类，就不能实现会计的反映职能。其次，会计要素是设置会计科目和账户的基本依据。不将会计对象划分为会计要素，就无法设置账户，也就不能进行会计核算。最后，会计要素还是构成会计报表的基本要素。会计报表作为提供会计信息的基本手段，应当提供一系列指标，而这些指标主要是由会计要素构成的。

1．资产

（1）资产的定义

资产是指企业过去的交易或者事项形成的、由企业拥有或者控制的、预期会给企业带来经济利益的资源。

（2）资产的特征

企业的资产具有以下特征：

① 资产是一种预期会给企业带来经济利益的资源。“预期会给企业带来经济利益”是指企业的资产能够直接或间接带来现金或现金等价物流入企业。如货币资金可以用于购买所需商品，厂房、机器设备、原材料可以用于生产经营过程，制造商品出售后收回货款即为企业获得的经济利益。

② 该项资源必须为企业所拥有或控制。“为企业所拥有或控制”是指企业享有该项资源的所有权，或虽不享有所有权，但该资源能被企业所控制。这样才能排他性地从中获取经济利益。

③ 资产是由于过去的交易或事项所形成的。“过去的交易或事项”包括购买、生产、建造等，预期在未来发生的交易或事项不形成资产。即资产是现实中的资产而不是预期的资产，如已经购买的设备属于企业的资产，而计划购买的设备不能形成企业的资产。

（3）资产的分类

资产通常按其流动性分为以下两类：

① 流动资产：是指可以在一年或超过一年的一个营业周期内变现或耗用的资产，包括货币资金、短期债权、短期投资、存货等。其中，货币资金是停留在货币形态的那部分资产，主要包括库存现金、银行存款和其他货币资金；短期债权是企业在日常生产经营过程中发生的可以在一年内收回的各种债权，主要包括应收账款、应收票据、应收利息、应收股利、其他应收款以及预付账款等；短期投资是持有时间一般不准备超过一年，可随时变现的那部分对外投资，如企业的交易性金融资产；存货是指企业在日常活动中持有以备出售的产成品或商品、处在生产过程中的在产品、在生产过程或提供劳务过程中耗用的材料和物料等。

② 非流动资产：是指流动资产以外的资产，即变现或耗用时间超过一年或一个营业周期的资产，包括固定资产、长期投资、无形资产等。其中，固定资产是指同时具有下列特征的有形资产：为生产商品、提供劳务、出租或经营管理而持有的；使用寿命超过一个会计年度的。长期投资是持有时间准备超过一年的那部分对外投资，主要包括长期股权投资、持有至到期投资、可供出售金融资产等。无形资产是指企业拥有或者控制的没有实物形态的可辨认非货币性资产，包括专利权、非专利技术、土地使用权、商标权、著作权、特许权等。

勤学好问

企业的在途材料、应收销货款、库存商品、机器设备、运输工具、生产配方分别属于什么资产？企业经营租入的办公楼和融资租入的生产线分别属于什么资产？

2. 负债

（1）负债的定义

负债是指企业过去的交易或者事项形成的、预期会导致经济利益流出该企业的现时义务。

（2）负债的特征

企业的负债具有以下特征：

① 负债是企业承担的现时义务。现时义务是指企业在现行条件下已承担的义务。未来发生的交易或者事项形成的义务，不属于现时义务，不应当确认为负债。

② 负债预期会导致经济利益流出企业。负债是企业未来应予偿还的债务，债务的清偿必然导致经济利益流出企业。

③ 负债是由企业过去的交易或者事项形成的。只有过去的交易或事项才能形成负债，企业将在未来发生的交易或事项不会形成现时义务。比如，企业向银行借款 100 万元，即属于过去的交易形成的企业负债。若企业与银行达成 1 个月后借入 100 万元的贷款意向书，该事项就不属于过去的交易或事项，当期不形成负债。

（3）负债的分类

负债通常按其流动性分为以下两类：

① 流动负债：是指在一年或超过一年的一个营业周期内偿还的债务，包括短期借款、应付款项、预收款项等。其中，短期借款是指企业向银行等金融机构借入的期限在 1 年（含 1 年）以下的各种借款。应付款项是企业在日常生产经营活动中形成的各种短期债务，包括应付账款、应付票据、应付利息、应付职工薪酬、应交税费、应付股利、其他应付款等。预收账款是指按合同约定预先向购货方或接受劳务方收取的部分款项。

② 长期负债：是指偿还期在一年或超过一年的一个营业周期以上的债务，包括长期借款、应付债券、长期应付款等。其中，长期借款是指企业向银行等金融机构借入的期限在 1 年（不含 1 年）以上的各种借款。应付债券是指企业为筹集长期资金而发行的公司债券。长期应付款是指除长期借款和应付债券以外的其他各种长期应付款项，如应付融资租赁款、以分期付款方式购入固定资产而形成的长期应付款等。

3. 所有者权益

（1）所有者权益的定义

所有者权益是指企业资产扣除负债后，由所有者享有的剩余权益，又称股东权益。所有者权益在金额上等于企业的全部资产减去全部负债后的余额。

（2）所有者权益的特征

① 除非发生减资、清算，企业不需要偿还所有者权益。

② 企业清算时，只有在清偿所有的负债后，所有者权益才返还给所有者。

③ 所有者凭借所有者权益有权参与企业的经营管理和利润分配，并承担经营风险。

画龙点睛

所有者权益与负债的区别：①负债是企业对债权人所承担的责任，企业负有偿还的义务；而所有者权益是企业对投资人所承担的责任，一般是不需要偿还的。②债权人只有按期收回本息的权利，而无权参与企业的经营管理和利润分配；投资者则可以凭借其投资份额参与企业的经营管理和利润分配。③企业发生清算时，负债拥有优先求偿权；而所有者权益只有在清偿所有的负债后，才能返还给投资者。

（3）所有者权益的构成

所有者权益按其来源分为以下三类：

① 实收资本：是指投资者按照企业章程或合同约定实际投入企业的资本，又称股本。

② 资本公积：是指所有者投入但不构成实收资本，以及直接计入所有者权益的利得和损失等，包括资本溢价以及直接计入所有者权益的利得和损失。

③ 留存收益：企业实现的利润留存的部分，又包括盈余公积和未分配利润两部分。其中，盈余公积是指企业按照规定从净利润中提取的各种积累资金，包括法定盈余公积和任意盈余公积，是已经指定用途的留存收益。未分配利润是指企业留存于以后年度分配的利润，是尚未指定具体用途的留存收益。

4．收入

（1）收入的定义

收入是指企业在日常活动中形成的、会导致所有者权益增加的、与所有者投入资本无关的经济利益的总流入。

（2）收入的特征

① 收入是企业在日常经营活动中形成的。如销售商品、提供劳务、出租资产等，都属于企业的日常经营活动。企业非日常经营活动（如处置固定资产）所形成的经济利益的流入不确认为收入，而是确认为利得。

② 收入是与所有者投入资本无关的经济利益的总流入。所有者投入资本也会导致经济利益流入企业，但不形成收入，而应确认为所有者权益。

③ 收入最终会导致企业所有者权益增加。收入的实现，表现为资产增加或负债减少，最终都会导致企业的所有者权益增加。

画龙点睛

收入与利得的区别：①收入是日常活动形成的；而利得是非日常活动形成的。②收入通常作为营业收入反映于利润表中；而利得通常作为资本公积反映于资产负债表中，或作为营业外收入反映于利润表中。

（3）收入的分类

① 收入按日常活动的性质可以分为销售商品收入、提供劳务收入、让渡资产使用权收入和建造合同收入。

② 收入按日常活动的重要性可以分为主营业务收入、其他业务收入和投资收益。其中，主营业务收入是指企业在其基本或主流业务活动中所获得的收入，如工商企业的商品销售

收入、服务企业的劳务收入等。其他业务收入是指企业非主流业务活动所获得的收入，如工业企业的材料销售收入、出租包装物和固定资产的租金收入、转让无形资产使用权的收入、提供非工业性劳务收入等。投资收益是指企业对外投资所取得的收益减去发生的投资损失后的净额。

5. 费用

（1）费用的定义

费用是指企业在日常活动中发生的、会导致所有者权益减少的、与向所有者分配利润无关的经济利益的总流出。

（2）费用的特征

① 费用是企业在日常经营活动中发生的，如销售费用、职工薪酬、折旧费用等，都属于企业的日常经营活动。企业非日常经营活动所形成的经济利益的流出不确认为费用，而确认为损失。

② 费用是与向所有者分配利润无关的经济利益的总流出。向所有者分配利润也会导致经济利益流出企业，但不形成费用，而是直接抵减所有者权益项目。

③ 费用最终会导致所有者权益减少。费用的发生，表现为资产减少或负债增加，最终都会导致所有者权益减少。

画龙点睛

费用与损失的区别：①费用是日常活动发生的；而损失是非日常活动发生的。②费用通常作为营业利润的构成部分反映于利润表中；而损失通常计入资本公积或计入营业外支出反映于利润表中。

（3）费用的分类

费用按照其经济用途可以分为以下两类：

① 计入资产成本的费用：是能够计入相关资产成本、形成资产价值的费用。如建造费用计入工程成本而最终形成固定资产，材料采购费用计入采购成本而形成原材料价值，生产费用（包括直接材料费、直接人工费和制造费用）计入生产成本而形成产成品价值。

② 与当期收入配比的费用：是与取得当期收入具有因果关系和期间一致的费用。与当期收入具有因果关系的费用包括营业成本、营业税金及附加，与当期收入期间一致的费用又称期间费用，包括销售费用、管理费用和财务费用。

此处所说的费用要素是指与当期收入配比的费用，不包含计入资产成本的费用。

画龙点睛

费用与成本的关系。两者的联系：费用是指企业为销售商品、提供劳务等日常活动所发生的经济利益的流出，成本是指企业为生产产品、提供劳务而发生的各种耗费，是按一定的产品或劳务对象所归集的费用，是对象化了的费用。换言之，费用是构成成本的基础，对工业企业来说，生产费用的发生过程，同时也是产品成本的形成过程。两者的区别：费用与一定的会计期间相联系，具有时期性，而与生产哪一种产品无关；成本则与一定种类和数量的产品相联系，具有对象化，而与发生于哪一个会计期间无关。

6. 利润

（1）利润的定义

利润是指企业在一定会计期间的经营成果，包括收入减去费用后的净额、直接计入当期利润的利得和损失等。

（2）利润的构成

① 营业利润：是指营业收入减去营业成本、营业税金及附加、期间费用、资产减值损失，加上公允价值变动损益和投资净收益后的金额，是狭义收入与狭义费用配比后的结果。

② 利润总额：是指营业利润加上营业外收入，减去营业外支出后的金额。

③ 净利润：是指利润总额减去所得税费用后的金额，是广义收入与广义费用配比后的结果。

1.5 会计核算的基本前提与工作内容

1.5.1 会计核算的基本前提

会计核算的基本前提又称会计假设，是指为保证会计工作的正常进行和会计信息质量，对会计核算范围、时间和方法所做的基本假定。会计假设是人们在长期会计实践中总结形成的，是企业会计确认、计量、记录和报告的基本前提。会计核算的基本前提包括会计主体、持续经营、会计分期和货币计量四项。

1. 会计主体

会计主体是指会计人员所核算和监督的特定单位，即会计工作为之服务的特定单位，它明确了会计核算的空间范围。

在会计主体假设下，企业应当对其本身发生的交易或事项进行会计确认、计量、记录和报告，反映企业本身所从事的各项生产经营活动。即会计应当集中于反映特定对象的经济活动，并将其与其他经济实体区别开来。

明确界定会计主体在会计核算中具有重要意义。首先，明确会计主体，才能划定会计所要处理的各项交易或事项的范围。在会计工作中，只有那些影响企业本身经济利益的各项交易或事项才能加以确认、计量和报告，那些不影响企业本身经济利益的各项交易或事项则不能加以确认、计量和报告。会计工作中通常所讲的资产、负债的确认、收入的实现、费用的发生等，都是针对特定会计主体而言的。其次，明确会计主体，才能将会计主体的交易或事项与会计主体所有者的交易或事项以及其他会计主体的交易或事项区分开来。

画龙点睛

会计主体不同于法律主体。一般来说，法律主体必然是一个会计主体，但是会计主体不一定是法律主体。会计主体可以是独立法人，也可以是非法人单位；可以是一个企业，也可以是企业内部的某一单位或一个特定部分（如营业部）；可以是单一企业，也可以是由几个企业组成的企业集团。

2. 持续经营

持续经营是指会计主体在可预见的未来，不会面临破产和清算，而是将会持续地经营下去，它明确了会计核算的时间范围。

企业进行会计确认、计量、记录和报告必须以持续经营为前提，这一前提的重要意义在于：它可以使会计确认和计量建立在非清算基础上，从而为解决许多资产、负债及收益的确认和计量问题提供了依据。例如，企业的固定资产按历史成本计量，并按预计使用年限提取折旧，就是建立在企业持续经营前提下的会计处理。

画龙点睛

在市场经济条件下，任何企业都存在破产清算的风险，不能持续经营的可能性总是存在的。企业管理层应当根据会计准则的规定，对持续经营能力作出评估，如果认为以持续经营为基础编制财务报表不再合理时，应当采用其他基础编制，如清算基础。

3. 会计分期

会计分期是指将会计主体持续经营的生产经营活动划分为若干相等的会计期间，以便分期结算账目和编制财务报告。会计期间分为年度、半年度、季度和月度。短于一年的会计期间统称为会计中期。

会计分期具有重要意义。由于会计期间的划分，便有了本期与非本期的区别，从而产生了权责发生制与收付实现制，并要求进行收入和费用的配比，正确划分资本性支出与收益性支出。只有正确划分会计期间，才能准确提供某一时点财务状况和某一时期经营成果的信息，才能进行会计信息的比较。

知识链接

世界上各国选择的会计年度差异很大，例如，中国、德国、俄罗斯等国家采用 1 月 1 日～12 月 31 日为一个会计年度；加拿大、英国、新加坡、日本等国选择 4 月 1 日～次年 3 月 31 日为一个会计年度；瑞典、澳大利亚等国选择 7 月 1 日～次年 6 月 30 日为一个会计年度；美国采用 10 月 1 日～次年 9 月 30 日为一个会计年度。

4. 货币计量

货币计量是指会计核算采用货币作为统一的计量单位，记录、报告会计主体的经济活动。

货币计量包含两层含义：一是会计核算要以货币作为主要的计量尺度。会计法规定会计核算以人民币为记账本位币，业务收支以人民币以外的货币为主的单位，可以选定其中一种作为记账本位币，但是编报的财务报表应当折算为人民币。在以货币作为主要计量单位的同时，有必要也应当以实物量度和劳动量度作为辅助计量尺度。二是假定币值稳定。只有在币值稳定或相对稳定的情况下，不同时点资产的价值才有可比性，不同期间的收入和费用才能进行比较，并计算确定其经营成果，会计核算提供的会计信息才能真实反映会计主体的经济活动情况。

综上所述，上述四项基本前提是相互依存、相互补充的关系，它们共同为会计核算工作的开展奠定了基础。会计主体确立了会计核算的空间范围，持续经营和会计分期确立了会计核算的时间长度，货币计量则为会计核算提供了必要手段。

1.5.2 会计核算的工作内容

企业发生的经济业务要转化成会计信息，就必须对这些经济业务所涉及的会计要素进行确认和计量，然后运用特定的方法在会计账簿中进行记录，最后以财务报告的形式提供给会计信息使用者。所以，会计核算的工作内容包括会计确认、会计计量、会计记录和会计报告四个环节。

1．会计确认

（1）会计确认的定义

会计确认是指按照一定标准，将企业发生的交易或事项作为某一会计要素加以记录并列入会计报表的过程。

会计确认涉及会计要素“质”的认定问题，主要解决某一项目应否确认、如何确认和何时确认三个问题。会计确认包括初始确认和再确认。初始确认就是将发生的交易或事项进行会计记录的过程；再确认就是在初次确认的基础上，将会计账簿信息转化为会计报表信息的过程。会计确认通常是通过填制和审核会计凭证这一专门方法来进行的。

（2）会计确认标准

会计确认的基本标准包括以下三个方面：

① 符合定义。所确认的项目要符合某一会计要素的定义。

② 有关经济利益很可能流入或流出企业。“很可能”意味着经济利益流入或流出的可能性在 50%（不含 50%）以上。

③ 相关金额能够可靠地计量。经济利益流入或流出的金额必须是能够可靠计量的。

2．会计计量

（1）会计计量的定义

会计计量是指在会计确认的基础上，采用合理的计量属性，确定应记录项目金额的过程。

会计计量涉及会计要素“量”的认定问题，主要解决会计确认的会计要素应以多少金额反映于会计信息系统中的问题。会计计量包括计量单位和计量属性两个方面。计量单位是指计量尺度的量度单位，会计主要是以货币作为统一的计量尺度。计量属性是指确定会计要素金额的基础。会计计量需要采用成本计算这一专门方法来实现。

（2）会计计量属性

会计计量属性主要包括以下五种：

① 历史成本：又称实际成本，是指过去的交易或事项发生时买卖双方自愿达成的交换价格。在历史成本计量下，资产按照购置时支付的现金或现金等价物金额，或者按照购置资产时所付出的对价的公允价值计量；负债按照因承担现时义务而实际收到的款项或资产金额，或者承担现时义务的合同金额，或者按照日常活动中为偿还负债预期需支付的现金或现金等价物金额计量。

② 重置成本：是指按照当前市场条件，重新取得同样一项资产所需支付的金额。在重置成本计量下，资产按照现在购买相同或相似资产所需支付的现金或现金等价物金额计量；

负债按照现在偿付该项债务所需支付的现金或现金等价物金额计量。

③ 可变现净值：是指某项资产预计售价减去预计现金流出后的净额。在可变现净值计量下，资产按照其正常对外销售所能收到现金或现金等价物的金额扣减该资产至完工时估计将要发生的成本、估计的销售费用以及相关税金后的金额计量。

④ 现值：是指对未来现金流量以恰当的折现率进行折现后的价值。在现值计量下，资产按照预计从其持续使用和最终处置中所产生的未来净现金流入量的折现金额计量；负债按照预计期限内需要偿还的未来净现金流出量的折现金额计量。

⑤ 公允价值：是指在公平交易中，熟悉情况的交易双方自愿进行资产交换或债务清偿的金额。在公允价值计量下，资产和负债按照在公平交易中，熟悉情况的交易双方自愿进行资产交换或债务清偿的金额计量。

画龙点睛

《企业会计准则——基本准则》规定：企业在对会计要素进行计量时，一般应当采用历史成本，采用其他计量属性的，应当保证所确定的会计要素金额能够取得并可靠计量。准则之所以规定一般采用历史成本计量，是因为历史成本具有客观性和可验证性。

3. 会计记录

会计记录就是将经过确认、计量的项目，运用会计专门方法在账簿中登记的过程。

会计记录主要解决会计要素在会计上如何登记的问题。会计记录必须在会计确认与会计计量的基础上进行，因此，在会计实务中，三者并非单独进行，而是紧密结合在一起同时进行的。会计记录时采用的会计专门方法包括：设置会计科目和账户、复式记账、填制和审核凭证、登记账簿。

4. 会计报告

会计报告就是根据账簿记录编制财务会计报告的过程。

会计报告主要解决如何向会计信息使用者提供有用的会计信息问题，包括以何种形式、提供怎样的会计信息等问题。会计报告是会计核算工作内容的最后环节，也是会计核算的最终目标。在会计实务中，主要是以定期编制财务报告的形式向会计信息使用者提供会计信息的。财务报告是指企业对外提供的反映企业某一特定日期财务状况和某一会计期间经营成果、现金流量等会计信息的文件，包括财务报表和相关信息与资料两个方面。其中财务报表主要是指企业会计准则规定的“四表一注”，即资产负债表、利润表、现金流量表、所有者权益变动表和报表附注。

1.5.3 会计确认、计量和报告的基础

企业在确定一定会计期间的收入和费用时，有两种不同的会计处理基础，即权责发生制与收付实现制。

1. 权责发生制

权责发生制又称应收应付制，是按收入、费用是否应计入本期为标准来确认本期收入和费用的一种会计处理基础。在权责发生制基础下，凡是本期已经实现的收入和已经发生

或应当负担的费用，不论款项是否收付，都应当作为本期的收入和费用；凡是不属于本期的收入和费用，即使款项已在本期收付，也不应作为本期的收入和费用。

《企业会计准则》明确规定：企业应当以权责发生制为基础进行会计确认、计量和报告。

2．收付实现制

收付实现制又称实收实付制，是按款项的实际收付为标准来确认本期收入和费用的一种会计处理基础。在收付实现制基础下，收到现金时就确认为收入，支付现金时就确认为费用。

目前我国行政单位采用收付实现制，事业单位除经营业务采用权责发生制外，其他业务采用收付实现制。

【例 1-1】某企业 6 月份发生下列经济业务：

（1）2 日，收到上月的销货款 48 000 元；

（2）4 日，销售货物一批，取得银行存款 120 000 元；

（3）12 日，赊销货物 30 000 元，货款尚未收到；

（4）13 日，购入办公用品一批，货款总计 5 000 元，尚未支付；

（5）15 日，预收销售货款 8 000 元；

（6）15 日，以银行存款支付上月职工工资 50 000 元；

（7）25 日，以银行存款支付本月水电费 6 500 元；

（8）26 日，预付下季度设备租赁费 6 000 元。

（9）30 日，计提本月固定资产折旧费 8 000 元。

要求：分别按权责发生制和收付实现制基础确认 6 月份的收入与费用，并计算利润。

〔**解答**〕两种会计处理基础下的计算结果如表 1-1 所示。

表 1-1　两种基础计算结果比较

项　目	权责发生制	收付实现制
本期收入	120 000+30 000=150 000	48 000+120 000+8 000=176 000
本期费用	5 000+6 500+8 000=19 500	50 000+6 500+6 000=62 500
本期利润	150 000−19 500=130 500	176 000−62 500=113 500

1.6　会计核算的基本方法

会计核算的基本方法，是对会计要素进行确认、计量、记录和报告所应用的方法，或者是对会计对象进行连续、系统、全面地核算所采用的一整套专门方法。这些专门方法包括：设置账户、复式记账、填制和审核凭证、登记账簿、成本计算、财产清查和编制会计报表。

1.6.1　设置账户

设置账户是对会计对象的具体内容进行分类核算的一种专门方法。会计对象的具体内容复杂多样，设置账户就是根据会计对象内容的特点以及管理的需要，按照一定的标准进行分类反映，以分门别类地提供管理所需要的会计信息。

1.6.2 复式记账

复式记账是指对所发生的每项经济业务，以相等的金额，同时在两个或两个以上相互联系的账户中进行登记的一种记账方法。复式记账是相对于单式记账而言的，采用复式记账方法，可以全面反映每笔经济业务的来龙去脉，而且可以防止差错和便于检查账簿记录的正确性和完整性，是一种比较科学的记账方法。

1.6.3 填制和审核凭证

会计凭证是记录经济业务，明确经济责任，作为记账依据的书面证明。会计凭证包括原始凭证和记账凭证。填制和审核会计凭证是会计核算工作的首要环节，是核算和监督经济活动的基础。对于已经发生的经济业务，都必须首先取得或填制原始凭证，然后要对原始凭证进行审核，只有经审核无误的原始凭证，才能作为编制记账凭证和登记账簿的依据。

1.6.4 登记账簿

登记账簿简称记账，是以审核无误的会计凭证为依据，运用复式记账方法，将发生的经济业务按发生的时间顺序分门别类地记入有关账簿，以便为经济管理提供完整、系统的会计核算资料。账簿记录是重要的会计资料，是进行会计分析、会计检查的重要依据。

1.6.5 成本计算

成本计算是按照一定对象归集和分配生产经营过程中发生的各种费用，以便确定该对象的总成本和单位成本的一种专门方法。成本是综合反映企业生产经营活动的一项重要指标。正确进行成本计算，可以考核生产经营过程的费用支出水平，同时又是确定企业盈亏和制定产品价格的基础，并为企业进行经营决策提供重要依据。

1.6.6 财产清查

财产清查是指通过盘点实物、核对账目，以查明各项财产物资实有数额的一种专门方法。通过财产清查，可以提高会计记录的正确性，保证账实相符。同时，还可以查明各项财产物资的保管和使用情况，以及各种结算款项的执行情况，以便对积压或损毁的物资和逾期未收到的款项，及时采取措施。因此，财产清查对于保护财产的安全完整、提高会计信息质量具有重要意义。

1.6.7 编制会计报表

编制会计报表是以特定表格的形式，定期总括反映会计主体的财务状况、经营成果和现金流量情况的一种专门方法。会计报表主要是以账簿中的记录为依据，经过加工整理编制而成。编制会计报表，是提供会计信息的主要形式，是会计核算工作的最后环节。

以上会计核算的七种方法，虽各有特定的含义和作用，但并不是独立的，而是相互联系、相互依存的，共同构成了一套完整的方法体系。在会计核算中，只有综合运用这七种方法才能顺利进行。具体表现在：经济业务发生后，首先要填制和审核凭证，这是会计工作的开始。然后，采用复式记账原理在各种账簿中进行登记，这是会计工作的中心。对于生产经营过程中发生的各项费用，要进行成本计算；一定时期终了，要进行财产清查，这是保证会计信息质量的基本要求。会计期末，根据账簿记录编制会计报表，这是会计工作的最终产品。

各种会计核算方法之间的联系，如图 1-2 所示。

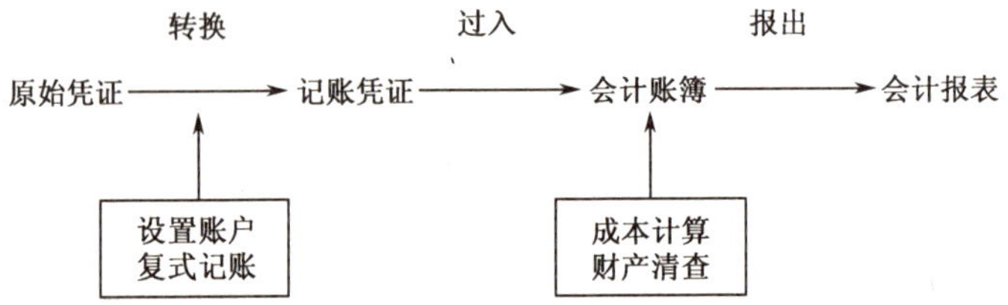

图 1-2　会计核算方法关系图

重要概念

会计、可比性、实质重于形式、谨慎性、会计对象、会计要素、资产、负债、所有者权益、收入、费用、利润、利得、损失、会计主体、持续经营、会计分期、货币计量、会计确认、会计计量、权责发生制、收付实现制、复式记账、历史成本、重置成本、可变现净值、现值、公允价值

要点回顾

（1）会计是适应社会生产发展和经济管理的需要而逐步产生与发展起来的，是社会经济发展到一定阶段的产物。在我国会计的产生与发展历程中，“四柱结算法”、“龙门账”与“四脚账”的运用，是会计发展史上的重要贡献。西方会计的产生与发展历程大致可以分为古代会计、近代会计和现代会计三个阶段。

（2）会计是以货币为主要计量单位，采用专门的程序和方法，对组织中的经济活动进行连续、系统、全面地核算与监督，借以提供财务信息、满足信息使用者需要的经济信息系统。会计的基本职能是核算与监督。

（3）会计目标包括“受托责任观”与“决策有用观”两点。会计信息使用者包括外部信息使用者和内部信息使用者两类，不同的会计信息使用者对信息需求的侧重点不同。会计所提供的信息必须满足可靠性、相关性、可理解性、可比性、实质重于形式、重要性、谨慎性和及时性八项会计信息质量的基本要求。

（4）会计对象就是会计所核算和监督的内容，是指特定主体能够以货币表现的经济活动，即资金运动。企业的资金运动包括资金投入、资金循环与周转、资金退出三个过程。会计要素是对会计对象按照经济特征所作的基本分类，是会计核算对象的具体化，也是反映会计主体财务状况和经营成果的基本元素，分为资产、负债、所有者权益（股东权益）、收入、费用和利润六个。

（5）会计核算的工作内容包括会计确认、会计计量、会计记录和会计报告四个环节，企业的会计核算要以会计主体、持续经营、会计分期和货币计量四项基本假设为前提，并以权责发生制为基础进行会计确认、计量和报告。会计确认要符合会计要素的定义、经济利益流入或流出的很可能性以及金额的可靠计量性三条标准。会计计量属性包括历史成本、重置成本、可变现净值、现值和公允价值五种，企业一般应当采用历史成本进行计量。

（6）对会计要素进行确认、计量、记录和报告需要采用一整套专门方法，这些专门方法主要包括：设置账户、复式记账、填制和审核凭证、登记账簿、成本计算、财产清查、编制会计报表。

复习思考题

1. 简述会计的基本特征。
2. 简述会计的基本职能及其相互关系。
3. 财务会计的目标是什么？会计信息使用者有哪些？
4. 会计信息质量要求包括哪些内容？
5. 会计要素包括哪些？各会计要素分别有何特征？各会计要素的构成内容有哪些？
6. 会计核算的基本前提包括哪些？
7. 会计核算的工作内容包括哪几个方面？
8. 会计确认的基本标准是什么？会计计量属性包括哪些？
9. 简述权责发生制与收付实现制的主要区别。
10. 会计核算的基本方法有哪些？它们之间存在怎样的联系？

练习题

一、单项选择题

1. 会计的基本职能是（　　）。

   A. 核算与反映　B. 核算与监督　C. 预测与决策　D. 分析与控制

2. 将融资租入的固定资产作为自有资产核算，是依据（　　）会计信息质量要求。

   A. 可靠性　B. 可比性　C. 重要性　D. 实质重于形式

3. 对应收账款提取坏账准备，体现的是（　　）会计信息质量要求。

   A. 可理解性　B. 相关性　C. 谨慎性　D. 及时性

4. 企业的房屋按预计使用年限30年提取折旧，是建立在会计核算的（　　）假设。

   A. 会计主体　B. 持续经营　C. 会计分期　D. 货币计量

5. 下列关于会计要素的表述中，正确的是（　　）。

   A. 资产的特征之一是预期能给企业带来经济利益

B. 负债的特征之一是企业承担的潜在义务

C. 利润是企业一定期间内收入减去费用后的净额

D. 收入是所有导致所有者权益增加的经济利益的总流入

二、多项选择题

1. 近代会计史中的两个重要里程碑是（　　）。

A. 复式记账法的诞生与应用

B. 注册会计师职业的正式诞生

C. 企业会计分化为财务会计和管理会计两大领域

D. 会计由手工记账发展为电算化系统处理

2. 下列关于会计对象的表述，正确的是（　　）。

A. 会计对象是指会计核算和监督的内容

B. 凡是特定单位能够以货币表现的经济活动都是会计的对象

C. 企业会计的对象就是企业的资金运动

D. 企业的资金运动，表现为资金投入、资金循环与周转和资金退出三个过程

3. 下列各项属于企业流动资产的有（　　）。

A. 原材料　　B. 预收账款　　C. 预付账款　　D. 工程物资

4. 下列关于所有者权益的表述中，正确的是（　　）。

A. 所有者权益是所有者对企业净资产的要求权

B. 所有者权益在金额上等于企业的全部资产减去全部负债后的余额

C. 除非发生减资、清算，企业一般不需要偿还所有者权益

D. 所有者凭借所有者权益有权参与企业的经营管理和利润分配

5. 下列（　　）经济利益的流入不能作为收入确认。

A. 销售商品实现的　　B. 出售固定资产实现的

C. 出租固定资产实现的　　D. 罚款实现的

三、判断题

1. 会计核算是会计监督的基础，会计监督又是会计核算的质量保障。（　　）

2. 会计主体不同于法律主体。一般来说，法律主体必然是一个会计主体，但是会计主体不一定是法律主体。（　　）

3. 企业发生的各项利得或损失，均应计入当期损益。（　　）

4. 在公允价值计量下，资产按照其正常对外销售所能收到的金额扣减该资产至完工时估计将要发生的成本、估计的销售费用以及相关税金后的金额计量。（　　）

5. 可比性要求同一企业不同时期发生的相同或相似的交易或事项，应当采用一致的会计政策，不得变更。（　　）

四、业务题

1. 长城公司 2012 年 6 月 30 日各项目金额如下：

（1）库存现金 1 600 元；

（2）银行存款 98 000 元；

（3）投资者投入的资本 750000 元；
（4）向银行借入的 3 年期借款 100000 元；
（5）向银行借入的 6 个月借款 50000 元；
（6）库存商品金额为 87400 元；
（7）应收外单位货款 122000 元；
（8）应付外单位商品款 120000 元；
（9）房屋建筑物价值 480000 元；
（10）机器设备及运输工具价值 370000 元；
（11）盈余公积金为 68000 元；
（12）应交税费 15000 元；
（13）以前年度尚未分配的利润 56000 元。

要求：划分以上各项目分别属于哪一会计要素，将其金额填入下表，并分析会计要素之间的数量关系。

资产	负债	所有者权益

2. 长城公司 2012 年 6 月份发生下列经济业务：
（1）以银行存款支付上月水电费 2500 元；
（2）以库存现金支付办公用品等管理费用 3200 元；
（3）预提本月银行借款利息 300 元；
（4）计提本月固定资产折旧费 800 元；
（5）预收销售货款 5000 元；
（6）收到上月销货款 12000 元；
（7）销售产品一批，收到货款 35100 元存入银行；
（8）销售产品一批，价值 23400 元，货款尚未收到。
要求：分别按权责发生制和收付实现制基础确认 6 月份的收入与费用，并计算利润。

案例分析

长城公司 2012 年 12 月份发生下列经济活动：
（1）与供货商会谈，并签订购货合同，合同总金额 28 万元；
（2）销售经理报销差旅费 3500 元；
（3）收到销售货款 23400 元，存入银行；

（4）与客户签订销售合同一份，预收客户订金 6000 元；
（5）董事会研究决定向 A 公司投资，计划投资额 60 万元；
（6）赊购一批材料验收入库；
（7）销售部门收到客户订单 3 份，合计金额 15 万元；
（8）生产车间到仓库领用材料。
要求：请分析长城公司发生的上述经济活动，哪些是属于会计对象？为什么？

第 2 章

会计科目与账户

学习目标

通过本章内容的学习，要求掌握会计等式的基本形式；理解经济业务的发生对会计等式的影响；掌握会计科目的概念、设置原则及其分类；掌握会计账户的概念和各类账户的基本结构；理解会计科目和账户之间的联系和区别。

2.1 会计等式

会计等式，也称会计平衡公式，或会计方程式，它是对各会计要素的内在经济关系利用数学公式所做的概括表达，即反映各会计要素数量关系的等式。它提示各会计要素之间的联系，是复式记账、试算平衡和编制会计报表的理论依据。

2.1.1 会计等式的基本形式

1. 静态会计等式

静态会计等式是反映企业在某一特定日期财务状况的会计等式，是由静态会计要素（资产、负债和所有者权益）组合而成。

任何企业要从事生产经营活动，必定有一定数量的资产。而每项资产，如果我们一分为二地看，就不难发现：一方面，任何资产只不过是经济资源的一种实际存在或表现形式，或为机器设备，或为现金、银行存款等；另一方面，这些资产都是按照一定的渠道进入企业的，或由投资者投入，或通过银行借入等，即必定有其提供者。显然，一般人们不会无偿地将经济资源（即资产）让渡出去，也就是说，企业中任何资产都有其相应的权益要求，谁提供了资产谁就对资产拥有索偿权，这种索偿权在会计上称为权益。因此，资产和权益是同一事物的两个方面，资产与权益从数量上总是相等的，有多少资产就应有多少权益。这样就形成了最初的会计等式：

$$资产=权益$$

而权益通常分为两种：一是以投资者的身份向企业投入资产而形成的权益，称为所有者权益；二是以债权人的身份向企业提供资产而形成的权益，称为债权人权益或负债。

这样，上述等式又可表达成

$$资产=负债+所有者权益 \quad (1)$$

这就是静态会计等式。

从性质上看，债权人和投资者对企业的要求权（权益）也是不同的。债权人希望借款人到期能顺利偿还本金，并能支付预定的利息；投资者则希望通过有效的经营等活动，尽可能多地赚取利润。另一方面，企业赚得再多，债权人也只能得到约定的本息，多余的就归投资者了，这样，上述会计等式也可以表述为

$$资产-负债=所有者权益$$

勤学好问

会计等式能否表述为：资产-所有者权益=负债？为什么？

2．动态会计等式

动态会计等式是反映企业在一定会计期间经营成果的会计等式，是由动态会计要素（收入、费用和利润）组合而成。

企业运用债权人和投资者所提供的资产，以发生相关费用为代价，经营运作后获得收入。将一定期间实现的收入与费用配比，就能确定该期间企业的经营成果，用公式表示如下：

收入-费用=利润　　（2）

3．等式（1）和等式（2）之间的关系

在会计期初，资金运动处于相对静止状态，企业既没有取得收入，也没有发生费用，因此会计等式就表现为

资产=负债+所有者权益

随着企业经营活动的进行，在会计期间内，企业一方面取得收入，并因此而引起资产的增加或负债的减少；另一方面企业要发生各种费用，引起资产的减少或负债的增加。因此，在会计期间，会计等式就转化为下列形式：

资产=负债+所有者权益+（收入-费用）

可变形为

资产+费用=负债+所有者权益+收入　　（3）

这是会计等式的扩展形式。

到了会计期末，企业将收入和费用相配比，计算出利润。此时会计等式又转化为

资产=负债+所有者权益+利润

企业的利润按规定的程序进行分配，一部分按照比例分配给投资者，使企业的资产减少或负债增加；另一部分形成企业的盈余公积和未分配利润，归入所有者权益。这样在会计期末结账之后的会计等式又恢复到会计期初的形式：

资产=负债+所有者权益

由此可见：

等式（1）是会计的基本等式，通常称之为基本会计等式或会计恒等式。

等式（2）和等式（3）虽不是基本会计等式，但等式（2）是对基本会计等式的补充；等式（3）是基本会计等式的发展，它将财务状况要素，即资产、负债和所有者权益，和经营成果要素，即收入、费用和利润，进行有机结合，完整地反映了企业财务状况和经营成果的内在联系。

画龙点睛

会计等式表示的是会计要素之间的数量关系，它们之间并非存在一一对应关系。作为资金来源的负债和所有者权益进入到企业后，成为企业的资产，由企业根据需要统筹安排投入到生产中，形成不同表现形式的资产，这时很难分清具体某一资产是由哪一项负债或所有者权益形成的。

2.1.2 经济业务的发生对会计等式的影响

企业的经济业务事项复杂多样，但从其对资产、负债和所有者权益影响的角度考察，经济业务事项主要有九种基本类型：资产项目此增彼减；资产和负债同时增加；资产和所有者权益同时增加；资产和负债同时减少；资产和所有者权益同时减少；负债增加，所有者权益减少；负债减少，所有者权益增加；负债项目此增彼减；所有者权益项目此增彼减。下面以某企业 2012 年 1 月份发生的部分经济业务为例，对上述九类基本业务事项做出具体说明。

【例 2-1】某企业 2012 年发生的部分经济业务事项如下，请分析每笔业务具体属于九种业务类型中的哪一种类型，并判断这些业务的发生是否会影响会计等式的平衡关系。

1．从银行提取现金 2 000 元。

2．从银行取得借款 100 000 元，期限 6 个月。

3．企业收到投资者投入资金 1 000 000 元。

4．企业偿还银行借款 40 000 元。

5．股东王某撤资，以银行存款支付其投资款 20 000 元。

6．企业宣告分派现金股利 25 000 元。

7．企业与某债权人达成协议，将其 100 000 元应付账款转为对本企业的投资。

8．企业前期签发的面值 20 000 元的不带息商业承兑汇票到期，因到期无款兑付，转作应付账款。

9．企业以盈余公积 300 000 元转增资本。

〔**解答**〕：

业务一，该业务使该企业资产中的库存现金增加，资产中的银行存款减少，属于资产项目此增彼减类型的业务；并且该业务使得等式的左边资产内部不同项目同时增加和减少 2 000 元，不影响等式的平衡关系。

业务二，该业务使该企业资产中的银行存款增加，负债中的短期借款增加，属于资产和负债同时增加类型的业务；并且该业务使得等式左边的资产和右边的负债同时增加 100 000 元，不影响等式的平衡关系。

业务三，该业务使该企业资产中的银行存款增加，所有者权益中的实收资本增加，属于资产和所有者权益同时增加类型的业务；并且该业务使得等式左边的资产和右边的所有者权益同时增加 1 000 000 元，不影响等式的平衡关系。

业务四，该业务使该企业资产中的银行存款减少，负债中的短期借款减少，属于资产和负债同时减少类型的业务；并且该业务使得等式左边的资产和右边的负债同时减少 40 000 元，不影响等式的平衡关系。

业务五，该业务使该企业资产中的银行存款减少，所有者权益中的实收资本减少，属于资产和所有者权益同时减少类型的业务；并且该业务使得等式左边的资产和右边的所有者权益同时减少 20 000 元，不影响等式的平衡关系。

业务六，该业务使该企业负债中的应付股利增加，所有者权益中的未分配利润减少，属于负债增加、所有者权益减少类型的业务；并且该业务使得等式右边的负债增加 25 000 元，同时右边的所有者权益减少 25 000 元，不影响等式的平衡关系。

业务七，该业务使该企业负债中的应付账款减少，所有者权益中的实收资本增加，属于负债的减少、所有者权益增加类型的业务；并且该业务使得等式右边的负债减少 100 000 元，右边的所有者权益同时增加 100 000 元，不影响等式的平衡关系。

业务八，该业务使该企业负债中的应付票据减少，负债中的应付账款增加，属于负债项目此增彼减类型的业务；并且该业务使得等式的右边负债内部不同项目同时增加和减少 20 000 元，不影响等式的平衡关系。

业务九，该业务使该企业所有者权益中的实收资本增加，所有者权益中的盈余公积减少，属于所有者权益项目此增彼减类型的业务；并且该业务使得等式的右边所有者权益内部不同项目同时增加和减少 300 000 元，不影响等式的平衡关系。

上述会计事项，使得会计基本等式两边发生同增或同减的数目变化（第 2、3、4、5），或是会计基本等式一边发生此增彼减数目变化（第 1、6、7、8、9），但无论是上述哪一种情况，均不会破坏资产、负债及所有者权益之间的数量恒等关系。

画龙点睛

尽管企业在日常经济活动中发生的经济业务是千变万化、多种多样，但不管发生什么类型的经济业务引起会计要素发生增减变化，都不会影响要素间的平衡关系，资产的总量必定等于负债与所有者权益总量之和，这也正是我们把会计基本等式称为恒等式的原因。

2.2 会计科目

2.2.1 会计科目及其设置

1. 会计科目的概念

会计科目简称科目，是在按照会计要素分类的基础上进一步分类的项目。每项经济业务的发生都会引起会计要素发生增减变动，而每个会计要素又包括许多具体项目，这些项目的经济内容及其在经营过程中的用途、作用是各不相同的。例如，银行存款和机器设备都是企业的资产，但是银行存款属于货币资产，流动性最强，可以随时用于清偿债务或转化为其他形式的资产。而机器设备属于固定资产，流动性较差，难以转化为其他形式的资产，其价值是通过提取折旧的方式逐步得到补偿。所以，从信息使用者的角度来考虑，企业应该在会计要素的基础上进行进一步分类，以便能够提供更详尽的信息。

2. 会计科目的设置

设置会计科目，就是根据会计对象的具体内容和管理要求，事先规定分类核算的项目和标志的一种专门方法。为了适应国家宏观管理的需要，保证对外提供会计信息指标口径的一致性和可比性，企业应根据《企业会计准则——应用指南》设置会计科目。企业所使用的会计科目，一般应以此为基准，根据企业自身的生产经营特点增加或减少某些会计科目。

值得一提的是，企业对会计科目的选择和使用有较大的自主权和灵活性。但是，这并不是说企业可以随意使用甚至滥用会计科目，而应当遵循一定的原则。

（1）全面性原则

会计科目作为对会计要素具体内容进行分类核算的项目，其设置应能保证对各会计要素作全面的反映，形成一个完整的、科学的体系。具体地说，应该包括资产、负债、所有者权益、收入、费用和利润的若干会计科目，不能有任何遗漏，要覆盖全部核算内容。而且，每个会计科目都应有特定的核算内容，要有明确的含义和界限。各个会计科目之间既要有一定的联系，又要各自独立，不能交叉重叠，不能含糊不清。

（2）简要性原则

会计核算的目标就是向各方信息使用者提供有用的会计信息，以满足他们的判断、决策需要。所以，一方面会计科目的名称要言简意赅，要能代表经济业务的主要特点，使信息使用者能够望文生义；另一方面，不同的信息使用者对会计信息的需求不尽相同。企业在提供会计信息时，不但要兼顾不同信息使用者的需要，还要考虑提供会计信息的成本，要突出重点，对不重要的信息要合并或删减，尽量使信息使用者一目了然，易于理解。

（3）稳定性原则

为了保证会计信息的连贯性、可比性，便于对不同时期、不同行业间的会计核算指标进行分析和比较，提高会计信息的有效性，会计科目的设置应在一定时期内保持稳定，不宜经常变更。值得注意的是，强调会计科目的稳定性，并非要求会计科目绝对不能变更，当会计环境发生变化时，会计科目也应随之作相应的调整，以及时全面地反映经济活动。

（4）统一性和灵活性兼顾原则

统一性就是要求企业设置会计科目时，应根据提供会计信息的要求，对一些主要会计科目的设置及核算内容应保证与《企业会计准则——应用指南》的规定相一致；灵活性是指在不影响会计核算要求和会计报表指标汇总，以及对外提供统一的财务会计报告的前提下，企业可以根据本单位的具体情况、行业特征和业务特点，对统一规定的会计科目作必要的增设、删减或合并，有针对性地设置会计科目。

2.2.2 会计科目的分类

1. 按其反映的经济内容不同分类

会计科目按其反映的经济内容，即按其所归属的会计要素不同，可以分为：资产类、负债类、所有者权益类、成本类和损益类五大类。

（1）资产类科目

资产类科目，是对资产要素的具体内容进行分类核算的项目。按照资产的流动性分为反映流动资产的科目和反映非流动资产的科目。反映流动资产的科目有“库存现金”、“银行存款”、“原材料”、“应收账款”、“库存商品”等；反映非流动资产的科目有“长期股权投资”、“长期应收款”、“固定资产”、“无形资产”、“长期待摊费用”等。

资产类科目中，有一些是用来反映资产价值损耗或损失的科目，如“累计折旧”、“累计摊销”、“坏账准备”、“存货跌价准备”等。这些科目反映相应资产的价值损耗或损失，目的是确定资产的账面价值，满足单位资产管理的需要。

（2）负债类科目

负债类科目，是对负债要素的具体内容进行分类核算的项目。按负债的偿还期限分为反映流动负债的科目和反映长期负债的科目。反映流动负债的科目有："短期借款"、"应付账款"、"应付职工薪酬"、"应交税费"等；反映长期负债的科目有："长期借款"、"应付债券"、"长期应付款"等。

（3）所有者权益类科目

所有者权益类科目，是对所有者权益要素的具体内容进行分类核算的项目。按所有者权益的形成和性质可分为反映资本的科目和反映留存收益的科目。反映资本的科目有："实收资本"（或"股本"）、"资本公积"等；反映留存收益的科目有："盈余公积"、"本年利润"、"利润分配"等。所有者权益类的"本年利润"科目归属于利润会计要素，由于企业实现利润会增加所有者权益，因而将其作为所有者权益类科目。

（4）成本类科目

成本类科目，是对产品、劳务成本的构成内容进行分类核算的项目。按成本的不同内容和性质可以分为反映制造成本的科目和反映劳务成本的科目。反映制造成本的科目有："生产成本"、"制造费用"；反映劳务成本的科目有："劳务成本"等。

（5）损益类科目

损益类科目，是对收入、费用要素的具体内容进行分类核算的项目。按损益的不同内容可以分为反映收入的科目和反映费用的科目。反映收入的科目有："主营业务收入"、"其他业务收入"、"营业外收入"等；反映费用的科目有："主营业务成本"、"其他业务成本"、"管理费用"、"财务费用"、"销售费用"、"所得税费用"、"营业外支出"等。

2．按其所提供信息的详细程度及其统驭关系的不同分类

根据所需提供信息的详细程度及其统驭关系的不同，分为总分类科目和明细分类科目。

（1）总分类科目

总分类科目，也称总账科目或一级科目，是对会计要素具体内容进行总括分类、提供总括信息的会计科目。如"原材料"、"应收账款"、"应付账款"、"实收资本"等科目。

（2）明细分类科目

明细分类科目，简称明细科目，指根据核算与管理的需要对某些会计科目所作的进一步分类的项目，按照其分类的详细程度不同，又分为子目和细目。子目又称二级科目，是对总账科目的进一步分类，而细目是对子目的进一步分类。例如，工业企业可在"原材料"总账科目下设置"原料及主要材料"、"辅助材料"、"燃料"、"包装物"等子目，然后再依据材料规格、品种或型号等设置细目。

知识链接

在我国的会计核算中，总分类科目一般根据财政部制定的统一会计制度确定，明细分类科目除统一会计制度规定设置的以外，其余由各单位根据经营管理需要自行设置。

2.2.3 会计科目的编号

会计科目编号又称账户编号或科目代码，是指在会计科目表中对每个会计科目编列固定的号码。会计科目编号的作用，主要是以编码形式体现会计科目的分类和每类中各个会计科目的排列次序，以便于会计人员更好地掌握会计科目的性质及其相互关系，提高会计核算工作效率，为会计核算电算化奠定一定的基础。会计科目的编号应达到以下要求：

（1）编号应简单明了，便于记忆；

（2）编号应排列有序，层次分明；

（3）编号应有一定的弹性，留有余地。

在编制科目编号时，应考虑到企业将来业务发展的需要，预留一部分编号，以便容纳以后可能要重加细分的项目和新增的会计科目。

关于会计科目的编号方法，主要有两类：科目数字顺序排列编号法和科目十进位数字编号法。而每类编号法依编号方式不同又可细分为多种具体方法。目前会计科目编号比较常用的是科目十进位数字编号法中的数字定位编号法。

数字定位编号法完全用整数排列，数字的排列不是按自然顺序，而是为每个数字位置确定一个特定的含义进行排列。例如，第 1 位数字代表大类会计科目，第 2 位数字代表大类下的小类科目，第 3、4 位数字代表总分类会计科目，第 5、6 位数字代表明细分类会计科目等。如 1 表示资产类科目，1012 表示其他货币资金，101201 表示外埠存款，101202 表示银行本票，101203 表示银行汇票等。

使用数字定位编号法编制的科目编号，层次清晰，对账户的经济内容可以明确显示，便于理解科目间的逻辑关系。数字定位编号法缺点是编号数字比较长，不便记忆。我国现行的企业会计准则中的会计科目编号就是这种方法，如表 2-1 所示。

表 2-1　会计科目表

序号	编号	会计科目名称	序号	编号	会计科目名称	序号	编号	会计科目名称
1	1001	库存现金	21	1302	拆出资金	41	1501	持有至到期投资
2	1002	银行存款	22	1303	贷款	42	1502	持有至到期投资减值准备
3	1003	存放中央银行款项	23	1304	贷款损失准备	43	1503	可供出售金融资产
4	1011	存放同业	24	1311	代理兑付证券	44	1511	长期股权投资
5	1012	其他货币资金	25	1321	代理业务资产	45	1512	长期股权投资减值准备
6	1021	结算备付金	26	1401	材料采购	46	1521	投资性房地产
7	1031	存出保证金	27	1402	在途物资	47	1531	长期应收款
8	1101	交易性金融资产	28	1403	原材料	48	1532	未实现融资收益
9	1111	买入返售金融资产	29	1404	材料成本差异	49	1541	存出资本保证金
10	1121	应收票据	30	1405	库存商品	50	1601	固定资产
11	1122	应收账款	31	1406	发出商品	51	1602	累计折旧
12	1123	预付账款	32	1407	商品进销差价	52	1603	固定资产减值准备
13	1131	应收股利	33	1408	委托加工物资	53	1604	在建工程
14	1132	应收利息	34	1411	周转材料	54	1605	工程物资
15	1201	应收代位追偿款	35	1421	消耗性生物资产	55	1606	固定资产清理
16	1211	应收分保账款	36	1431	贵金属	56	1611	未担保余值
17	1212	应收分保合同准备金	37	1441	抵债资产	57	1621	生产性生物资产
18	1221	其他应收款	38	1451	损余物资	58	1622	生产性生物资产累计折旧
19	1231	坏账准备	39	1461	融资租赁资产	59	1623	公益性生物资产
20	1301	贴现资产	40	1471	存货跌价准备	60	1631	油气资产

（续表）

序号	编号	会计科目名称	序号	编号	会计科目名称	序号	编号	会计科目名称
61	1632	累计折耗	100	2701	长期应付款	127	6031	保费收入
62	1701	无形资产	101	2702	未确认融资费用	128	6041	租赁收入
63	1702	累计摊销	102	2711	专项应付款	129	6051	其他业务收入
64	1703	无形资产减值准备	103	2801	预计负债	130	6061	汇兑损益
65	1711	商誉	104	2901	递延所得税负债	131	6101	公允价值变动损益
66	1801	长期待摊费用	三、共同类			132	6111	投资收益
67	1811	递延所得税资产	105	3001	清算资金往来	133	6201	摊回保险责任准备金
68	1821	独立账户资产	106	3002	货币兑换	134	6202	摊回赔付支出
69	1901	待处理财产损益	107	3101	衍生工具	135	6203	摊回分保费用
二、负债类			108	3201	套期工具	136	6301	营业外收入
70	2001	短期借款	109	3202	被套期项目	137	6401	主营业务成本
71	2002	存入保证金	110	4001	实收资本	138	6402	其他业务成本
72	2003	拆入资金	111	4002	资本公积	139	6403	营业税金及附加
73	2004	向中央银行借款	112	4101	盈余公积	140	6411	利息支出
74	2011	吸收存款	113	4102	一般风险准备	141	6421	手续费及佣金支出
75	2012	同业存放	114	4103	本年利润	142	6501	提取未到期责任准备金
76	2021	贴现负债	115	4104	利润分配	143	6502	提取保险责任准备金
77	2101	交易性金融负债	116	4201	库存股	144	6511	赔付支出
78	2111	卖出回购金融资产款	五、成本类			145	6521	保单红利支出
79	2201	应付票据	117	5001	生产成本	146	6531	退保金
80	2202	应付账款	118	5101	制造费用	147	6541	分出保费
81	2203	预收账款	119	5201	劳务成本	148	6542	分保费用
82	2211	应付职工薪酬	120	5301	研发支出	149	6601	销售费用
83	2221	应交税费	121	5401	工程施工	150	6602	管理费用
84	2231	应付利息	122	5402	工程结算	151	6603	财务费用
85	2232	应付股利	123	5403	机械作业	152	6604	勘探费用
86	2241	其他应付款	六、损益类			153	6701	资产减值损失
87	2251	应付保单红利	124	6001	主营业务收入	154	6711	营业外支出
88	2261	应付分保账款	125	6011	利息收入	155	6801	所得税费用
99	2621	独立账户负债	126	6021	手续费及佣金收入	156	6901	以前年度损益调整

2.3 会计账户

会计科目是对会计对象的组成内容进行科学分类而规定的名称，通过设置会计科目，对会计交易和事项进行了科学分类，为开展会计核算奠定了基础。对会计对象划分类别并规定名称是必要的，但要全面、系统地记录和反映各项经济业务所引起的会计要素的增减变动情况，还必须在分类的基础上借助于具体的形式和方法，这就是开设和运用账户。

2.3.1 会计账户及其与会计科目的关系

账户是根据会计科目设置的，具有一定格式和结构，用于分类反映会计要素增减变动情况及其结果的载体。设置账户是会计核算的重要方法之一。

会计科目与账户是相互联系的。会计科目与账户都是对会计对象要素具体内容进行的分类。会计科目是账户的名称，也是设置账户的依据，会计科目决定着账户核算内容的性质，因此，两者核算内容的性质是一致的。没有会计科目，账户就失去了设置的依据。而账户又是会计科目的具体运用，没有账户也就无法发挥会计科目的作用。

会计科目与账户又有区别。会计科目没有结构，并且只规定了核算的经济内容的性质；而账户具有一定的格式和结构，用来记录某一特定经济内容的增减变化及其变化的结果。会计科目是会计核算前，事先确定的对经济业务分类核算的项目，账户是经济业务发生之后，进行分类连续登记的一种手段，通过账户的记录，能提供动态和静态的指标。

2.3.2 会计账户的结构

账户是对会计要素的具体分类的基础上登记经济业务事项的工具和载体，这就决定了它必须具有合理的结构，这也是账户不同于会计科目的根本性区别之所在。如前所述，任何一项经济业务事项发生所引起的数量变动，不外乎两种情况：增加，或是减少。因此，账户也需要相应的分为左右两方，一方用于登记增加额，另一方用于登记减少额，这就构成了账户的基本结构。此外，还需要设置若干辅助栏目，用以登记反映经济业务事项和账簿记录详细情况的其他内容。所以，作为账户的基本结构，一般应包括以下内容：

（1）账户的名称——规定账户所要记录的经济业务事项内容；

（2）日期——记录经济业务事项日期；

（3）凭证号——标明账户记录所依据的会计凭证；

（4）摘要——简要说明经济业务事项的内容；

（5）金额——增加金额、减少金额和余额。

以借贷记账法为例，账户的基本结构格式如表 2-2 所示。

表 2-2 账户名称

年		凭证		摘要	借方金额	贷方金额	借或贷	余额
月	日	种类	号数					

表 2-2 中，账户借方金额和贷方金额记录的是本期的发生额，依账户性质不同或表示增加额，或表示减少额。余额按其表示的时间不同，分为期初余额和期末余额。因此在账户中所记录的金额有期初余额、本期增加发生额、本期减少发生额和期末余额。上述四项金额的关系可以用公式表示如下：

期末余额=期初余额+本期增加发生额−本期减少发生额

为了便于教学，通常用简化了的“T”形账户来表示，即只保留账户的金额栏，其余栏目予以删去。基本结构如图 2-1 所示。

图 2-1 “T”形账户格式

2.3.3 会计账户的分类

账户分类标准是依据账户具有的一些特征确定的，每个账户都可以按不同的标准加以分类。账户分类，有利于我们从理论上加深对账户全面认识，进一步了解账户体系中各类账户的共性和特性，理解全部账户在反映会计内容上存在的既分工又协作的关系，从而帮助我们正确运用设置账户这种会计核算的专门方法，建立起更加完善的会计核算体系。

1．账户按经济内容分类

账户按经济内容分类，即按其归属会计要素分类，可以分为以下五类。

（1）资产类账户

资产类账户按照反映流动性快慢的不同，可以再分为流动资产类账户和非流动资产类账户。流动资产类账户主要有“库存现金”、“银行存款”、“交易性金融资产”、“应收账款”、“原材料”、“库存商品”等；非流动资产类账户主要有“长期股权投资”、“固定资产”、“累计折旧”、“无形资产”、“长期待摊费用”等。

（2）负债类账户

负债类账户按照偿还期限长短的不同，可以再分为流动负债类账户和长期负债类账户。流动负债类账户主要有“短期借款”、“应付账款”、“应付职工薪酬”、“应交税费”等；长期负债类账户主要有“长期借款”、“应付债券”、“长期应付款”等。

（3）所有者权益类账户

按所有者权益的形成和性质，可分为反映资本的账户和反映留存收益的账户。反映资本的账户有“实收资本”（或“股本”）、“资本公积”等；反映留存收益的账户有“盈余公积”、“本年利润”、“利润分配”等。

（4）成本类账户

成本类账户按照是否需要分配，可以再分为直接计入类成本账户和分配计入类成本账户。直接计入类成本账户主要有“生产成本”（包括“基本生产成本”、“辅助生产成本”）等；分配计入类成本账户主要有“制造费用”等。

（5）损益类账户

损益类账户可以再分为反映营业损益的账户、反映营业外收支的账户和反映扣减利润总额的账户。反映营业损益的账户主要有“主营业务收入”、“其他业务收入”、“投资收益”、“主营业务成本”、“主营业务税金及附加”、“其他业务支出”、“销售费用”、“管理费用”、“财务费用”等；反映营业外收支的账户主要有“营业外收入”、“营业外支出”等；反映扣减利润总额的账户主要有“所得税费用”、“以前年度损益调整”等。

2．账户按提供指标详细程度分类

账户按提供指标详细程度分类，可以分为以下两类：

（1）总分类账户

总分类账户是对企业经济活动的具体内容进行总括核算的账户，提供某一具体经济业务的总括核算指标，也称总账账户、一级账户。在我国，总分类账户的名称、核算内容及使用方法通常是统一规定的。

（2）明细分类账户

明细分类账户是对企业经济活动的具体内容进行明细核算的账户，提供某一具体经济业务的明细核算指标。在实际工作中，大多数总分类账户都须设置明细分类账户，只有少数总分类账户，如“累计折旧”账户不必设置明细分类账户。明细分类账户由企业根据经营管理的实际需要和经济业务的具体内容自行规定，以提供明细核算资料满足企业内部经营管理的需要。

3．账户按用途结构分类

账户也可按用途结构分类。所谓账户的用途，是指通过账户的记录，能够提供哪些核算指标，也就是设置和运用账户的目的。所谓账户的结构，是指在账户中如何记录经济业务，以取得各种必要的核算指标。研究账户按用途和结构的分类，有助于人们理解和掌握各类账户提供指标及各类账户结构的规律性，以便更准确地运用账户，为经济管理提供有用的会计核算指标体系。账户按用途结构分类，可分为以下 11 类。

（1）盘存账户

盘存账户是用来核算和监督各项财产物资和货币资金的增减变动及其实存数额的账户，如“库存现金”、“银行存款”、“原材料”、“库存商品”、“固定资产”等。

（2）结算账户

结算账户是用来反映和监督企业与其他单位和个人之间债权、债务结算情况的账户。由于用途和结构的不同，此类账户可以分为债权结算账户、债务结算账户、债权债务结算账户。

（3）资本账户

资本账户是用来反映和监督企业所有者权益的增减变动及其结余情况的账户，如“实收资本”、“资本公积”和“盈余公积”等。

（4）集合分配账户

集合分配账户是会计为了核算的需要而设置的过渡性质的账户。在会计实务中，有些事项从发生到最终结果的处理，需要一定的时间。如工业企业生产过程中发生的间接费用需要到期末才能按照一定的分配方法，分配计入有关产品的生产成本中。

集合分配账户按其所起的作用可分为费用的集合分配账户和财产盘点和清理过程及清理结果处理的账户两类，如“制造费用”、“待处理财产损溢”。

（5）跨期摊提账户

跨期摊提账户是用来反映和监督应由几个会计期间共同负担的费用，并将这些费用在各个会计期间进行分摊的账户，如“长期待摊费用”。

（6）成本计算账户

成本计算账户是用来反映和监督企业生产经营过程中某一阶段所发生的，应计入成本的全部费用，并确定各个成本计算对象的实际成本的账户，如“物资采购”、“生产成本”、“在建工程”账户。

（7）收入计算账户

收入计算账户是用来反映和监督企业在一定会计期间内所取得的各种收入和利得的账户，如“主营业务收入”、“其他业务收入”、“营业外收入”和“投资收益”等账户。

（8）费用计算账户

费用计算账户是用来核算和监督企业一定时期内发生的，应计入当期损益的各项费用及损失的账户。费用有广义和狭义之分。此处的费用是广义的，即不仅包括为取得产品销售收入及经营管理而发生的各种耗费，也包括营业外的支出和所得税费用。如“主要业务成本”、“其他业务成本”、“营业税金及附加”、“管理费用”等。

（9）财务成果账户

财务成果账户是用来核算和监督企业在一定时期全部经营活动的最终成果的账户，如“本年利润”账户。

（10）调整账户

调整账户是用来调整被调整账户的账面余额，以便计算被调整账户的实际余额的账户。调整账户按照其调整方式的不同，可以进一步分为备抵账户、备抵附加账户。如“累计折旧”、“坏账准备”、“存货跌价准备”、“固定资产减值准备”等就是典型的备抵账户；“材料成本差异”账户就是“原材料”账户的备抵附加账户。

（11）计价对比账户

计价对比账户是指对某项经济业务，按两种不同的计价进行核算对比，借以确定其业务成果的账户，如“材料采购”、“固定资产清理”等账户。

画龙点睛

账户分类标准是依据账户具有的一些特征确定的。每个账户都带有若干个特征，因此，每个账户都可以按不同的标准加以分类。例如“原材料”账户：从会计要素来看，属于资产类账户，反映企业在生产经营过程中必不可少的流动资产；从提供指标的详细程度来看，属于总分类账户，总括地反映企业材料的增减变动及结存情况；从账户用途结构看，属于盘存账户，账户的期末余额反映库存材料的结存数。

重要概念

会计等式、会计科目、会计账户

要点回顾

（1）会计等式，是对各会计要素的内在经济关系利用数学公式所作的概括表达，即反映各会计要素数量关系的等式。它提示各会计要素之间的联系，是复式记账、试算平衡和编制会计报表的理论依据。“资产=负债+所有者权益”是会计等式的静态表现形式，“收入−费用=利润”是会计等式的动态表现形式，“资产+费用=负债+所有者权益+收入”是会计等式的扩展形式。

（2）企业的经济业务事项复杂多样，从其对资产、负债和所有者权益影响的角度考察，经济业务事项主要有九种基本类型。但不管发生什么类型的经济业务，都不会影响会计等式的平衡关系。

（3）会计科目简称科目，是在按照会计要素分类的基础上进一步分类的项目。企业所使用的会计科目，一般应根据《企业会计准则》中的统一规定为基准，根据企业自身的生产经营特点增加或减少某些会计科目。

（4）会计科目按其所归属的会计要素不同，可以分为资产类、负债类、所有者权益类、成本类和损益类五大类；按所需提供信息的详细程度及其统驭关系的不同，可分为总分类科目和明细分类科目两大类。

（5）账户是根据会计科目设置的，具有一定格式和结构，用于分类反映会计要素增减变动情况及其结果的载体。会计科目与账户既相互联系，又相互区别。账户的基本结构，一般应包括账户的名称、日期、凭证号、摘要、金额。

（6）账户按归属会计要素分类，可以分为资产类、负债类、所有者权益类、成本类和损益类五大类；按提供指标详细程度分类，可以分为总分类账户和明细分类账户。

复习思考题

1. 什么是会计的基本等式？简述会计基本等式的意义。
2. 按照经济业务事项对会计要素的影响，经济业务事项有哪些基本类型？
3. 会计科目与会计账户的关系如何？
4. 设置会计科目要遵循哪些原则？会计科目如何分类？
5. 会计账户如何分类？
6. 什么是账户的基本结构？账户的基本结构应包括哪些内容？

练习题

一、单项选择题

1. 下列会计静态等式表述正确的是（　　）。

A. 收入−费用=利润　　B. 权益=债权人权益+所有者权益

C. 资产−负债=所有者权益　　D. 资产=负债+所有者权益

2. 企业接受投资的业务属于（　　）类型。

A. 资产内部此增彼减　　B. 资产与所有者权益同增

C. 资产与负债同增　　D. 所有者权益内部此增彼减

3. 企业收到某公司前欠的货款 50 000 元，并存入银行。该笔业务使得企业（　　）。

A. 资产增加 50 000 元　　B. 负债减少 50 000 元

C. 资产与负债同时减少 50 000 元　　D. 资产余额不变

4. 账户是根据（　　）设置的，具有一定格式和结构，用于分类反映会计要素增减变动情况及其结果的载体。

A. 会计要素　　B. 会计对象　　C. 会计科目　　D. 会计信息

5. 关于会计科目，下列说法中不正确的是（　　）。

A. 会计科目是对会计要素的进一步分类

B. 会计科目按其所提供信息的详细程度及其统驭关系不同，分为总分类科目和明细分类科目

C. 会计科目可以根据企业的具体情况自行设定

D. 会计科目是设置账户的依据

二、多项选择题

1. 企业向银行借款 10 万元，存入银行，这项业务引起（　　）要素的增减变化。

A. 资产　　B. 负债　　C. 所有者权益　　D. 收入

2. 下列会计科目中，属于资产类科目的有（　　）。

A. 预收账款　　B. 预付账款　　C. 原材料　　D. 短期借款

3. 有关会计科目与账户间的关系，下列表述中正确的有（　　）。

A. 两者口径一致，性质相同

B. 没有会计科目，账户就失去了设置的依据

C. 账户是会计科目的具体运用

D. 实际工作中，会计科目和账户是相互通用的

4. 下列项目中，属于账户基本结构内容的有（　　）。

A. 账户的名称　　B. 增减金额及余额

C. 记账凭证的编号　　D. 经济业务的摘要

5. 账户一般可以提供的金额指标有（　　）。

A. 期初余额　　B. 本期增加发生额

C. 期末余额　　D. 本期减少发生额

三、判断题

1. 会计等式反映的是各会计要素间的数量关系。（　　）

2. 所有的账户都是根据会计科目开设的。（　　）

3. 账户的左边均记录增加额，右边均记录减少额。（　　）

4. “材料采购”账户既可以归入资产类账户，也可以归入成本类账户。（　　）

5. 会计科目按其所反映的经济内容分，可分为总分类科目和明细分类科目。（　　）

案例分析

某企业 2012 年 12 月发生下列经济业务事项：

1. 以银行存款 80 000 元购入机器设备一台。
2. 投资者投入资本 5 000 000 元。
3. 购入材料 20 000 元，价款未付。
4. 职工张明预借差旅费 5 000 元。
5. 以银行存款偿还短期借款 30 000 元。
6. 从银行提取现金 500 元。
7. 以银行存款 10 000 元偿还前欠的购货款。
8. 预收货款 25 000 元。
9. 向银行借入款项 35 000 元。
10. 收到某公司前欠的货款 30 000 元，存入银行。

要求：根据上述经济业务事项，分别判断其经济业务事项类型，并分析核算这些经济业务应使用的科目名称及所属类别。

第3章
记 账 方 法

3.1 记账方法概述
3.2 借贷记账法
3.3 平行登记

学习目标

通过本章内容的学习，能够初步了解单式记账法与复式记账法的主要区别，以及中外复式记账法的发展历程；熟练掌握借贷记账法的记账符号、记账规则、账户结构和试算平衡四项基本内容；理解对应账户、会计分录等基本概念和编制会计分录的基本步骤；在明确总分类账户与明细分类账户关系的前提下，掌握总分类账户与明细分类账户平行登记的三个要点，并了解总分类账户与明细分类账户的核对方法。

3.1 记账方法概述

3.1.1 记账方法及其种类

为了全面、系统地反映企业的经济活动情况，在按会计科目设置账户的基础上，还必须采用一定的记账方法进行登记。所谓记账方法，是指在经济业务发生以后，按照一定的记账规则，采用一定的记账符号，将经济信息转换成会计信息，并将其登记在账户中的专门方法。

在会计学的发展历程中，记账方法也经历了从简单到复杂、从不完善到完善的发展过程，先后采用了单式记账法和复式记账法两种类型。

3.1.2 单式记账法

单式记账法是指对发生的经济业务一般只在一个账户中进行登记的记账方法。在这种方法下，每笔经济业务只记入一个账户。具体而言，单式记账法平时只记录现金、银行存款的收付业务和各种债权债务等往来款项。因此，除对有关债权债务以及现金、银行存款收付业务在两个或两个以上相关账户中进行登记外，其他经济业务往往只在一个账户中予以登记或不予登记。例如，用现金购买办公用品，只记“库存现金”减少，不记“管理费用”增加；购买原材料，货款未付，只在“应付账款”账上登记负债的增加，不在“原材料”账上登记材料的增加；收到应收款存入银行时，则同时在“银行存款”和“应收账款”账户中进行登记。而对于固定资产折旧、领用原材料、产成品入库等经济业务，因不涉及现金、银行存款的收付和债权债务的变化，故不予登记。

单式记账法是一种比较简便的记账方法，但也是一种不完整、不严密的记账方法，它不能全面、系统地反映经济业务的来龙去脉，无法了解各会计要素有关项目的增减变动情况，也不便于检查账户记录的正确性。因此，单式记账法就逐渐被复式记账法所取代。

3.1.3 复式记账法

复式记账法是指对每项经济业务，都要以相等的金额同时在两个或两个以上相互联系的账户中进行登记的记账方法。在这种方法下，每笔经济业务都要以相等的金额同时在两个或两个以上相互联系的账户中进行双重登记。例如，用现金购买办公用品，既要在“管理费用”账户中登记其增加，又要在“库存现金”账户中登记其减少；企业将现金存入银行，一方面要登记“银行存款”的增加，另一方面还要登记“库存现金”的减少；用银行存款购买原材料，既要登记“原材料”的增加，同时又要以相等的金额登记“银行存款”的减少。

知识链接

复式记账法的诞生距今已有五百多年的历史。在西方会计的发展历程中，1494年，意大利数学家卢卡·帕乔利的著作《算术、几何、比及比例概要》问世，标志着近代会计的开端。该书系统地介绍了威尼斯的复式记账方法，并从理论上进行了阐述，使复式记账方法得以在欧洲乃至世界各国迅速传播和推广。我国封建社会时期创建的“龙门账”、“四脚账”等都属于早期复式记账法的应用。鸦片战争后，西式复式记账法开始传入我国。新中国成立后，我国各行各业曾运用了借贷记账法、收付记账法和增减记账法，这些记账方法都属于复式记账法。

复式记账法的基本理论依据是会计等式。如第2章所述，经济业务的发生，必然引起会计要素数额发生变化，不是引起资产与权益数额的同时变化，就是引起资产内部或权益内部数额的变化。这些变化都必然要通过会计等式两边的资产和权益的增加或减少来表现，而且无论怎样变化，等式总是成立。为了全面、完整地反映经济业务发生所引起资金运动的来龙去脉，客观上要求在记账时将经济业务发生所引起的会计要素项目变动数额相互联系的记录下来，并保持数额相等，即采用复式记账。复式记账法按其记账符号、记账规则、账户分类和试算方法的不同，可以分为借贷记账法、增减记账法和收付记账法。在我国，事业单位曾经使用过收付记账法，商业企业曾采用增减记账法。自1992年颁布的企业会计准则中就明确规定，企业会计记账采用借贷记账法。目前，包括事业单位在内的所有单位的会计记账均要采用借贷记账法，取消了增减记账法和收付记账法。

复式记账法是一种比较科学的记账方法，与单式记账法相比，具有以下特点：

（1）复式记账法能够完整地记录每笔经济业务的来龙去脉，反映经济活动的全貌。采用复式记账法，对发生的每项经济业务，都必须在两个或两个以上相互联系的账户中作双重记录，通过账户记录反映该项经济业务引起的会计要素变化过程及全貌。

（2）复式记账法便于核对、检查账户记录的正确性。采用复式记账法，对发生的每项经济业务，都要以相等的金额进行分类登记，并以双重记录为基础对账户记录及结果进行试算平衡，可以验证账户记录的正确性和完整性。

3.2 借贷记账法

3.2.1 借贷记账法的概念

借贷记账法是以“借”和“贷”作为记账符号，以“有借必有贷、借贷必相等”作为记账规则的一种复式记账法。

借贷记账法大约起源于 13 世纪的意大利，到 15 世纪这一记账方法已比较完善，并逐渐为世界各国所普遍采用。目前借贷记账法是世界各国普遍采用的一种记账方法，也是世界通用的会计语言。

3.2.2 借贷记账法的记账符号

记账符号是会计核算中采用的一种抽象标记，借贷记账法下的“借”（debit，简写为 Dr）和“贷”（credit，简写为 Cr）两字并不表示其字面含义，而只是一种单纯的符号，表示经济业务的增减变动和记账方向。

“借”、“贷”二字最初是从 13 世纪意大利借贷资本家的角度来解释的，即用来表示债权（应收款）和债务（应付款）的增减变动。借贷资本家一方面从商人和官吏手中吸收货币资本，另一方面又将钱借给需要用钱的人，从中获利。为了记录吸收的存款和贷出的款项，分别按人名设账户。钱商记账时，向钱商借钱的人是债务人，称为借主，其借款数就记在该人名账户的借方，表示人欠的增加；贷款给钱商的人是债权人，称为贷主，其贷款数就记在该人名账户的贷方，表示欠人的增加。以后收回借出的钱，或偿还欠人的钱时，则在他们的账户中作相反的记录。可见，最初的“借”、“贷”具有借主（债权）和贷主（债务）的含义，这是借贷记账法的“借”、“贷”二字的由来。以后随着商品经济的发展，经济活动的范围与活动内容日益复杂，记账内容也随之有所扩大，在账簿中不仅要登记往来结算的债权、债务，还要登记财产物资、经营收支的增减变化。这样，“借”、“贷”二字就逐渐失去了它原来的含义，而转化为一种单纯的记账符号和会计上的专门术语，其作用在于指明记账的方向、账户的对应关系及账户余额的性质。所以，“借”、“贷”作为借贷记账法的记账符号，目前已成为通用的国际商业语言，用以表示在账户中两个对立的记账部位和方向。

画龙点睛

“借”和“贷”作为记账符号，虽然表明增减方向，但二者都具有“增”和“减”双重含义，这主要取决于账户的性质和结构。

3.2.3 借贷记账法的账户结构

在借贷记账法下，任何账户都分设借方和贷方，以分别记录增加和减少的金额。每个账户的基本结构可以用“T”字形来表示，账户的左方称为借方，右方称为贷方。记账时，对于某一具体账户而言，如果借方用来登记增加额，则其贷方就用来登记减少额；如果借方用来登记减少额，则其贷方就用来登记增加额。至于用借方表示增加，还是用贷方表示增加，取决于账户本身的性质。一般说来，资产、成本和费用类账户借方表示增加，贷方表示减少；负债、所有者权益和收入类账户借方表示减少，贷方表示增加。下面分别说明借贷记账法下各类账户的基本结构。

1．资产类账户的结构

资产类账户的结构是：账户的借方记录资产的增加额，贷方记录资产的减少额，期初、期末余额一般在借方。在一个会计期间内，借方记录的合计数称为借方发生额，贷方记录的合计数称为贷方发生额。在每个会计期末，将借方、贷方发生额相比较，其差额称为期末余额。资产类账户的期末余额一般在借方。例如，“库存商品”账户，本期增加的库存商品记入其借方，本期减少的库存商品记入其贷方，期末余额一般在借方，表示期末库存商品的结余额。借方期末余额转到下一期就成为下一期的借方期初余额。

在借贷记账法下，一个账户中涉及期初余额、本期借方发生额、本期贷方发生额和期末余额四个金额，也称账户的四个金额要素。资产类账户的四个金额要素之间的关系可以表示如下：

资产类账户期末借方余额=期初借方余额+本期借方发生额−本期贷方发生额

资产类账户的简化结构如表 3-1 所示：

表 3-1　资产类账户结构

借方	资产类账户		贷方
期初余额	×××		
本期增加额	×××	本期减少额	×××
本期发生额	×××	本期发生额	×××
期末余额	×××		

2．负债类及所有者权益类账户的结构

负债及所有者权益类账户的结构是一样的，即账户贷方记录各项负债及所有者权益的增加额，账户借方记录各项负债及所有者权益的减少额，期初、期末余额一般在贷方。例如，“短期借款”是负债类账户，企业借入款项，表示负债增加，应记入“短期借款”账户的贷方；偿还借款，表示负债减少，应记入“短期借款”账户的借方。该账户期末如有余额必在贷方，表示尚未偿还的短期借款金额。负债及所有者权益类账户的四个金额要素之间的关系可以表示如下：

负债及所有者权益类账户期末贷方余额=期初贷方余额+本期贷方发生额−本期借方发生额

负债及所有者权益类账户的简化结构如表 3-2 所示。

表 3-2　负债及所有者权益类账户结构

借方	负债及所有者权益类账户		贷方
		期初余额	×××
本期减少额	×××	本期增加额	×××
本期发生额	×××	本期发生额	×××
		期末余额	×××

3．成本类账户的结构

企业在生产经营过程中所发生的成本，没有形成产品之前，处于在产品状态，也是属于企业的资产。所以，成本类账户的结构与资产类账户的结构基本相同，即借方记录成本的增加额，贷方记录成本的减少额或结转额，期初、期末如有余额，反映在借方。有些成本类账户期末没有余额，如“制造费用”账户；有些成本类账户有期末余额，如“生产成本”账户，表示尚未完工的在产品成本。

成本类账户的四个金额要素之间的关系及其账户的简化结构与资产类账户基本相同，不再赘述。

4. 费用类账户的结构

费用类账户的结构与资产类账户的结构也基本相同，即借方记录费用的增加额，贷方记录费用的减少额或结转额。由于与收入相配比的这部分费用在期末要全额转出，以便与收入配比确定当期损益，因此，费用类账户期末应当没有余额。

费用类账户的简化结构如表 3-3 所示。

表 3-3 费用类账户结构

借方	费用类账户		贷方
本期增加额	×××	本期减少额及转出额	×××
本期发生额	×××	本期发生额	×××

5. 收入类账户的结构

收入类账户的结构与负债及所有者权益类账户的结构基本相同，即贷方记录收入的增加额，借方记录收入的减少额或结转额。由于本期实现的收入要在期末全额转出，以便与费用相抵后确定当期损益，因此，收入类账户也没有期末余额。

收入类账户的简化结构如表 3-4 所示。

表 3-4 收入类账户结构

借方	收入类账户		贷方
本期减少额及转出额	×××	本期增加额	×××
本期发生额	×××	本期发生额	×××

综上所述，在借贷记账法下，“借”字表示：资产的增加、成本和费用的增加、负债及所有者权益的减少、收入的减少；“贷”字表示：资产的减少、成本和费用的减少、负债及所有者权益的增加、收入的增加。一般来说，各类账户的期末余额与记录的增加额都在同一方向，即资产及成本类账户的期末余额一般在借方，负债及所有者权益类账户的期末余额一般在贷方。因此，根据账户余额所在的方向，可以判定账户的性质。

画龙点睛

在借贷记账法下，我们说资产类账户的期末余额一般在借方，负债类账户的期末余额一般在贷方，但这并非是绝对的。有些资产类账户的期末余额可能在借方，也可能在贷方，比如“应收账款”明细账与“预付账款”明细账；甚至有些资产类账户的期末余额只能在贷方，比如“累计折旧”账户。同样，有些负债类账户的期末余额可能在贷方，也可能在借方，比如“应付账款”明细账与“预收账款”明细账。

借贷记账法下各类账户的基本结构可归纳如表 3-5 所示。

表 3-5　各类账户的基本结构

账户类别	借　方	贷　方	期末余额
资产	登记增加额	登记减少额	在借方
负债和所有者权益	登记减少额	登记增加额	在贷方
成本	登记增加额	登记减少额	在借方
费用	登记增加额	登记减少额	无
收入	登记减少额	登记增加额	无

3.2.4　借贷记账法的记账规则

借贷记账法的记账规则是“有借必有贷，借贷必相等”。这一记账规则，是以“资产=负债+所有者权益”的平衡关系作为理论依据的。在借贷记账法下，对发生的每项经济业务，都要以相等的金额、相反的方向，登记到相互联系的两个或两个以上的账户中去，即在记入一个或几个账户借方的同时，以相等的金额记入另一个或几个账户的贷方。

运用借贷记账法在登记经济业务时，首先应根据经济业务的内容，确定所涉及的账户；其次应根据金额的增加或减少，结合账户的性质确定应记入有关账户的借方或贷方。

现举例说明借贷记账法的记账规则。

【例 3-1】长城公司购入一台机器设备，价值 36 000 元，已通过银行付讫。

〔**分析**〕这项经济业务的发生，一方面使企业的固定资产增加了 36 000 元，另一方面使企业的银行存款减少了 36 000 元。“固定资产”账户和“银行存款”账户同属于资产类账户，固定资产增加应记入“固定资产”账户借方，银行存款减少应记入“银行存款”账户贷方。这项经济业务在账户中记录的结果，如图 3-1 所示。

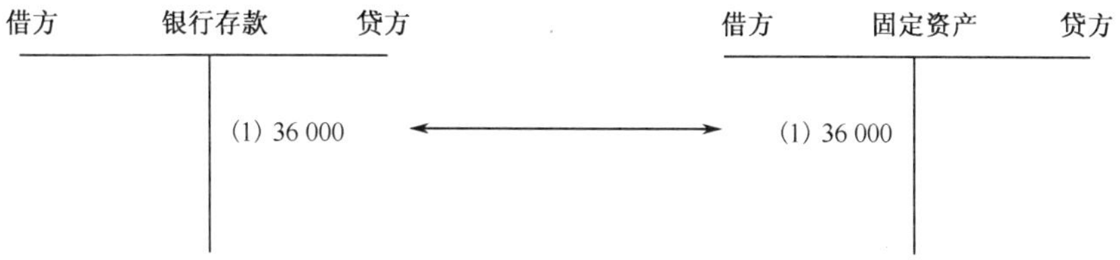

图 3-1　以银行存款购入固定资产

【例 3-2】长城公司向银行借入 50 000 元短期借款直接偿还应付账款。

〔**分析**〕这项经济业务的发生，一方面使企业的短期借款增加了 50 000 元，另一方面使企业的应付账款减少了 50 000 元，“短期借款”账户和“应付账款”账户同属于负债类账户，短期借款增加应记入“短期借款”账户贷方，应付账款的减少应记入“应付账款”账户借方。这项经济业务在账户中记录的结果，如图 3-2 所示。

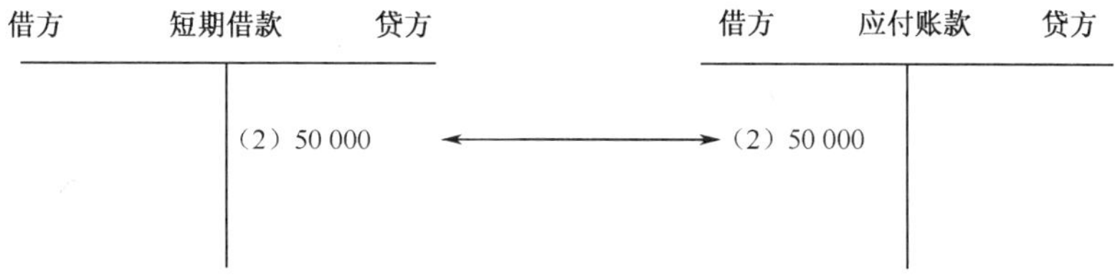

图 3-2　用短期借款偿还应付账款

【例 3-3】长城公司收到投资者投入资本 100 000 元，款项存入银行。

〔分析〕这项经济业务的发生，一方面使企业的银行存款增加了 100 000 元，另一方面使企业的投资者对企业的投资即实收资本增加了 100 000 元。“银行存款”属于资产类账户，增加应记入“银行存款”账户借方；“实收资本”属于所有者权益类账户，增加应记入“实收资本”账户贷方。这项经济业务在账户中记录的结果，如图 3-3 所示。

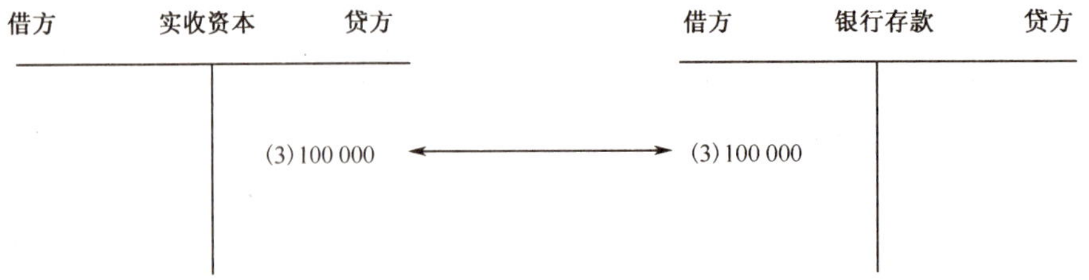

图 3-3　收到实收资本

【例 3-4】长城公司以银行存款 30 000 元偿还到期短期借款。

〔分析〕这项经济业务的发生，一方面使企业的银行存款减少了 30 000 元，另一方面使企业的短期借款减少了 30 000 元。“银行存款”属于资产类账户，减少应记入“银行存款”账户贷方；“短期借款”属于负债类账户，减少应记入“短期借款”账户借方。这项经济业务在账户中记录的结果，如图 3-4 所示。

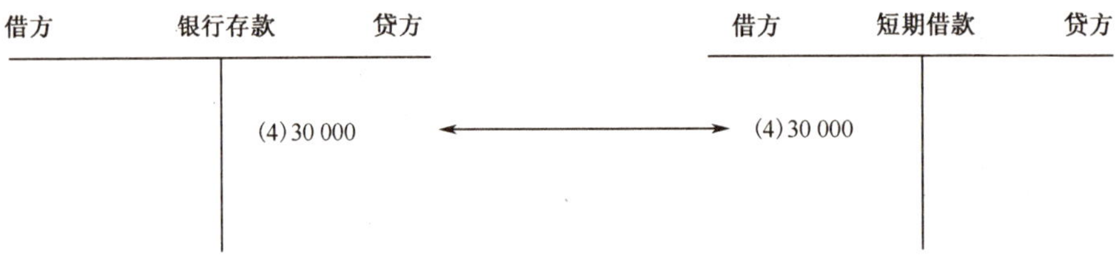

图 3-4　以银行存款偿还短期借款

【例 3-5】长城公司以现金支付办公费用 800 元。

〔分析〕这项经济业务的发生，一方面使企业的库存现金减少了 800 元，另一方面使企业管理费用增加了 800 元。“库存现金”属于资产类账户，减少应记入“库存现金”账户贷方；“管理费用”属于费用类账户，增加应记入“管理费用”账户借方。这项经济业务在账户中记录的结果，如图 3-5 所示。

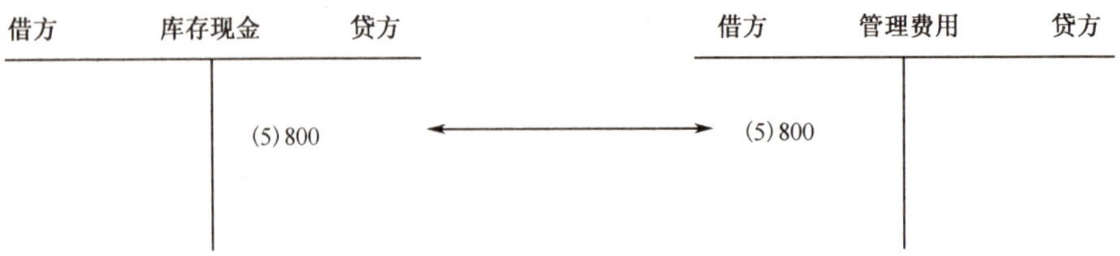

图 3-5　用现金支付办公费用

【例 3-6】长城公司购买 80 000 元材料，其中 55 000 元已用银行存款支付，25 000 元尚未支付，材料已验收入库。

〔**分析**〕这项经济业务的发生，一方面使企业的原材料增加了 80 000 元，而“原材料”账户属于资产类账户，因此，应记入“原材料”账户的借方；另一方面使企业的银行存款减少了 55 000 元，而“银行存款”账户属于资产类账户，减少应记入“银行存款”账户贷方，同时，引起企业的应付账款增加 25 000 元，而“应付账款”账户属于负债类账户，增加应记入“应付账款”账户贷方。这项经济业务在账户中记录的结果，如图 3-6 所示。

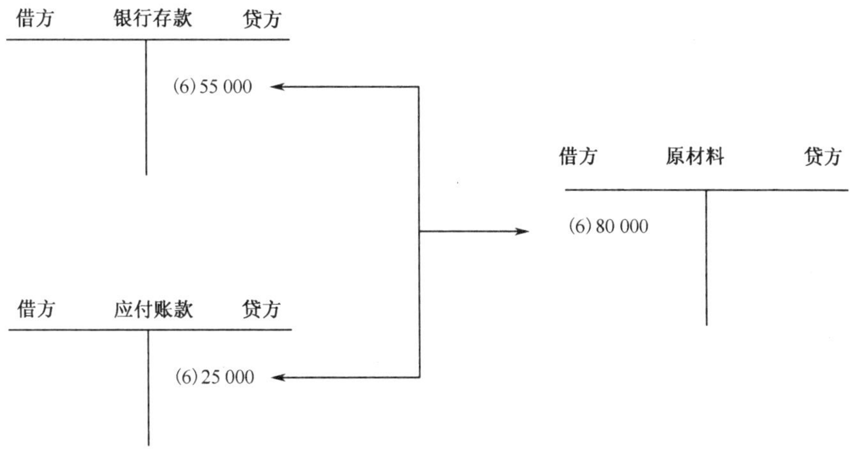

图 3-6 用银行存款支付部分原材料价款

【例 3-7】长城公司以银行存款 60 000 元偿还应付账款 20 000 元和长期借款 40 000 元。

〔**分析**〕这项经济业务的发生，一方面使企业的银行存款减少了 60 000 元，而“银行存款”属于资产类账户，减少应记入“银行存款”账户的贷方；另一方面使企业的应付账款减少了 20 000 元，而“应付账款”属于负债类账户，减少应记入“应付账款”账户的借方；同时，引起企业的长期借款减少 40 000 元，而“长期借款”也属于负债类账户，减少应记入“长期借款”账户的借方。这项经济业务在账户中记录的结果，如图 3-7 所示。

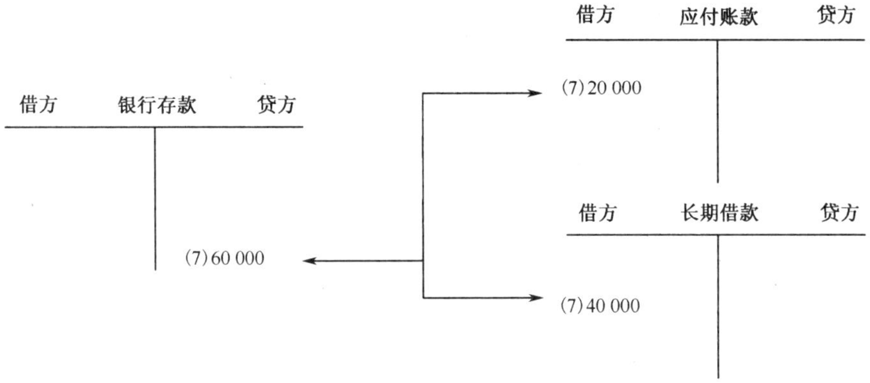

图 3-7 用银行存款偿还应付账款和长期借款

综上所述，可以看出，无论企业发生何种经济业务，运用借贷记账法记账，都必须是以相等的金额，相反的方向，在两个或两个以上相互联系的账户中进行登记，即在一个账户中记借方，必须同时在另一个或几个账户中记贷方；若在一个账户中记贷方，必须同时在另一个或几个账户中记借方。记入账户借方的金额与记入账户贷方的金额必须相等。因此，借贷记账法的记账规则就是“有借必有贷，借贷必相等”。

3.2.5 账户对应关系和会计分录

1. 账户的对应关系

采用借贷记账法时，在某项经济业务发生时，总会在有关账户之间形成应借、应贷的关系。在经济业务处理过程中所形成的有关账户之间的应借、应贷关系，称账户的对应关系，发生对应关系的账户互称对应账户。例如，用银行存款购买固定资产这项业务，要分别在“银行存款”账户的贷方和“固定资产”账户的借方进行登记。“银行存款”和“固定资产”这两个账户之间就发生了相互对应关系，这两个账户就互为对应账户。在会计实务中，我们可以根据经济业务的性质和内容，按照借贷记账法的原理确定对应账户；当然，也可以根据对应账户确定经济业务的性质和内容。

勤学好问

通过银行转账付讫前欠供应商货款，这项经济业务的发生涉及的对应账户是什么？“银行存款”账户的借方和“应收账款”账户的贷方发生对应关系，这是一项什么经济业务？是否任何账户之间都可以发生对应关系？

2. 会计分录

在经济业务发生后，如果直接将有关数据记入有关账户中，则无法完整的反映一项经济业务的全貌，也无法反映账户之间的对应关系，更无法检查和审核会计处理是否正确。因此，为了保证账户记录的正确性，对发生的经济业务进行会计处理时，并非如前述那样直接记入有关账户中，而是先编制会计分录，然后根据会计分录记入有关账户。

所谓会计分录，是指对某项经济业务标明其应借应贷账户名称及其金额的一种记录，简称分录。会计分录是在登记账簿前，根据记账规则，通过对经济业务的分析而确定的应记入账户的名称、方向及其金额的一个简明的记账公式，每笔会计分录都涉及三个要素，即借贷方向、账户名称和账户金额。

会计分录包括简单分录和复合分录两类，其中：一借一贷的会计分录称为简单分录；由两个以上对应账户所组成的会计分录称为复合分录。复合分录又包括一借多贷、多借一贷和多借多贷三种形式。

画龙点睛

为了使账户的对应关系一目了然，在编制会计分录时，只应编制“一借一贷”的简单分录，或者是“一借多贷”、“多借一贷”的复合分录，而一般不编制“多借多贷”的复合分录。这是因为“多借多贷”的复合分录账户的对应关系不明显，难以据此分析经济业务的来龙去脉。

编制会计分录的基本步骤是：

首先，确定账户名称。分析经济业务的内容涉及哪些对应账户，确定该项经济业务应记入的对应账户名称及账户性质；

其次，确定记账方向。根据该项经济业务所引起的会计要素的增减变化和借贷记账法的账户结构，确定对应账户的记账方向，即确定是记入借方还是贷方；

再次，确定记账金额。根据会计要素增减变动的数量确定对应账户应登记的金额；

最后，确定会计分录。根据借贷记账法“有借必有贷，借贷必相等”的记账规则，检查会计分录是否平衡，有无差错。

画龙点睛

编制会计分录的格式规范：（1）先借后贷，贷要错格；（2）金额最后，莫写单位；（3）多借多贷，分别对齐；（4）明细账户，划杠标明。

现将前面所举例 3-1 至例 3-7 经济业务的会计分录列示如下：

（1）借：固定资产	36 000	
贷：银行存款		36 000
（2）借：应付账款	50 000	
贷：短期借款		50 000
（3）借：银行存款	100 000	
贷：实收资本		100 000
（4）借：短期借款	30 000	
贷：银行存款		30 000
（5）借：管理费用	800	
贷：库存现金		800
（6）借：原材料	80 000	
贷：银行存款		55 000
应付账款		25 000
（7）借：应付账款	20 000	
长期借款	40 000	
贷：银行存款		60 000

3.2.6 借贷记账法的试算平衡

1．试算平衡的概念

所谓试算平衡，就是根据资产、权益之间的平衡关系和记账规则，通过汇总计算和比较，来检查账户记录是否正确的一种验证方法。

从发生额看，由于账户是按照“有借必有贷，借贷必相等”的记账规则来登记的，因此，每笔会计分录的借方和贷方都是相等的，当某一会计期间的全部经济业务都通过编制会计分录而记入相关账户后，全部账户的借方发生额之和与贷方发生额之和也必然是相等的。

从余额看，在借贷记账法下，账户的借方余额，表明其资产性质；账户的贷方余额，表明其权益性质。根据“资产=权益”这一会计等式，可以推出，所有账户的借方余额合计必然等于所有账户的贷方余额合计。

根据以上试算平衡的基本原理，如果通过试算借贷不平衡，则说明账户记录必定有错误，这会导致以账户记录为依据而编制的会计报表出现错误。因此，为了检查和验证账户记录是否正确，以便及时找出差错及其原因，并予以更正，就必须定期进行试算平衡。

2．试算平衡的方法

借贷记账法的试算平衡有发生额试算平衡法和余额试算平衡法两种。

（1）发生额试算平衡法是用来检查全部账户的借贷发生额是否相等的方法。其计算公式如下：

全部账户借方本期发生额合计=全部账户贷方本期发生额合计

其理论依据是："有借必有贷，借贷必相等"的记账规则。

（2）余额试算平衡法包括期初余额试算平衡和期末余额试算平衡，是用来检查全部账户的借方期初、期末余额合计和贷方期初、期末余额合计是否相等的方法。其计算公式如下：

全部账户的借方期初余额合计=全部账户的贷方期初余额合计

全部账户的借方期末余额合计=全部账户的贷方期末余额合计

其理论依据是："资产=权益"的会计等式。

上述这两种方法通常是在月末结出各个账户的本月发生额和月末余额后，依据上述公式分别编制总分类账户本期发生额试算平衡表和总分类账户期末余额试算平衡表，或合并编制总分类账户的期初、期末余额和本期发生额试算平衡表，来进行试算平衡的。

【例 3-8】假定长城公司有关账户的期初余额见表 3-6，本期发生额见本节例 3-1 到例 3-7 所列举的 7 笔经济业务。现将上述 7 笔业务记入有关总分类账户，并结出各账户本期发生额和期末余额（见图 3-8），然后据以编制总分类账户发生额及余额试算平衡表（见表 3-7）。

表 3-6　账户期初余额表

账户名称	借方余额	账户名称	贷方余额
库存现金	2 500	短期借款	20 000
银行存款	150 000	应付账款	103 000
原材料	30 500	长期借款	60 000
固定资产	800 000	实收资本	800 000
合计	983 000		983 000

银行存款

借方	贷方
期初余额150 000	
	（1）36 000
（3）100 000	（4）30 000
	（6）55 000
	（7）60 000
本期发生额100 000	本期发生额181 000
期末余额69 000	

库存现金

借方	贷方
期初余额 2 500	
	（5）800
本期发生额0	本期发生额800
期末余额1700	

固定资产

借方	贷方
期初余额800 000	
（1）36 000	
本期发生额36 000	本期发生额0
期末余额836 000	

原材料

借方	贷方
期初余额30 500	
（6）80 000	
本期发生额80 000	本期发生额0
期末余额0	

图 3-8　登记账户

管理费用

（5）800	
本期发生额800 期末余额800	本期发生额0

短期借款

	期初余额20 000
（4）30 000	（2）50 000
（4）本期发生额30 000	本期发生额50 000 期末余额40 000

应付账款

（2）50 000	期初余额103 000
（7）20 000	（6）25 000
本期发生额70 000	本期发生额25 000 期末余额58 000

长期借款

	期初余额60 000
（7）40 000	
本期发生额40 000	本期发生额0 期末余额20 000

实收资本

	期末余额800 000
	（3）100 000
本期发生额0	本期发生额100 000 期末余额900 000

图 3-8　登记账户（续）

表 3-7　总分类账户的试算平衡表

20××年 1 月 31 日　　　　单位：元

账户名称	期初余额		本期发生额		期末余额	
	借	贷	借	贷	借	贷
库存现金	2 500			800	1 700	
银行存款	150 000		100 000	181 000	69 000	
固定资产	800 000		36 000		836 000	
原材料	30 500		80 000		110 500	
管理费用			800		800	
短期借款		20 000	30 000	50 000		40 000
应付账款		103 000	70 000	25 000		58 000
长期借款		60 000	40 000			20 000
实收资本		800 000		100 000		900 000
合计	983 000	983 000	356 800	356 800	1 018 000	1 018 000

画龙点睛

试算平衡只是通过借贷金额是否相等来检查账户记录是否正确的一种验证方法。通过试算，如果借贷不平衡，就可以肯定账户记录或计算有误，应查找原因并予以更正。如果借贷平衡，却不能肯定记账没有错误，因为有些记账错误并不影响借贷方的平衡。例如，漏记或重记某项业务；颠倒了记账方向；用错了会计科目；借贷方发生额错记并相互抵消。上述记账错误不会影响借贷双方的平衡关系，因此，通过试算平衡无法发现。这就要求会计人员除了期末要进行试算平衡外，还应对所有会计记录进行日常或定期的复核，以保证账户记录的正确性。

3.3 平行登记

3.3.1 总分类账户和明细分类账户的设置及其关系

1. 总分类账户和明细分类账户的设置

在会计核算工作中，为了适应经济管理的需要，在设置账户时，既要设置总分类账户，又要设置明细分类账户。

总分类账户是根据一级科目（总分类科目）设置，仅以货币为计量单位，用以提供总括核算资料的账户。上节所举例题中的账户，均为总分类账户。在我国实行统一的会计科目表，总分类账户的数量和名称（会计科目）基本上是由国家统一规定的，这为各单位提供的会计信息具有可比性创造了条件。总分类账户反映的信息主要是外部信息使用者关注的信息。由于总分类账户不能提供各项会计要素增减变动过程及其结果的详细资料，难以满足管理上的具体要求，因此，在设置总分类账户的同时，还应根据实际需要，在某些总分类账户下，分别设置若干明细分类账户。

明细分类账户是根据明细科目设置，用以提供详细核算资料的账户。全国统一会计科目表中规定了部分明细科目，但大部分明细科目是由企业根据实际情况自行设置的。会计主体设置明细分类账户，主要是为了满足内部管理的需要。如“应收账款”明细账户，可据以了解企业债务人的具体信息，了解到底是谁欠了钱，欠了多少，什么时候应该归还等。除了“应收账款”以外，企业的许多总分类账户，都需要设置明细分类账户，如“原材料”、“固定资产”、“应付账款”等。明细分类账户除使用货币计量单位外，有时还使用非货币计量单位。如“原材料”账户，其明细账既登记收发存的数量，还登记收发存的金额，同时使用货币、非货币两种计量单位。

除了总分类账户和明细分类账户以外，会计主体还可根据实际需要设置二级账户。二级账户是介于总分类账户和明细分类账户之间的一种账户，它提供的资料比总分类账户详细和具体，但比明细分类账户概括和综合。例如，在“原材料”总分类账户下，可以先按原料及主要材料、辅助材料、燃料等材料类别设置若干二级账户，在各二级账户下再按材料的品种等设置明细分类账户。二级账户的设置对于加强经营管理具有一定作用，但也会增加会计核算的工作量，因此，二级账户一般不宜多设。在不设置二级账户的情况下，所需数据资料可根据有关明细分类账户的记录汇总获取。

2．总分类账户和明细分类账户的关系

（1）两者的联系

① 总分类账户和明细分类账户所记录的经济业务内容相同。同一笔经济业务既要在其涉及的总分类账户中登记，又要在该总分类账户所属的明细分类账户中登记。

② 总分类账户和明细分类账户登记的原始依据相同。对发生的经济业务都要以相关的原始凭证为依据，既登记有关总分类账户，又登记所属明细分类帐户，即登记总分类账户和明细分类账户的原始依据是相同的。

③ 总分类账户的期初、期末余额及本期发生额与其所属明细分类账户的期初、期末余额及本期发生额合计数相等。从数量上看，总分类账户本期借、贷方发生额应与其所属明细分类账户本期借、贷方发生额合计数相等；总分类账户期初、期末余额应与其所属明细分类账户的期初、期末余额合计数相等。即总分类账户反映的数据与明细分类帐户所反映的数据的总和相一致，两者相互补充，既总括又详细地说明同一事物。

（2）两者的区别

① 提供的核算资料详略程度不同。总分类账户用以提供总括的核算资料；明细分类账户则用以提供详尽和明细的核算资料。

② 作用不同。总分类账户是对所属明细账户的综合，对所属明细账户起着统驭、控制的作用；明细分类账户是总分类账户的具体化，对其总分类账户起着辅助和补充的作用。

3.3.2　总分类账与明细分类账的平行登记

所谓平行登记，是指对发生的每项经济业务，既要在总分类账户中进行登记，又要在其所属的明细分类账户中进行登记。

总分类账户与明细分类账户平行登记的要点如下：

（1）登记的期间相同。对于每项经济业务，在同一会计期间内，必须要记入有关的总分类账户，又要记入该总分类账户所属的明细分类账户，以便总账和明细分类账之间能够相互验证和核对。

（2）登记的方向相同。每项经济业务，在总分类账户和所属明细分类账户中进行登记时，其记账方向（借方或贷方）必须一致。

（3）登记的金额相同。每项经济业务，记入总分类账户中的金额，必须与所属明细分类账户的金额之和相等。

按照平行登记方法登账的结果，总分类账户和明细分类账户的数量关系如下：

总分类账户期初余额=所属明细分类账户期初余额合计

总分类账户本期发生额=所属明细分类账户本期发生额合计

总分类账户期末余额=所属明细分类账户期末余额合计

总分类账户和明细分类账户的这种数量关系，是检查总分类账户和明细分类账户登记是否完整和准确的重要方法。

【例 3-9】长城公司 2013 年 3 月 31 日有关总分类账户和明细分类账户余额如下：

“原材料”总分类账户借方余额为 200 000 元，其所属明细分类账户为：甲材料 10 000 千克，单价 7 元，计 70 000 元；乙材料 50 000 千克，单价 2.6 元，计 130 000 元。

“应付账款”总分类账户贷方余额 100 000 元，其所属明细分类账户为：鲁花公司 60 000 元；东吴公司 40 000 元。

该公司2013年4月发生的部分经济业务如下：

（1）4月2日，生产领用甲材料4 000千克，单价7元，计28 000元；乙材料10 000千克，单价2.6元，计26 000元。

（2）4月10日，向鲁花公司购进甲材料70 000千克，单价7元，计490 000元，货款尚未支付。

（3）4月22日，向东吴公司购进甲材料20 000千克，单价7元，计140 000元；乙材料100 000千克，单价2.6元，计260 000元。货款共计400 000元，尚未支付。

（4）4月30日，通过银行结算，偿还鲁花公司货款500 000元，东吴公司货款300 000元，共计800 000元。

根据上述发生的经济业务，编制会计分录如下：

（1）借：生产成本　　54 000
　　贷：原材料——甲材料　　28 000
　　　　　　——乙材料　　26 000

（2）借：原材料——甲材料　　490 000
　　贷：应付账款——鲁花公司　　490 000

（3）借：原材料——甲材料　　140 000
　　　　　　——乙材料　　260 000
　　贷：应付账款——东吴公司　　400 000

（4）借：应付账款——鲁花公司　　500 000
　　　　　　——东吴公司　　300 000
　　贷：银行存款　　800 000

根据以上资料，在“原材料”总分类账户及其所属的“甲材料”、“乙材料”这两个明细分类账户和在“应付账款”总分类账户及其所属的“鲁花公司”、“东吴公司”这两个明细分类账户中，进行平行登记。

首先，将月初余额分别记入“原材料”和“应付账款”这两个总分类账户以及它们各自所属的明细分类账户中；

其次，根据上述编制的会计分录，平行登记“原材料”和“应付账款”这两个总分类账户以及它们各自所属的明细分类账户；

最后，期末根据“原材料”和“应付账款”这两个总分类账户以及它们各自所属的明细分类账户的记录，结出本期发生额和期末余额。

按照上述步骤在“原材料”和“应付账款”这两个总分类账户以及它们各自所属的明细分类账户中进行登记的结果，如表3-8至表3-13所示。

表3-8　原材料总分类账户

账户名称：原材料　　　　单位：元

2013年		凭证字号	摘　要	借　方	贷　方	余　额
月	日					
4	1		月初余额			200 000
	2	（1）	生产领用		54 000	146 000
	10	（2）	购进甲材料	490 000		636 000
	22	（3）	购进材料	400 000		1 036 000
	30		发生额及余额	890 000	54 000	1 036 000

表 3-9 原材料明细分类账户

材料名称：甲材料　　单位：元

2013 年		摘要	计量单位	单价	收入		发出		余额	
月	日				数量	金额	数量	金额	数量	金额
4	1	期初余额	千克	7.0					10 000	70 000
	2	生产领用	千克	7.0			4 000	28 000	6 000	42 000
	10	向鲁花购进	千克	7.0	70 000	490 000			76 000	532 000
	22	向东吴购进	千克	7.0	20 000	140 000			96 000	672 000
	30	发生额及余额	千克	7.0					96 000	672 000

表 3-10 原材料明细分类账户

材料名称：乙材料　　单位：元

2013 年		摘要	计量单位	单价	收入		发出		余额	
月	日				数量	金额	数量	金额	数量	金额
4	1	期初余额	千克	2.6					50 000	130 000
	2	生产领用	千克	2.6			10 000	26 000	40 000	104 000
	22	向东吴购进	千克	2.6	100 000	260 000			140 000	364 000
	30	发生额及余额	千克	2.6					140 000	364 000

表 3-11 应付账款总分类账户

账户名称：应付账款　　单位：元

2013 年		凭证字号	摘 要	借方	贷方	余额
月	日					
4	1		月初余额			100 000
	10	（2）	购进甲材料		490 000	590 000
	22	（3）	购进材料		400 000	990 000
	30	（4）	偿还货款	800 000		190 000
	30		发生额及余额	800 000	890 000	190 000

表 3-12 应付账款明细分类账户

账户名称：鲁花公司　　单位：元

2013 年		凭证字号	摘　要	借　方	贷　方	余　额
月	日					
4	1		月初余额			60 000
	10	（2）	购进甲材料		490 000	550 000
	30	（4）	偿还货款	500 000		50 000
	30		发生额及余额	500 000	490 000	50 000

表 3-13 应付账款明细分类账户

账户名称：东吴公司　　单位：元

2013 年		凭证字号	摘 要	借方	贷方	余额
月	日					
4	1		月初余额			40 000
	10	（3）	购进甲、乙材料		400 000	440 000
	30	（4）	偿还货款	300 000		140 000
	30		发生额及余额	300 000	400 000	140 000

从以上“原材料”和“应付账款”这两个总分类账户以及它们各自所属的明细分类账户中进行平行登记的结果可以看出，“原材料”总分类账户的期初余额 200 000 元，本期借方发生额 890 000 元，本期贷方发生额 54 000 元，期末余额 1 036 000 元，分别与其所属的两个明细分类账户甲材料与乙材料的期初余额之和 200 000 元（70 000+130 000），本期借方发生额之和 890 000 元（630 000+260 000），本期贷方发生额之和 54 000 元（28 000+26 000），期末余额之和 1 036 000 元（672 000+364 000）完全相等。“应付账款”总分类账户的期初余额 100 000 元，本期借方发生额 800 000 元，本期贷方发生额 890 000 元，期末余额 190 000 元，分别与其所属的两个明细分类账户鲁花公司与东吴公司的期初余额之和 100 000 元（60 000+40 000），本期借方发生额之和 800 000 元（500 000+300 000），本期贷方发生额之和 890 000 元（490 000+400 000），期末余额之和 190 000 元（50 000+140 000）完全相等。

3.3.3 总分类账户与明细分类账户的核对

为了保证总分类账户与明细分类账户登记的完整性和正确性，应当每隔一定时期就对总分类账户及其明细分类账户的记录进行核对。根据总分类账户及其明细分类账户“期间一致、方向相同、金额相等”的平行登记要求，总分类账户和明细分类账户必然存在数量相等的关系，依据上述等式关系，可以定期核对两类账户的数字，以检验账户记录是否正确。

在实际工作中，通常是在月末编制“明细分类账户本期发生额及余额表”的形式来进行核对。

例 3-9 中的“原材料”和“应付账款”总分类账户与明细分类账户的核对，可以分别编制“明细分类账户本期发生额及余额表”，如表 3-14、表 3-15 所示。

表 3-14 原材料明细分类账户本期发生额及余额表

总　账	明细账	期初余额	借方发生额	贷方发生额	期末余额
原材料	甲材料	70 000	630 000	28 000	672 000
	乙材料	130 000	260 000	26 000	364 000
	合计	200 000	890 000	54 000	1 036 000

表 3-15 应付账款明细分类账户本期发生额及余额表

总　账	明细账	期初余额	借方发生额	贷方发生额	期末余额
应付账款	鲁花公司	60 000	500 000	490 000	50 000
	东吴公司	40 000	300 000	400 000	140 000
	合计	100 000	800 000	890 000	190 000

重要概念

单式记账法、复式记账法、借贷记账法、试算平衡、对应账户、会计分录、平行登记

要点回顾

（1）记账方法是指在经济业务发生以后，按照一定的记账规则，采用一定的记账符号，将经济信息转换成会计信息，并将其登记在账户中的专门方法。记账方法按照记录经济业务的方式不同分为单式记账法和复式记账法两种。单式记账法是指对发生的经济业务一般只在一个账户中进行登记的记账方法。复式记账法是指对每项经济业务，都要以相等的金额同时在两个或两个以上相互联系的账户中进行登记的记账方法。单式记账法简便，但不完整、不严密。复式记账法能够完整地记录每笔经济业务的来龙去脉，反映经济活动的全貌；而且便于核对、检查账户记录的正确性。

（2）借贷记账法是以“借”和“贷”作为记账符号，以“有借必有贷、借贷必相等”作为记账规则的一种复式记账法。在借贷记账法下，资产、成本和费用类账户借方表示增加，贷方表示减少；负债、所有者权益和收入类账户借方表示减少，贷方表示增加。而各类账户的期末余额一般与记录的增加额都在同一方向，即资产及成本类账户的期末余额一般在借方，负债及所有者权益类账户的期末余额一般在贷方。按照借贷记账法的记账规则登记账户时，需要编制会计分录。会计分录是指对某项经济业务标明其应借应贷账户名称及其金额的一种记录，每笔会计分录都涉及三个要素，即借贷方向、账户名称和账户金额。为了检查账户记录是否正确，期末需要进行试算平衡，试算平衡的方法包括发生额试算平衡法和余额试算平衡法两种。

（3）为了适应经济管理的需要，在设置账户时，既要设置总分类账户，又要设置明细分类账户。两者的联系体现在所记录的经济业务内容相同、登记的原始依据相同、金额相等三个方面；两者的区别体现在所提供的核算资料详略程度不同、作用不同两个方面。正是由于总分类账户与其所属明细分类账户存在上述关系，所以，在登记时应坚持平行登记的原则，即对发生的每项经济业务，既要在总分类账户中进行登记，又要在其所属的明细分类帐户中进行登记。平行登记的要点可以概括为期间一致、方向相同和金额相等三点。按照平行登记方法登账的结果，总分类账户和明细分类账户在金额上必然存在相等的关系，利用这种相等关系，期末可以通过编制“明细分类账户本期发生额及余额表”来核对总分类账户和明细分类账户登记是否完整和准确。

复习思考题

1. 与单式记账法相比，复式记账法有何优点？
2. 简述借贷记账法下各类账户的基本结构。
3. 简述借贷记账法的主要内容。
4. 试算平衡的基本原理是什么？试算平衡的方法有哪些？
5. 简述编制会计分录的基本步骤。
6. 总账与其所属的明细账关系如何？
7. 简述总账与明细账平行登记的要点。

练习题

一、单项选择题

1. 复式记账法是对每笔经济业务都要在（　　）相互联系的账户中进行登记，系统地反映资金运动变化结果的一种记账方法。

A. 一个　　B. 两个　　C. 两个或三个　　D. 两个或两个以上

2. 在借贷记账法下，账户的借方用来登记（　　）。

A. 资产的增加或权益的减少　　B. 资产的减少或权益的增加

C. 资产的增加或权益的增加　　D. 资产的减少或权益的减少

3. 下列关于借贷记账法的表述中，正确的是（　　）。

A. “借”表示增加，“贷”表示减少

B. 资产的增加记借方，负债的增加记贷方

C. 通过试算平衡可以检查所有记账错误

D. 资产类账户的余额一定在借方

4. 下列记账错误，能通过编制试算平衡表发现的是（　　）。

A. 漏记某项经济业务　　B. 借方会计科目用错

C. 只登记借方或贷方　　D. 颠倒了记账方向

5. 企业 6 月末负债总额为 100 万元，7 月份收回应收账款 20 万元，以银行存款归还借款 10 万元，预付购货款 5 万元，则 7 月末负债总额为（　　）万元。

A. 110　　B. 105　　C. 90　　D. 80

6. 在借贷记账法下，所有者权益账户的期末余额等于（　　）。

A. 期初贷方余额+本期贷方发生额−本期借方发生额

B. 期初借方余额+本期贷方发生额−本期借方发生额

C. 期初借方余额+本期借方发生额−本期贷方发生额

D. 期初贷方余额+本期借方发生额−本期贷方发生额

二、多项选择题

1. 在借贷记账法下，账户的贷方登记的内容包括（　　）。

A. 资产的减少　　B. 负债与所有者权益的增加

C. 收入的增加　　D. 费用的增加

2. 一项经济业务发生后引起银行存款增加 3 万元，相应地可能引起（　　）。

A. 固定资产增加 3 万元　　B. 短期借款增加 3 万元

C. 应付账款减少 3 万元　　D. 实收资本增加 3 万元

3. 下列（　　）属于借贷记账法的试算平衡公式。

A. 全部资产借方余额之和=全部资产贷方余额之和

B. 所有账户借方本期发生额合计=所有账户贷方本期发生额合计

C. 所有账户借方期末余额合计=所有账户贷方期末余额合计

D. 所有账户借方期初余额合计=所有账户贷方期初余额合计

4. 下列账户中，在期末一般没有余额的有（　　）。

A. 收入类　　B. 成本类　　C. 费用类　　D. 利润类

5. 借贷记账法的记账规则“有借必有贷，借贷必相等”，其含义有（　　）。

A. 如果在一个账户中记借方，必须同时在另一个或几个账户中记贷方

B. 如果在一个账户中记借方，必须同时在该账户中记贷方

C. 如果在一个账户中记贷方，必须同时在另一个或几个账户中记借方

D. 记入借方的总额与记入贷方的总额必须相等

6. 总分类账户与其明细分类账户平行登记的要点有（　　）。

A. 登记的依据相同　　B. 登记的期间相同

C. 登记的方向相同　　D. 登记的金额相同

三、判断题

1. 所有账户的期末余额=期初借方余额+本期借方发生额−本期贷方发生额。（　　）

2. 借贷记账法是我国目前各行各业普遍采用的唯一的一种复式记账法。（　　）

3. 试算平衡的理论依据是会计等式和借贷记账法的记账规则。（　　）

4. 会计分录包括经济业务的内容摘要、账户名称和金额三方面内容。（　　）

5. 复合分录可以分解为几个简单分录；反之，几个简单分录也可以合并为一笔复合分录。（　　）

6. 某一账户的本期借方发生额合计数和贷方发生额合计数一定相等。（　　）

四、业务题

1. 长城公司 2013 年 6 月份有关账户的资料如下表所示。

账户名称	期初余额		本期借方发生额	本期贷方发生额	借或贷	期末余额
	借	贷				
库存现金	460		520	380		(1)
银行存款	96 500		124 000	(2)	借	75 500
实收资本		250 000		50 000		(3)
原材料	11 000		(4)	170 000	借	5 000
应收账款	52 000		120 000	170 000		(5)
营业收入			5 000	98 000		(6)
生产成本	23 000		67 200	76 300		(7)
应付账款		12 000	10 000	(8)	贷	27 000
应交税费		36 000	39 000	4 000		(9)

要求：对于没有余额的账户请确定其期末余额及其方向，对于有余额的账户请计算其本期发生额，然后将计算结果填入上表。

2. 翰林公司 2013 年 1 月初各账户的余额如下表所示。

会计科目	借方余额	会计科目	贷方余额
库存现金	1 300	短期借款	31 000
银行存款	17 080	应付账款	23 600
应收账款	28 160	应交税费	1 980
预付账款	8 960	实收资本	140 000
原材料	24 300		
固定资产	116 780		
合计	196 580	合计	196 580

本月份该公司发生下列经济业务：

（1）收到其他单位投资 200 000 元，存入银行。

（2）购入运输卡车一辆，价值 85 000 元，以银行存款支付。

（3）购入原材料 35 000 元，材料已验收入库，货款尚未支付。

（4）收到客户汇来上月所欠货款 20 000 元，存入银行。

（5）以银行存款支付欠交税金 1 980 元。

（6）采购员王民出差预借差旅费 600 元，以现金支付。

（7）支付应付供应单位欠款 19 500 元，其中 500 元以现金支付，其余以银行存款付讫。

（8）以银行存款归还短期借款 16 000 元。

（9）购入原材料 10 000 元，其中货款 8 960 元上月已预付，余款以银行存款支付。

（10）采购员王民出差回来，报销差旅费 650 元，不足数以现金补足。

要求：

（1）根据公司 1 月份发生的上述经济业务，编制会计分录。

（2）根据上述资料，开设有关账户，填入期初余额，并据以登记有关账户。

（3）结出各账户本期发生额及期末余额，编制期末损益结转前的总分类账户试算平衡表（六栏式），并试算平衡。

3. 东吴公司 2013 年 3 月份发生下列经济业务：

（1）销售产品一批，取得货款 23 400 元（其中增值税 3 400 元），存入银行；

（2）以现金支付采购员张良出差预借款 700 元；

（3）生产产品领用原材料 21 000 元；

（4）用银行存款缴清上月欠缴税金 8 800 元；

（5）收回昆山厂前欠货款 15 000 元，存入银行；

（6）从银行借入长期借款 200 000 元，存入银行；

（7）用银行存款购入机器一台，计价 180 000 元；

（8）从东风厂购入原材料 34 000 元，货款尚未支付；

（9）用银行存款偿还前欠振东厂货款 24 000 元；

（10）本月完工产品验收入库，成本 38 000 元。

要求：根据所提供的经济业务，编制会计分录。

4. 长城公司 2013 年 6 月 30 日“原材料”和“应付账款”账户的有关资料如下表所示。

总分类账户	明细分类账户
原材料（借） 80 000 元	A 材料（借） 50 000 元
	B 材料（借） 30 000 元
应付账款（贷） 40 000 元	南方公司（贷） 28 000 元
	北方公司（贷） 12 000 元

该公司 7 月份发生下列经济业务（暂不考虑增值税）：

（1）2 日，向南方公司购入 A 材料 20 000 元，B 材料 10 000 元，材料已验收入库，货款暂欠。

（2）7 日，向北方公司购入 B 材料 5 000 元，材料已验收入库，货款暂欠。

（3）12 日，以银行存款支付前欠南方公司货款 30 000 元。

（4）16 日，生产车间领用 A 材料 40 000 元和 B 材料 20 000 元，投入加工。

（5）25 日，向南方公司购入 A 材料 10 000 元，材料已验收入库，货款暂欠。

（6）28 日，以银行存款支付前欠北方公司货款 8 000 元。

要求：

（1）根据上述资料，编制会计分录。

（2）开设"原材料"、"应付账款" 总分类账户和明细分类账户，填入期初余额，并平行登记总分类账户和明细分类账户，结出各账户本期发生额和期末余额。

（3）编制"原材料"、"应付账款" 明细分类账户本期发生额及余额表。

案例分析

长城公司 2013 年 2 月份部分经济业务所编制的会计分录如下：

（1）借：库存商品	6 000	
贷：银行存款		4 000
应付账款		2 000
（2）借：银行存款	8 000	
贷：应收账款		8 000
（3）借：管理费用	1 000	
贷：其他应收款		900
库存现金		100
（4）借：应付账款	7 000	
贷：银行存款		7 000
（5）借：生产成本	12 000	
管理费用	5 000	
贷：原材料		17 000

（6）借：应收账款　　23 400

　　贷：主营业务收入　　20 000

　　　　应交税费　　3 400

（7）借：银行存款　　15 000

　　贷：实收资本　　15 000

（8）借：固定资产　　80 000

　　　　原材料　　10 000

　　贷：实收资本　　90 000

要求：根据上述每笔分录的借贷对应关系，说明可能发生的经济业务内容。

第 4 章
借贷记账法的运用

4.1 资金筹集业务的核算
4.2 供应过程业务的核算
4.3 生产过程业务的核算
4.4 销售过程业务的核算
4.5 利润形成及其分配业务的核算

学习目标

通过本章内容的学习，能够进一步理解和巩固账户和复式记账的基本原理；熟悉制造业的经济业务流程，系统掌握制造业主要经济业务的核算；重点掌握企业资金筹集业务、生产准备业务、产品生产业务、产品销售和财务成果等业务的核算内容以及掌握企业产品成本的计算。

在上面的章节我们学习了借贷记账法，为了进一步加深对借贷记账法的理解，本章将以制造企业为例，围绕制造企业的主要经济业务过程详细讲解借贷记账法在企业实务中的应用。

作为一个制造企业，它要成立首先需要资金的支持，企业必须采用适当的方式，从各种渠道筹集资金，进入企业的资金运动，这就是企业的资金筹集阶段；其次，要用筹集到的资金为产品生产准备必要的劳动资料和劳动对象，形成货币资金向固定资产资金和材料资金转换的资金运动，这一过程称为生产准备阶段；第三，生产要素齐备后，企业员工将材料投放生产车间，借助于劳动资料对劳动对象进行加工，并通过支付员工工资、其他生产费用，以及计提固定资产折旧，形成材料资金、货币资金、固定资产资金向生产资金（在产品）转换的资金运动，当产品生产完工验收入库时，又形成生产资金向成品资金转换的资金运动，这是企业的生产阶段；第四，将库存商品销售以后，收回货币，形成成品资金向货币资金转换的资金运动；最后，商品出售收回的货币一般地说大部分投入再生产，小部分按国家相关法律交纳有关税金，按与债权人的约定偿还到期的借款本息，按企业权力机构的决议支付投资人投资回报等，形成资金退出企业的资金运动，即资金的退出阶段。上述就是资金在企业的整个运动过程，这一过程可以参照前面第 1 章中的图 1-1 来理解。结合企业的资金运动以及生产经营和管理的需要，我们可以将企业的经济业务划分成资金筹集业务阶段、生产准备阶段、生产阶段、销售阶段和资金退出业务阶段。在本章中将逐一讲解每个阶段企业可能发生的主要经济业务以及相应的会计处理。由于资金退出业务内容较少，而且资金的退出主要是和资金的筹集以及分配业务紧密结合的，因此，资金退出业务不单独作为一节，而是将其分散在资金的筹集以及利润的分配业务一起讲解。另外考虑到会计核算的特点，利润的形成和分配业务也是会计工作一项非常重要的内容，因此，本章将利润的形成和分配业务的核算单独作为一节。因此，本章将分别讲述资金筹集业务、生产准备业务、产品生产业务、销售业务以及利润的形成和分配业务的核算。

4.1 资金筹集业务的核算

企业的成立，首先必须筹集到所需要的资金。企业筹集资金的方式主要有两种：一种是吸收投资者投入的资金，另一种就是从企业外借入资金。这两种不同来源渠道的资金到达企业就形成了企业的资本。

4.1.1 吸收投资者投入资金业务的核算

1. 投资者投入资金业务概述

企业吸收投资者投入的资金进入企业便形成了企业的实收资本。实收资本是指投资者按企业章程或合同、协议的规定，实际投入企业的资本。实收资本表明所有者对企业基本的产权关系，它的构成比例即投资者的出资比例或股东的股份比例，是企业据以向投资者进行利润或股利分配的主要依据。企业收到投资者投入的资本金，按出资主体，可以分为国家投资、法人投资、个人投资和外商投资；按出资形式，可以分为货币资本、实物资本以及无形资本等。

企业接受投资者投入资本有时还会形成资本公积。资本公积是指投资者或者他人投入到企业、所有权归属于全体投资者、并且投入金额超过法定资本部分的资金，如资本（股本）溢价等。资本公积从其形成来源看，它不是由企业实现的利润转化而来的，从本质上讲应当属于投入资本范畴。在我国，资本公积主要用来转增资本（或股本），所以，资本公积又称为准资本。

画龙点睛

实收资本与注册资本是有区别的。注册资本也称法定资本，是公司制企业章程规定的全体股东或发起人认缴的出资额或认购的股本总额，并在公司登记机关依法登记。注册资本是法律上规定的强制性要求，而实收资本则是企业在实际业务中遵循法律规定的结果，二者不是同一个概念。我国企业法人登记管理条例规定，除国家另有规定外，企业的实收资本应当与注册资本相一致。因此在现行制度下，它们在金额上又是相等的。

知识链接

投资者向企业投入资本时，有时也可以用无形资产进行投资。但是以无形资产方式投资的总额占企业注册资本总额的比例最高不得超过70%。

2. 投资者投入资金业务账户设置

企业接受投资者投入的资金，一方面会形成企业的权益资本，另一方面企业的资产也会增加。根据企业收到投资者投入资本的形式不同，企业接受投资者投入资本时主要涉及以下账户：

（1）“实收资本”账户

“实收资本”账户是用来核算企业接受投资者投入资本额增减变动及其结存情况的一个账户。“实收资本”属于所有者权益类科目，其贷方核算企业实收资本的增加，借方核算企业实收资本的减少，期末贷方余额表示企业接受投资者投入资本（或股本）的余额，期末余额一般在贷方，反映企业已经收到的实收资本数额。实收资本一般应按不同的投资者设置明细科目进行明细核算。

画龙点睛

在会计实务中，对于投资者投入的资本，一般企业都应使用“实收资本”账户进行核算。但是对于股份有限公司，因为其一般按照股份数进行核算，所以其在核算收到投资者投入的资本时，一般采用“股本”账户。

（2）“库存现金”账户

“库存现金”账户是用来核算企业库存现金的增减变动及其结存情况的账户。“库存现金”属于资产类账户，其借方反映企业库存现金的增加，贷方反映库存现金的减少，期末余额一般在借方，反映企业库存现金的余额。该账户应设置日记账，详细登记每笔现金收支；有外币现金的企业应分别人民币和各种外币设置现金日记账，进行明细分类核算。

（3）“银行存款”账户

“银行存款”账户是用来核算企业存入银行或其他金融机构的各种存款增减变动及其结存情况的账户。“银行存款”属于资产类账户，其借方反映企业银行存款的增加，贷方反映银行存款的减少，期末余额一般在借方，反映企业存在银行的款项。该账户应按开户银行和其他金融机构、存款种类等分别设置银行存款日记账，有外币存款的企业应分别人民币和各种外币设置银行存款日记账，进行明细分类核算。

（4）“资本公积”账户

“资本公积”账户是用来核算企业收到投资者出资超出其在注册资本（或股本）中所占的份额以及直接计入所有者权益的利得和损失（如可供出售金融资产公元价值变动而形成的利得或损失）等的账户。“资本公积”账户属于所有者权益类账户，其贷方反映资本公积的增加，借方反映企业资本公积的减少或者转销。期末余额一般在贷方，表示企业累积产生的资本公积。“资本公积”账户应按资本公积形成的类别分别设置“资本溢价”（“股本溢价”）、“其他资本公积”等账户进行明细核算。

另外，如果企业收到投资者投入的资金是原材料、固定资产或者无形资产等非货币资金形式，企业还需要设置“原材料”、“固定资产”等资产类账户。这些账户将在后面章节陆续介绍。

3．投资者投入资金业务的会计处理

企业实收资本应按以下规定核算：（1）投资者以货币资金投入的资本，应当以实际收到或者存入企业开户银行的金额作为实收资本入账；（2）投资者以非货币资金投入的资本，应按投资各方确认的价值作为实收资本入账。企业收到投资者投入的资本时，一方面增加企业的“实收资本”账户，计入“实收资本”账户的贷方，另一方面应该增加企业的资产类账户。如果企业实际收到的投资款超过注册资本的部分，则计入资本公积账户。一般的会计处理如下：

借：库存现金
　　银行存款
　　固定资产
　　无形资产等
　贷：实收资本——（按照投资协议约定的公允价值）
　　　资本公积——（实际收到的投资款超过注册资本的部分）

【例 4-1】天一公司注册成立，接受恒达公司投入现金 100 万元，款项已通过银行转入；接受通顺公司投入固定资产一项，价值 50 万元。

借：银行存款　　　　1 000 000
　　固定资产　　　　　500 000

贷：实收资本——恒达公司　　　　1 000 000

　　　　——通顺公司　　　　500 000

【例 4-2】天一公司因发展需要，决定增加注册资本 60 万元，收到通顺公司投入资本 28 万，收到恒达公司投入资本 42 万元。其中通顺公司占天一公司新增注册资本的 40%，恒达公司占天一公司新增注册资本的 60%，款项通过开户银行转入天一公司的账户。

借：银行存款　　　　700 000

　贷：实收资本——通顺公司　　　　240 000

　　　　——恒达公司　　　　360 000

　　资本公积——资本溢价　　　　100 000

4.1.2 借入资金业务的核算

1. 借入资金业务概述

企业新成立自有资金不足或者经营过程中资金难以满足企业运转需要时，可以通过从银行或其他金融机构借款的方式筹集资金，从而形成了企业的负债。企业负债的形成并不是只有借入资金一项，还可能是发行企业债券等其他形式，但是本节仅仅讨论借入资金的核算，其他形式将在中级财务会计中介绍。

企业从银行或其他金融机构借入的各种款项，按归还期限长短的不同，可分为流动负债和长期负债。企业借入的归还期在一年（含一年）以内的借款，是短期借款，属于流动负债；借入的归还期限在一年（不含一年）以上的借款，是长期借款，属于长期负债。无论是短期借款还是长期借款，都是从企业外借入的款项，企业不能无偿占用该笔资金，必须为此支付一定的代价，即要为使用该笔资金支付一定的利息。借入资金业务主要是对企业借入资金、利息的计提以及偿还借款的核算。但是由于短期借款和长期借款的时间不同，因而在核算利息时有所区别。

2. 借入资金业务账户设置

为了反映企业借入的归还期限不同的各种借款以及借款的利息，应分别设置“短期借款”、“长期借款”以及“财务费用”等账户。

（1）“短期借款”账户

“短期借款”账户主要用来核算企业借入的还款期限在一年以内的借款的取得、偿还及结欠情况。该账户属于负债类账户，其贷方登记取得的各种短期借款，借方登记偿还的各种短期借款，期末余额在贷方，表示企业期末尚未偿还的短期借款的本金。

（2）“长期借款”账户

“长期借款”账户核算企业向银行或其他金融机构借入的期限在 1 年以上（不含 1 年）的各项借款。该账户也属于负债类账户，其贷方登记取得的各种长期借款及其所形成的利息，借方登记偿还的各种长期借款本金及利息，期末余额在贷方，表示企业期末尚未偿还的长期借款的本息。

“短期借款”账户和“长期借款”账户应按债权人的不同设置明细账。

（3）“财务费用”账户

“财务费用”账户用来核算企业为筹集资金等而发生的各项费用。该账户属于损益类账户中支出性质的账户，其借方登记企业发生的各项财务费用；贷方登记期末转入“本年利润”账户的本期财务费用数额；期末结转后本账户应无余额。

（4）“应付利息”账户

企业从银行或者其他金融机构借入款项就要支付利息，但是借款产生的利息并不是当月产生当月就支付。在会计实务中，银行对于产生的借款利息通常是每个季度结算一次，而企业一般是按月反映企业的各项费用，因此企业需要设置一个“应付利息”账户用来核算企业已经产生但是还未支付的利息。“应付利息”账户是一个负债类账户，当企业计提已经产生但是还未支付的利息时，记在该账户的贷方，当支付已经计提的利息时，记在该账户的借方。期末余额一般在贷方，表示尚未支付的借款利息。

3．借入资金业务的会计处理

（1）短期借款业务的会计处理

短期借款业务主要包括取得借款、支付利息和偿还借款三项主要内容。企业从银行取得各种短期借款时，应按实际取得的借款额计价入账，增加“短期借款”账户。企业还应按期支付借款利息，短期借款的利息属于企业在理财活动期间为筹集资金而发生的一项耗费，因而企业将其作为期间费用（财务费用）加以确认。利息可以按月支付，支付利息时，一方面记入“财务费用”的借方，另一方面记入“银行存款”账户的贷方；利息也可以采用按月计提的方式记入各月的财务费用，然后于季末或者还款日一次支付。每月计提时，产生的利息同样记入“财务费用”账户的借方，另一方面因为利息还没有支付，产生了一项负债，记入“应付利息”账户的贷方。企业应按期如数偿还借款本金和利息，按实际偿还金额，冲减短期借款。

【例 4-3】天一公司于 2012 年 12 月 1 日向中国工商银行借入期限为半年、年利率为 6% 的借款 200 000 元，存入银行。银行每季度结算一次利息。

① 2012 年 12 月 1 日，天一公司取得借款时，编制如下会计分录：

借：银行存款　　　　200 000

　贷：短期借款　　　　200 000

② 2012 年 12 月 31 日，计提本月产生的利息。

由于银行按规定每季结算一次利息，天一公司借款第一个月虽然不足一个季度，但是银行仍然要与之结算利息。银行与企业结算利息时，一般都是从企业的银行存款账户直接将利息划转，所以 2012 年 12 月企业收到银行的利息结算通知时，编制的会计分录如下：

借：财务费用　　　　1 000

　贷：银行存款　　　　1 000

③ 2013 年 1～3 月份，由于每月都要产生银行利息，因此企业每月月末都要确认产生的利息费用，但是由于银行并没有与企业结算利息，因此产生的利息就形成了对银行的负债，记入“应付利息”账户，企业每月末计提利息时，作如下会计分录：

借：财务费用　　　　1 000

　贷：应付利息　　　　1 000

2013 年 3 月 31 日，企业于季度末支付借款利息时：

借：应付利息　　　　3 000

　贷：银行存款　　　　3 000

2013 年 4～5 月份，每月末仍要确认已经产生的借款利息。

借：财务费用　　1 000

　贷：应付利息　　1 000

2013 年 6 月 1 日，借款到期后，天一公司归还银行的本金和第二季度的利息。

借：短期借款　　200 000

　　应付利息　　2 000

　贷：银行存款　　202 000

（2）长期借款业务的会计处理

长期借款业务也包括取得借款、支付利息和偿还借款三项主要内容。与短期借款一样，长期借款业务也需要计提利息。但是与短期借款业务计提利息不同的是，由于长期借款的时间较长，因此长期借款产生的利息在计入“财务费用”账户的同时，还应该增加“长期借款”账户。

画龙点睛

如果长期借款是专门为建造固定资产而借入的款项，则该笔长期借款产生的利息不在“财务费用”账户反映，而是计入该固定资产的成本，把它记在“在建工程”（需要安装或者在建的）或者是“固定资产”（无须安装即可使用的固定资产）账户。

【例 4-4】2012 年 1 月 1 日天一公司从中国工商银行借入两年期借款 10 万元，年利率 12%，到期一次还本付息。

① 2012 年 1 月 1 日，天一公司取得借款时，编制如下会计分录：

借：银行存款　　100 000

　贷：长期借款　　100 000

② 2012 年 12 月 31 日，天一公司确认本年长期借款的应计利息 12 000 元。

借：财务费用　　12 000

　贷：长期借款　　12 000

③ 2013 年 12 月 31 日，天一公司确认该年长期借款的应计利息 12 000 元。

借：财务费用　　12 000

　贷：长期借款　　12 000

④ 2014 年 1 月 1 日，天一公司归还长期借款以及相应的利息。

借：长期借款　　124 000

　贷：银行存款　　124 000

4.2　供应过程业务的核算

企业筹集到资金后，还必须购买机器设备，建造厂房、购进原料等才能开始生产产品，供应过程业务的核算主要讲述原材料采购以及购建固定资产业务的会计处理。

4.2.1 原材料采购业务的核算

1．原材料采购业务概述

对于制造企业来说，原材料是企业生产产品必不可少的重要生产要素。在材料的采购过程中，一方面企业要从供应商处购入所需的各种材料并验收入库形成存货，另一方面还要为所购入的原材料支付买价和采购费用等，并与供应商进行结算。企业购买原材料业务的主要内容就是核算原材料实际采购成本的形成，材料的验收入库，以及材料采购过程中与购货单位之间的货款结算等。

企业购进原材料时，最重要的就是要确定原材料的采购成本。原材料的采购成本是指从原材料的采购到入库前所发生的一系列相关的支出。主要包括买价和采购费用两部分。买价就是实际支付给销售方的原材料的货款，即购货发票上所注明的材料价格；采购费用是指在采购原料时可能发生的运输费、装卸费、保险费、运输途中的合理损耗、入库前的挑选整理费、购入材料所应负担的各项税费（如关税）和其他费用等各种费用。

画龙点睛

企业在采购原材料时发生的途中的合理损耗可以计入成本，但是如果是其他原因（如因管理不善致使原材料被偷）等导致的损耗，则在入库时应该据实扣除；企业采购过程中发生的入库前的挑选整理费计入材料的成本，但是如果是材料入库之后产生的挑选整理费则一般计入当期损益（管理费用）。

企业采购原材料时还涉及增值税的问题。所谓增值税是对销售货物或者提供加工、修理修配劳务以及进口货物的单位和个人就其实现的增值额征收的一个税种。就制造企业而言，其增值额为产品销售收入扣除为生产产品而外购的原材料等金额后的余额。从理论上讲，增值税可直接用增值额乘以规定税率计算求得。企业一般纳税人增值税的税率是17%。但在实务中，由于增值额难以准确确定，因而是采用间接方法计算。即购进材料时按照材料的买价乘以17%计算增值税的进项税额，计入“应交税费——应交增值税（进项税额）”账户，销售产品时按照产品的售价乘以17%计算增值税的销项税额，计入“应交税费——应交增值税（销项税额）”账户，最后销项税额减去进项税额的差就是交给国家的增值税，其计算公式为：应交纳的增值税额=当期销项税额−当期进项税额。

知识链接

企业增值税的纳税人，在实际中分为两类，一类是一般纳税人，另一类是小规模纳税人。一般纳税人是指应税销售额达到一定标准并且会计核算健全的企业。我国税法规定，生产型企业年应税销售额超过50万元的，批发或者零售企业年应税销售额超过80万元的可以认定为一般纳税人。一般纳税人的增值税实行抵扣制。小规模纳税人是指年销售额在规定标准以下，并且会计核算不健全，不能按照规定报送有关税务资料的增值税纳税人。小规模纳税人因为规模小，会计资料不健全，因而在实务中实行简易办法征收，即按照销售额乘以一个固定的征收率（3%）来计算应缴纳的增值税额。

另外，2013年8月起，全国实行营业税改征增值税改革，将交通运输业和部分现代服务业改征增值税。从而扩大了增值税的征税范围。增值税税率也有了多档变化，如交通运输业增值税率为11%，部分服务业增值税率为6%等。

2．原材料采购业务账户设置

为了对原材料采购业务进行核算，应根据经济业务的具体内容设置三类账户，一类是反映企业在采购过程中发生的买价和采购费用，如“在途物资”账户；另一类反映库存材料的收、发、结存情况，如“原材料”账户；第三类反映企业结算材料价款及采购费用情况，如：“库存现金”、“应付账款”、“预付账款”等账户。

（1）“在途物资”账户

企业采购的原材料有可能存在账单已经到达企业但是货物还未入库的情况，为了反映企业采购的尚未入库的原材料的成本，需要设置“在途物资”账户。该账户的借方用于归集材料的采购成本；将采购的成本归集完毕、材料入库后，从贷方转入“原材料”账户；其借方余额表示已付款但尚未入库的材料成本。“在途物资”账户一般在原材料采用实际成本法核算时用该账户反映尚未入库的原材料，原材料全部入库后该账户余额为零。

（2）“原材料”账户

本账户用于核算企业库存各种材料的收入、发出、结存情况。该账户的借方反映已验收入库材料的成本；贷方反映库存材料发出的成本；余额在借方，表示期末库存材料的成本。该账户应按每种材料的品种、规格分别设置二级和明细账户，以便核算每种材料的收、发、结存情况。

（3）“应付账款”账户

本账户用于核算企业因采购材料物资和接受劳务提供而应付给供应单位的款项。该账户贷方登记应付而未付款项的数额，借方登记实际归还的数额，余额一般在贷方，表示尚未归还供应单位的数额。若出现借方余额，则表示企业多付或预付的货款。

（4）“应付票据”账户

本账户用于核算企业对外发生债务时所开出承兑的商业汇票，包括银行承兑汇票和商业承兑汇票。该账户的贷方登记企业开出或以承兑汇票抵付货款的金额，借方登记已偿还的到期汇票。企业应设置“应付票据备查簿”，详细登记每个应付票据的种类、号数、到期日、金额等详细资料，以便加强对票据的管理，及时清付到期票据，保证企业在市场中的信用度。

（5）“预付账款”账户

本账户用于反映和监督企业按照购货合同的规定预付给供应单位的款项以及结算情况的资产类账户。该账户的借方登记企业因购货而预付的款项以及结算时因预付不足而补付的款项；贷方登记收到货物时冲销的款项以及结算时多预付部分的退回款；期末余额一般在借方，表示企业实际预付而尚未冲销的款项；如果有贷方余额则表示尚未补付的款项。“预付账款”账户一般按照不同债权人的名称设置明细分类账户。

（6）“应交税费——应交增值税（进项税额）”账户

“应交税费”账户是一个负债类账户，用来反映企业应该上交还没有上交给国家的各项税费，如增值税、消费税、营业税、所得税等。“应交税费”账户一般按照不同的税种设置二级明细账，如“应交税费——应交增值税”，有时为了详细反映该税种的具体情况，还需要设置三级账户反映。“应交税费——应交增值税（进项税额）”就是该账户的三级账户，用来反映企业在采购材料以及固定资产等时应该抵扣的增值税。因为进项数额是一个抵扣项，因而发生可以抵扣进项税额时计入该账户的借方。该账户一般不发生贷项。期末余额一般在借方，反映企业尚未抵扣的增值税。

另外，企业采购材料的时候，如果是直接付款采购，必然会涉及“库存现金”和“银行存款”的核算，这两个账户在前面已经介绍过，在此不赘述了。

3．原材料采购业务的会计处理

企业采购原材料时，一方面根据采购材料的买价和成本计入材料的成本账户，另一方面根据购买材料时的结算方式不同，可能计入“库存现金”、“银行存款”、“应付账款”、“应付票据”、“预付账款”等账户。企业采购的材料如果已经验收入库，则材料的成本通过“原材料”账户反映，如果采购的材料还未入库，就通过“在途物资”账户反映。

另外在采购材料时，如果同时采购几种不同的材料，还需要将发生的运费、保险费等其他采购费用按照一定的标准在这几种不同材料之间进行分摊，分摊的标准一般可以采用材料的重量、材料的采购成本等。

知识链接

企业原材料业务的核算有两种方法：实际成本法和计划成本法。在实际成本法下，原材料的购入、发出和结存全部按照实际成本计价；在计划成本法下，企业存货的收入、发出和结存均按预先制定的计划成本计价。在计划成本法下，企业需设“材料采购”账户用来反映材料采购的实际成本，“原材料”账户采用计划成本核算，用以反映材料入库、发出和结存材料情况，同时另设“材料成本差异”账户，作为计划成本和实际成本联系的纽带，用来登记实际成本和计划成本的差额。本章只介绍实际成本法的核算，计划成本法将在财务会计中讲解。

【例 4-5】2012 年 12 月 5 日，天一公司从恒达公司购入一批甲材料，价款 9 000 元，发生的增值税 1 530 元，途中合理损耗 200 元，运费 800 元，企业均用银行存款支付，材料已经验收入库。

该笔业务发生导致企业购入的材料增加，因为材料已经验收入库，所以记入“原材料”账户的借方，购买原材料时，原材料的价款、途中的合理损耗以及运费都是构成原材料成本的一部分，因而原材料的入账成本是 10 000 元（9 000+200+800）。另外，购买原材料时所支付的增值税对一般纳税人来说允许抵扣，记入“应交税费——应交增值税（进项税额）”的借方。本教材如没有特别说明，所涉及的企业都是一般纳税人。企业因购买原材料导致企业银行存款减少，因此，贷方记入“银行存款”账户。

借：原材料——甲材料　　10 000
　　应交税费——应交增值税（进项税额）　　1 530
　贷：银行存款　　11 530

【例 4-6】2012 年 12 月 8 日，天一公司从通顺公司购入乙材料 10 000 元，增值税 1 700 元，企业开出承兑的商业汇票，材料尚未到达。

该笔业务发生导致企业购入的材料增加，因为材料没有验收入库，所以记入“在途物资”账户的借方，购买原材料时所支付的增值税对一般纳税人来说允许抵扣，记入“应交税费——应交增值税（进项税额）”的借方。企业购买原材料并没有支付现金，而是通过商业汇票的方式结算，导致企业产生一笔负债，因此，记入“应付票据”账户的贷方。

借：在途物资——乙材料　　10 000
　　应交税费——应交增值税（进项税额）　　1 700
　贷：应付票据　　11 700

【例 4-7】2012 年 12 月 10 日，天一公司以银行存款预付恒达公司预购丙材料款 50 000 元。

该笔经济业务是企业预先支付给恒达公司的货款，一方面企业的银行存款减少，记在“银行存款”账户的贷方，另一方面，在恒达公司没有发货之前，该笔钱还是天一公司的一项资产，因而记在“预付账款”账户的借方。

借：预付账款——恒达公司　　　　50 000

　贷：银行存款　　　　50 000

【例 4-8】2012 年 12 月 19 日，天一公司收到恒达公司按合同要求发来的丙材料 50 000 元，已验收入库。

恒达公司按合同要求发来丙材料时，企业的原材料资产增加，记入“原材料”账户的借方，另一方面，由于收到原材料，因而原来记入“预付账款”账户的资产减少，记在贷方。

借：原材料——丙材料　　　　50 000

　贷：预付账款——恒达公司　　　　50 000

【例 4-9】2012 年 12 月 20 日，天一公司向恒达公司购入甲材料 2 000 公斤，单价 5 元，价款共计 10 000 元，增值税发票上的金额为 1 700 元；向通顺公司购入乙材料 500 公斤，价款 5 000 元，增值税发票上的金额为 850。上述材料还未入库，所有款项均未支付。

借：在途物资——甲材料　　　　10 000

　　　　　　——乙材料　　　　5 000

　　应交税费——应交增值税（进项税额）　　　　2 550

　贷：应付账款　　　　17 550

【例 4-10】2012 年 12 月 20 日，天一公司以银行存款支付甲乙两种材料的运费 1 000 元。以现金支付甲乙两种材料的搬运费 250 元。运费和搬运费均按甲乙两种材料的重量分配。

甲材料承担的采购费用：1 250÷(2 000+500)×2 000=1 000 元

乙材料承担的采购费用：1 250÷(2 000+500)×500=250 元

借：在途物资——甲材料　　　　1 000

　　　　　　——乙材料　　　　250

　贷：银行存款　　　　1 000

　　　库存现金　　　　250

【例 4-11】2012 年 12 月 20 日，甲乙两种材料验收入库。

借：原材料——甲材料　　　　11 000

　　　　　——乙材料　　　　5 250

　贷：在途物资——甲材料　　　　11 000

　　　　　　　——乙材料　　　　5 250

4.2.2　固定资产购建业务的核算

1．固定资产购建业务概述

固定资产是指为生产商品、提供劳务、出租或经营管理而持有的，使用寿命超过一个会计年度的有形资产。它是企业用来改变或影响劳动对象的主要劳动材料，是企业进行生产经营活动必不可少的物质基础。购建固定资产主要涉及固定资产的成本计量的问题。由于固定资产的取得方式不同，固定资产的成本构成也不同。本节主要讲述外购固定资产的会计处理。

企业外购固定资产的成本，主要包括购买设备的价款、相关税费以及使固定资产达到预定可使用状态前所发生的可归属于该项资产的场地整理费、运输费、装卸费、安装费和专业人员服务费等。

画龙点睛

关于购建固定资产时增值税的处理。企业购建的固定资产可以分为两类：生产经营用固定资产和非生产经营用固定资产。对于购进的生产经营用固定资产，其购买时支付的增值税允许抵扣，计入应交税费——应交增值税的进项税额；而购进的非生产经营用固定资产，其购买时支付的增值税不允许抵扣，应该计入固定资产的成本。

2．固定资产购建业务账户设置

（1）“固定资产”账户

为了反映企业固定资产的增减变化及其结存情况，应设置“固定资产”账户。该账户是按原始价值核算固定资产增减变动的资产类账户，其借方登记增加固定资产的原始价值，贷方登记减少固定资产的原始价值；期末余额在借方，表示期末企业现有固定资产的账面原价。企业应当设置“固定资产登记簿”和“固定资产卡片”，按固定资产类别、使用部门和每项固定资产进行明细核算。

（2）“在建工程”账户

若购入的设备需要安装后才能使用，则购入的固定资产应先通过“在建工程”科目核算设备及安装成本。待安装完毕，设备可投入使用后，再将全部成本转入“固定资产”科目。“在建工程”账户是一个过渡性资产类账户，该账户的借方表示正在建造安装的固定资产，贷方表示建造完工或者安装完毕转入固定资产的总成本，其余额一般在借方，表示正在安装、建造过程中的固定资产。

另外，购进固定资产时由于具体的结算方式不同，还可能会用到不同的结算账户，如“银行存款”、“应付账款”、“应付票据”、“预付账款”等。

3．固定资产购建业务的会计处理

根据我国最新会计准则的规定，企业购进固定资产应当按照成本进行初始计量。根据购进的固定资产是否需要安装，其会计处理也不同。

（1）购进不需要安装的固定资产

企业购进不需要安装的固定资产，一方面根据固定资产的买价和采购过程中发生的相关税费计入固定资产的成本；另一方面要根据具体的结算方式分别计入“银行存款”、“应付账款”、“应付票据”等不同的账户。

【例 4-12】2012 年 12 月 15 日，天一公司购入一台生产经营用设备，发票价格 50 000 元，增值税 8 500 元，发生安装费用 500 元，运费 2 000 元，所有费用已用银行存款全部付清，设备已交付使用。其账务处理为：

借：固定资产	52 500	
应交税费——应交增值税（进项税额）	8 500	
贷：银行存款		61 000

（2）购进需要安装的固定资产

企业购进需要安装的固定资产，因为安装固定资产需要有个过程，而且在安装的过程中还可能发生一些人工费、材料费以及其他费用等，所以为了反映企业购进的尚没有达到可使用状态的固定资产以及在安装过程中发生的相关费用，企业需要先通过“在建工程”账户进行反映。等安装完成之后，再从“在建工程”转入“固定资产”。

【例 4-13】2012 年 12 月 12 日，天一公司购入需要安装的生产经营用设备一台，价款 10 000 元，支付增值税 1 700 元，包装及运杂费计 1 000 元，以上价款均通过银行存款支付。设备安装过程中领用库存材料 3 000 元，负担本企业职工工资 2 000 元。2012 年 12 月 20 日，安装完毕已交付生产使用。

2012 年 12 月 12 日，企业购入需要安装的设备时：

借：在建工程	11 000	
应交税费——应交增值税（进项税额）	1 700	
贷：银行存款		12 700

安装过程中发生安装费用：

借：在建工程	5 000	
贷：原材料		3 000
应付职工薪酬——应付工资		2 000

2012 年 12 月 20 日，安装完毕交付使用时：

借：固定资产	16 000	
贷：在建工程		16 000

4.3 生产过程业务的核算

4.3.1 生产过程业务概述

生产过程是制造业最具特色的阶段。在这一阶段，企业劳动者借助机器、设备，将原材料加工成设计要求的产品。按照马克思的劳动价值学说，这一过程是物化劳动（劳动资料和劳动对象）和活劳动的消耗过程，也是价值增值的创造过程。纵观企业供、产、销等全过程的经济业务，从会计核算角度来看，生产阶段所发生的经济业务数量最多，也最为复杂。

企业在生产经营中必然要投入各种资源，发生各种耗费，企业生产经营过程中发生的费用按照经济用途可以分为两类：生产费用和期间费用。

生产费用是指一定时期内企业产品制造过程中发生的各项耗费。生产费用按照各种产品来归集时，又可以分为直接材料、直接人工和制造费用等三个主要项目，这些项目在会计上称为产品生产成本项目，简称成本项目。其中直接材料是指企业在生产产品和提供劳务过程中所消耗的直接用于产品生产并构成产品实体的各种材料，包括原料及主要材料、外购半成品以及有助于产品形成的辅助材料等。直接人工是指企业在生产产品和提供劳务过程中直接从事产品生产的工人工资以及各种福利和社会保险等。制造费用是指企业在生产产品和提供劳务过程中发生的除直接材料、直接人工以外的生产费用。这些费用中或是为组织和管理产品生产而发生，或是有助于产品形成而发生，或是为产品生产提供共同服务而发生。主要内容有：车间机物料消耗；车间管理人员工资和福利费；车间固定资产折旧费、修理费；车间用水费、电费；车间低值易耗品费用；车间办公费；车间劳动保护费等。可见制造费用大多是生产车间发生的间接生产费用。

制造业企业的生产过程，在会计上的反映就是按照经济用途归集各项相关的生产费用，从而正确地计算企业所生产的各种产品的生产成本。生产费用在按各种产品归集时，由于直接材料、直接人工费用都是直接用于产品生产的，在发生时能够分清是为哪一种产品而耗费，应由哪一种产品来承担，因而一般可以直接计入各种产品成本中；而制造费用在其发生时，一般不能分清应由哪一种产品来承担，因而不能直接归属于某一种产品，而应先行归集，然后按一定标准分配计入各种产品成本。

制造业除发生上述生产费用外，企业在经营活动过程中还可能发生一些与产品生产没有关系的费用，如企业的办公费、业务宣传费、广告费等，这些费用统称为期间费用。期间费用由于不能较合理准确归属于某个特定产品，所以会计制度规定这些费用不能计入产品成本，而应在发生时直接计入当期损益。期间费用主要包括管理费用、销售费用和财务费用。管理费用是指企业为组织和管理企业生产经营所发生的各种费用。包括企业董事会和行政管理部门在企业的经营管理中发生的，或者应由企业统一负担的公司经费、工会经费、待业保险费、劳动保险费、董事会会费、聘请中介机构费、咨询费、诉讼费、业务招待费、房产税、车船使用税、土地使用税、印花税、技术转让费、矿产资源补偿费、职工教育经费、研究与开发费、排污费、存货盘亏或盘盈等。销售费用是指企业销售过程中发生的费用，包括运输费、装卸费、包装费、保险费、展览费和广告费以及为销售本企业产品而专设的销售机构的职工工资及福利费、类似工资性质的费用、业务费等经营费用。财务费用是指企业为筹集生产经营所需资金等而发生的费用，包括利息支出（减利息收入）、汇兑损失（减汇兑收益）以及相关的手续费等。

4.3.2 生产过程业务账户设置

根据生产业务核算的要求，一般需要设置以下账户。

（1）“生产成本”账户

本账户用来归集产品生产过程中所发生的、应计入产品成本的直接材料、直接人工和制造费用，并据以确定产品的实际生产成本。其借方登记当期发生的、应计入产品成本的生产费用；贷方登记期末结转的完工产品的实际生产成本；余额在借方，表示月末尚未完工产品的生产成本。由于企业产品成本核算最终要具体到每种产品，因此，该账户的明细核算按所生产的产品种类进行；如果产品生产需要经过多个生产环节或多个车间，“生产成本”账户明细账的设置需要先按生产环节或车间、再按具体产品种类进行。

（2）“制造费用”账户

本账户用于归集和分配企业在车间范围内为生产产品和提供劳务而发生的、应计入产品成本的各项间接费用。包括制造部门管理人员的工资及福利费、机器设备等生产用固定资产折旧费及修理费、水电费等不能直接计入产品生产成本的费用。其借方登记月份内发生的各种制造费用；贷方登记月末按一定标准分配结转给各种产品负担的制造费用。月末一般无余额。本账户应按不同车间和费用项目设置明细账，以考核和控制不同车间的共同性生产费用。

（3）“应付职工薪酬”账户

本账户用于核算企业根据有关规定应付给职工的各种薪酬，企业（外商）按规定从净利润中提取的职工奖励及福利基金，也在本账户核算。其贷方登记企业应发给职工的薪酬总额；借方登记企业实际支付的薪酬额，余额在贷方，表示月末应付而未付的职工薪酬。本账户可按“工资”、“职工福利”、“社会保险费”、“住房公积金”、“工会经费”、“职工教育经费”、“非货币性福利”、“辞退福利”、“股份支付”等进行明细核算。

（4）“累计折旧”账户

固定资产是企业的主要劳动资料，它在使用期内，始终保持其原有的实物形态不变（如果使用、维护得当，其生产效率也不会下降），而它的价值将逐渐损耗。根据固定资产的这一特点，不仅要设置“固定资产”账户，反映固定资产的原始价值，同时要设置“累计折旧”账户，来反映固定资产价值的耗损。该账户贷方登记固定资产因使用损耗而转移到产品中去的价值（折旧增加额）；借方登记报废或变卖固定资产上累计已计提的折旧额，余额在贷方，表示期末累计已计提的折旧额。在资产负债表上，该账户作为固定资产的抵减账户。

（5）“库存商品”账户

本账户用来核算企业生产完工验收入库可供销售成品的收入、发出、结存情况。其借方登记已完工验收入库的各种成品的实际生产成本；贷方登记发出各种产品的实际生产成本；余额在借方，表示期末库存产成品的实际生产成本。该账户应按产成品的品种、规格或类别设置明细账，以详细反映和监督各种产成品的收发、结存情况。

（6）“管理费用”账户

本账户用来核算企业为组织和管理企业生产经营所发生的管理费用。该账户属于损益类账户中支出性质的账户，其借方登记企业发生的各项管理费用；贷方登记期末转入“本年利润”账户的本期管理费用的数额；期末结转后本账户应无余额。管理费用并不是跟生产直接相关的账户，但是在生产经营的过程中，比如领用原材料等很多时候可能会涉及，所以我们在此一起介绍。

4.3.3 生产过程业务的核算

产品生产业务的核算内容，主要是归集和分配企业在生产过程中产生的各项生产费用，然后核算产品的生产成本。由于企业产品的成本主要由原材料、人工费用和制造费用也就是我们通常所讲的“料、工、费”三部分构成，因此本节将分别讲述原材料、人工费用以及制造费用的归集与分配问题。由于在归集费用的时候还可能发生与生产无关的期间费用，本节也一并介绍。

1. 材料费用的归集与分配

企业的库存材料被相关部门领用并消耗时，其成本即形成材料费用。这些材料费用应该按照材料的用途分别计入相关的成本费用中。直接用于生产产品的材料费用，记入“生产成本”；用于车间一般耗用的消耗性材料应记入“制造费用”；用于企业管理部门一般耗用的消耗性材料，应记入“管理费用”账户。

【例 4-14】天一公司 2012 年 12 月仓库发料汇总如表 4-1 所示。

表 4-1　天一公司 12 月份仓库发料汇总单

项目	甲材料	乙材料	丙材料	合计
制造 A 产品耗用	80 000	24 000	200 000	304 000
制造 B 产品耗用	80 000	12 000	100 000	192 000
车间一般耗用	40 000		10 000	50 000
管理部门领用		4 000		4 000
合计	200 000	40 000	310 000	550 000

会计分录为：

借：生产成本——A 产品　　304 000
　　　　　　——B 产品　　192 000
　　制造费用　　50 000
　　管理费用　　4 000
　贷：原材料——甲材料　　200 000
　　　　　　——乙材料　　40 000
　　　　　　——丙材料　　310 000

2．人工费用的归集与分配

人工费用是指企业给予为其提供服务的职工的各种薪酬。企业支付的各种人工费用应该按照不同的部门和职工服务的对象不同而计入不同的账户进行反映。其中，生产工人的工资是直接费用，可直接记入“生产成本”账户；车间管理人员的工资，是车间为组织和管理企业产品生产所发生的共同性费用，属于间接费用，应记入“制造费用”；厂部管理人员的工资属于期间费用，应记入“管理费用”账户。

【例 4-15】2012 年 12 月 31 日，天一公司结算本月份应付职工工资，其中制造 A 产品工人工资 80 000 元，制造 B 产品工人工资 160 000 元，车间管理人员工资 20 000 元，厂部管理人员工资 50 000 元。

借：生产成本——A 产品　　80 000
　　　　　　——B 产品　　160 000
　　制造费用　　20 000
　　管理费用　　50 000
　贷：应付职工薪酬——工资　　310 000

【例 4-16】按工资总额的 14%计提职工福利费。

企业除了按标准支付给职工工资以外，还可按工资总额的一定比例提取福利费，用于职工医药卫生、集体福利、生活困难补助等方面的支出。所提取的福利费工资的分配一样，按照职工工资的岗位不同分别记入“生产成本”、“制造费用”、“管理费用”等账户的借方；同时贷记“应付职工薪酬——职工福利”账户。

借：生产成本——A 产品　　11 200
　　　　　　——B 产品　　22 400
　　制造费用　　2 800
　　管理费用　　7 000
　贷：应付职工薪酬 ——职工福利　　43 400

对于企业的工资，必须按月发放，发放时应付工资减少，记入该账户借方，同时，企业货币资金减少，记入“银行存款”等账户贷方。

【例 4-17】2013 年 1 月 15 日，天一公司用银行存款发放工资 310 000 元。

借：应付职工薪酬——工资　　　　310 000

　贷：银行存款　　　　310 000

而对于按工资总额计提的福利费用，主要用于职工医药卫生、集体福利、生活困难补助等方面，当发生以上支出时，一方面引起应付福利费的减少，记入“应付职工薪酬”账户的借方，同时，引起企业货币资金的减少，记入“库存现金”等账户的贷方。

【例 4-18】2013 年 1 月 20 日，职工张三领取困难补助费 500 元，用现金支付。

借：应付职工薪酬——职工福利　　　　500

　贷：库存现金　　　　500

3．制造费用的归集与分配

制造费用是指企业的车间（或部门）为生产产品和提供劳务所发生的各项间接费用，包括生产车间管理人员的职工薪酬、机物料消耗、折旧费、办公费、水电费、劳动保护费以及其他各种间接费用。按照权责发生制的要求，这些费用应当计入该车间（或部门）所生产的各种产品生产成本中，但在发生时一般无法直接确定其成本核算对象，因而不能直接计入具体产品的生产成本中。通常对这类费用，先将其计入“制造费用”进行归集，然后再按照一定的标准分配计入各产品的生产成本中。下面主要介绍折旧费用和其他几种费用的核算。

（1）折旧费用的核算

折旧是指固定资产在使用过程中，所逐渐损耗的那部分价值，按规定，企业必须每期计提折旧费用，因计提折旧而减少的价值不直接冲减固定资产的原值，而是设置“累计折旧”账户作为“固定资产”账户的调整账户，进行核算。因此可见“累计折旧”账户的设置是为冲减“固定资产”的原值的，因此，该账户虽然属于资产类账户，但结构与“固定资产”账户的结构相反，增加记贷方，减少记借方，企业每期计提折旧时，折旧费用增加，记入“累计折旧”账户的贷方，同时，按固定资产的用途，作为一项物质资料的耗费，引起费用增加，分别记入有关费用账户的借方。

【例 4-19】2012 年 12 月 31 日，天一公司计提本月固定资产折旧费 12 000 元，其中车间用固定资产计提 9 000 元，行政管理部门用固定资产计提 3 000 元。

借：制造费用　　　　9 000

　　管理费用　　　　3 000

　贷：累计折旧　　　　12 000

（2）其他费用的核算

在生产过程中，除发生上述材料、工资、福利、折旧费用以外，还会发生水电费、办公费、报刊费、固定资产修理费等相关费用，现举例说明如下：

【例 4-20】2012 年 12 月 31 日，天一公司用银行存款支付电费 5 000 元，其中车间用电 4 000 元，行政管理部门用电 1 000 元。

该项业务发生，一方面引起车间和行政管理部门相关费用增加，记入有关费用账户借方，另一方面引起企业银行存款减少，记入“银行存款”账户贷方。

借：制造费用　　4 000

　　管理费用　　1 000

　贷：银行存款　　5 000

【例 4-21】2012 年 12 月 30 日，天一公司用现金购买办公用品 1 350 元，其中车间用 600 元，行政管理部门 750 元。

借：制造费用　　600

　　管理费用　　750

　贷：库存现金　　1 350

（3）制造费用分配的核算

制造费用是成本的组成部分，月末应将月份内归集的各种间接费用按照一定的标准从“制造费用”账户贷方转入“生产成本”账户借方，以便计算产品的生产成本。对于制造费用的分配标准，企业应该根据制造费用的性质不同予以合理的选择。在会计实务中，企业制造费用的分配标准主要有生产工人工资比例法、生产工人工时比例法、机器工时比例法、直接成本比例法和产成品产量比例法等。具体选用标准应该根据企业的具体情况而定。但一旦标准确定，不得随意变动。

【例 4-22】2012 年 12 月 31 日，结转本月发生的制造费用，按直接从事 A、B 两种产品的生产工人的工资分配转入 A、B 产品的生产成本。

本月发生的制造费用=50 000+20 000+2 800+9 000+4 000+600=86 400 元

$$分配率=\frac{86\,400}{240\,000}=0.36$$

A 产品分配的制造费用=160 000×0.36=57 600 元

B 产品分配的制造费用=80 000×0.36=28 800 元

编制会计分录如下：

借：生产成本——A 产品　　57 600

　　　　　　——B 产品　　28 800

　贷：制造费用　　86 400

4．完工产品的核算

经过上述要素费用的归集和分配，已将应记入本月各种产品成本的费用在“生产成本”账户和所属各种产品成本明细账的各个成本项目中进行了登记，将这些费用加上月初在产品成本，然后在本月完工产品和月末在产品之间进行分配，就可算出各种完工产品成本和月末在产品成本。月初在产品成本、本月生产费用、本月完工产品成本和月末在产品成本四者之间的关系用公式表示为

本月完工产品成本=月初在产品成本+本月生产费用−月末在产品成本

以上关系式表明：如果产品已经全部完工，产品成本明细账中归集的月初在产品成本与本月生产费用之和，就是该种完工产品的成本；如果产品已经全部完工并且没有月初在产品，则本月完工产品成本就等于本月的生产费用；如果产品全部没有完工，产品成本明细账中归集的月初在产品成本与本月生产费用之和，就是该种产品月末在产品的成本；如果月末既有完工产品又有在产品，则产品成本明细账中归集的月初在产品成本与本月生产

费用之和，应在本月完工产品和月末在产品之间采用适当的方法进行分配。

产品生产完工并验收入库后，使企业的库存商品增加，应按完工产品在生产过程所发生的实际成本记入“库存商品”借方，同时，将原记入“生产成本”账户借方的该批产品成本通过“生产成本”账户的贷方转出。

【例 4-23】 2012 年 12 月 31 日，假设本月生产的 A 产品 2 000 件全部完工，并验收入库。B 产品全部未完工。A 产品月初没有在产品，请结转其实际生产成本。

A 产品的生产成本=304 000+80 000+11 200+57 600=452 800 元

则 A 产品的单位生产成本=452 800÷2 000=226.4 元

结转全部完工 A 产品的成本，编制如下会计分录：

借：库存商品——A 产品　　　452 800

　贷：生产成本——A 产品　　　　452 800

4.4 销售过程业务的核算

4.4.1 销售过程业务概述

销售过程是企业收入的实现过程，在这一阶段企业实现了从物质资本向货币资本的转化，实现了资金的回笼，这也是制造企业生产经营过程的最后阶段。根据企业销售的对象不同，企业销售所取得的收入主要有两种：一种是销售企业生产的产品所取得收入，因为制造业的主要经营业务就是生产并销售产品，因此销售产品所取得的收入在会计上称为主营业务收入；另一种是销售除产品之外的原材料或者包装物等所取得收入，被称为其他业务收入。销售阶段主要核算这两种收入的实现。

同时，企业要销售产品或者原材料等，要以付出一定的代价为前提。企业销售产品或者原材料，必然要发生相应的成本。企业在将产品和原材料销售出去之后，还要核算所销售的产品或者原材料的成本。另外，在销售过程中，企业为了销售产品，还会发生各种费用支出，如包装费、运输费、装卸费、广告费、展览费以及为销售本企业的产品而专设的销售机构的职工工资、福利费、业务费等经常费用。这些为销售产品而发生的费用，叫做销售费用。在销售过程中，企业还应按照国家的有关税法规定，计算并缴纳销售税金。

由此可见，销售过程的主要经济业务是销售收入的实现、销售成本的结转，以及销售税金及附加的计算与交纳。

4.4.2 销售过程业务账户设置

（1）“主营业务收入”账户

“主营业务收入”账户主要用来核算企业销售产品取得收入的情况。“主营业务收入”账户是一个收入类账户，企业销售产品实现了收入，记入该账户的贷方，期末将本期实现的收入从借方转入“本年利润”账户，结转后该账户一般没有余额。“主营业务收入”账户一般按照产品的种类设置明细账。

（2）“主营业务成本”账户

“主营业务成本”账户主要用来核算销售产品的实际成本。“主营业务成本”账户是一个费用类账户，企业结转销售产品成本时，记入该账户的借方；期末将本期的销售成本从贷方转入“本年利润”账户，结转后该账户一般没有余额。“主营业务成本”账户一般按照产品的种类设置明细账。

（3）“其他业务收入”账户

“其他业务收入”账户主要用来核算企业确认的除主营业务活动以外的其他经营活动实现的收入，包括出租固定资产、出租无形资产、出租包装物和商品、销售材料等实现的收入。“其他业务收入”账户是一个收入类账户，企业确认实现其他业务收入时，计入本账户的贷方；期末，将本账户余额转入“本年利润”科目时，计入本账户的借方；结转后本账户应无余额。“其他业务收入”账户一般按照销售的对象设置明细账。

（4）“其他业务成本”账户

“其他业务成本”账户主要用来核算企业确认的除主营业务活动以外的其他经营活动所发生的支出，包括销售材料的成本、出租固定资产的折旧额、出租无形资产的摊销额、出租包装物的成本或摊销额等。“其他业务成本”账户是一个费用类账户，企业确认发生其他业务成本时，借记本账户；期末，将本账户余额转入“本年利润”科目时，贷记本账户；结转后本账户无余额。“其他业务成本”账户可按结转成本的对象进行明细核算。

（5）“销售费用”账户

本账户用来核算企业销售商品和材料、提供劳务的过程中发生的各种费用，包括保险费、包装费、展览费和广告费、商品维修费、预计产品质量保证损失、运输费、装卸费等以及为销售本企业商品而专设的销售机构（含销售网点、售后服务网点）的职工薪酬、业务费、折旧费等经营费用。发生各项销售费用时，记入该账户的借方；期末将本期的销售费用从贷方转入“本年利润”账户，结转后该账户一般没用余额。

（6）“营业税金及附加”账户

本账户用来核算企业经营活动发生的营业税、消费税、城市维护建设税、资源税和教育费附加等相关税费。月末，企业按照规定计算出应负担的销售税金，记入该账户的借方；期末将本期产品负担的税金转入“本年利润”账户，结转后该账户一般没用余额。

（7）“应交税费——应交增值税（销项税额）”账户

本账户用来核算企业按照税法在销售企业产品时应该缴纳的增值税。增值税按照所销售产品的售价乘以 17%的增值税率来计算。企业销售货物时，按应收或实际收到的金额借记“应收账款”、“应收票据”、“银行存款”等科目，按应交的增值税额，贷记本账户（应交增值税——销项税额）。

（8）“应收账款”账户

“应收账款”账户是用来核算企业因销售产品、提供劳务等应向购货单位或接受劳务单位收取款项的增减变动及其结存情况的账户。“应收账款”账户是一个资产类账户，当企业销售产品或者提供劳务之后，产生应该收取还未收取的款项时计入该账户的借方，当收到所欠的款项时，记入该账户的贷方，该账户的余额一般在借方，表示企业应该收取尚未收取的款项。“应收账款”账户一般按照债务人设置明细账。

（9）“应收票据”账户

“应收票据”账户是用来核算企业因销售商品或产品、提供劳务等而收到的商业汇票的增减变动情况及其结果的账户。本账户借方登记企业因销售商品等而收到的商业汇票账面余额，贷方登记应收票据到期收回或未到期向银行申请贴现的票面金额；余额一般在借方，反映尚未到期收回或未贴现的应收票据金额。

（10）“预收账款”账户

“预收账款”账户是用来核算企业按照合同规定向购货单位预收的款项的增减变动及其结存情况的账户。“预收账款”账户是一个负债类账户，该账户的贷方登记按照合同规定向购货单位预收的款项和商品销售后补付的款项，借方登记以商品销售偿付的预收账款和退回购货单位多付的款项；期末余额若在贷方，表示企业向购货单位预收的款项，期末余额在借方，表示应由购货单位补付的款项。预收账款一般应按购货单位设置明细账户，进行明细核算。对于预收账款业务不多的企业，也可以不用设置“预收账款”账户，直接记在“应收账款”账户的贷方。

4.4.3 销售过程业务的会计处理

1. 产品销售业务的会计处理

企业销售产品或提供劳务，应在符合收入确认条件的情况下确认收入，记入“主营业务收入”账户的贷方，同时及时办理货款的结算，尽早收回货款，收到的货款记入“银行存款”账户的借方，尚未收到的货款记入“应收账款”账户的贷方。如果收到承兑方签字的商业汇票，应记入“应收票据”账户的借方。对于已实现销售的商品，企业应计算结转其实际成本，以便计算销售商品的损益。逐笔或汇总结转已销商品成本时应记入“主营业务成本”账户的借方。在销售过程中发生的各项销售费用，应及时记入“销售费用”账户的借方，发生的有关营业税费应记入“营业税金及附加”账户的借方。

【例 4-24】2012 年 12 月 10 日，天一公司销售给荣达公司 A 产品 300 件，每件售价 400 元，货款计 120 000 元，款项已通过银行收讫。（按收入的 17%计提增值税）

借：银行存款　　　　140 400

　贷：主营业务收入——A　　　　120 000

　　　应交税费——应交增值税（销项税额）　　　　20 400

【例 4-25】2012 年 12 月 15 日，天一公司销售给三木公司 A 产品 1 400 件，每件售价 380 元，货款计 532 000 元，产品已发出，款项尚未收到。（按收入的 17%计提增值税）

这项经济业务与上例基本相似，不同的是款尚未收到，企业债权增加而不是银行存款增加，所以借方应登记“应收账款”账户。编制会计分录如下：

借：应收账款——三木公司　　　　622 440

　贷：主营业务收入　　　　532 000

　　　应交税费——应交增值税（销项税额）　　　　90 440

【例 4-26】2012 年 12 月 15 日，以现金支付销售产品的搬运费 300 元。

产品销售过程会发生各种形式的销售费用，对它的核算通过“销售费用”账户进行。编制会计分录如下：

借：销售费用　　　　300

　贷：库存现金　　　　300

【例 4-27】2012 年 12 月 31 日，计算并结转已售产品应缴纳的消费税 3 500 元。

消费税是对一些资源消耗性和奢侈性的产品征收的一种税，如烟、酒、化妆品等。消费税是一种价内税，要求卖方从售价中扣除一定比例上缴。假定天一公司所销售的产品属消费税征收对象，按照适用税率，确定本期所销售产品应缴纳 3 500 元消费税，应记入“营业税金及附加”账户；同时，在这一税款实际缴纳之前，它形成企业对国家的负债，通过“应交税费”反映。编制会计分录如下：

借：营业税金及附加　　　　3 500

　贷：应交税费——应交消费税　　　　3 500

【例 4-28】假定本期只发生例 4-24 和例 4-25 两笔销售业务，2012 年 12 月 31 日，汇总并结转本期已售产品的生产成本。

本期共销售 A 产品 1 700 件，前面已经计算出每件产品成本为 226.4 元，本期所销售产品成本总计为 384 880 元。按照配比原则，这部分成本应与本月已实现产品销售收入相配比，这使得产品销售成本增加，同时，产品已售出，产成品减少。编制会计分录如下：

借：主营业务成本　　　　384 880

　贷：库存商品——A 产品　　　　384 880

严格地说，产品一旦发出用于销售，产成品就已经减少了。因此，结转产品销售成本可以在销售收入成立的同时进行。实际工作中，如果企业采用定期盘存制，有关成本数据一般需到月末才能计算得出；或者为了简化核算工作，对于已售产品生产成本的结转，也可于月末汇总一次结转。

2．其他销售业务的核算

企业除销售产品外，也可能从事一些其他销售业务，比如销售原材料、包装物等，这类业务属于企业在主营业务外从事的一些兼营业务活动，因此销售原材料、包装物取得的收入属于“其他业务收入”核算的范围，当企业从事其他销售活动时，使企业的“其他业务收入”增加，记入该账户的贷方，同时，若收到款项使企业的银行存款增加，记入“银行存款”账户的借方。

【例 4-29】2012 年 12 月 20 日，天一公司出售一批原材料，售价 8 000 元，增值税税率 17%。款已收到存入银行。

企业出售原材料，使库存材料减少，记入“原材料”账户的贷方，另一方面使材料销售成本增加，根据配比原则，记入“其他业务成本”账户借方。

借：银行存款　　　　9 360

　贷：其他业务收入　　　　8 000

　　　应交税费——应交增值税（销项税额）　　　　1 360

企业出售原材料，使库存材料减少，记主“原材料”账户的贷方，另一方面使材料销售成本增加，根据配比原则，记入“其他业务成本”账户借方。

企业出售原材料，使库存材料减少，记入“原材料”账户的贷方，另一方面使材料销售成本增加，根据配比原则，记录“其他业务成本”账户借方。

【例 4-30】2012 年 12 月 31 日，结转已售原材料的实际成本 6 000 元。

借：其他业务成本　　　　6 000

　贷：原材料　　　　6 000

4.5 利润形成及其分配业务的核算

4.5.1 利润形成及分配的内容

1. 利润的形成

利润是企业一定期间生产经营活动最终财务成果，是收入扣减费用后所剩余的差额。收入如大于费用，净剩余为正，形成赢利；反之，则为亏损。为了准确地反映企业利润的形成过程，分析企业各项经营活动对利润的影响，可根据利润形成原因的不同，将其分为营业利润和营业外收支两部分。其中，营业利润是由企业的经营活动所形成的，它应当是企业利润的主要来源；营业外收支则是那些企业无法控制的收支项目所形成的结果，如固定资产报废损失、自然灾害损失等。这部分收支不像营业利润可以经常性、重复性发生，它在利润中应占比重不大。

利润相关计算公式如下。

（1）营业利润

营业利润=营业收入−营业成本−营业税金及附加−销售费用−管理费用−财务费用−资产减值损失+公允价值变动收益（−公允价值变动损失）+投资收益（−投资损失）

其中，营业收入是指企业经营业务所确认的收入总额，包括主营业务收入和其他业务收入。

营业成本是指企业经营业务所发生的实际成本总额，包括主营业务成本和其他业务成本。

资产减值损失是指企业计提各项资产减值准备所形成的损失。

公允价值变动收益（或损失）是指企业交易性金融资产等公允价值变动形成的应计入当期损益的利得（或损失）。

投资收益（或损失）是指企业以各种方式对外投资所取得的收益（或发生的损失）。

（2）利润总额

利润总额=营业利润+营业外收入−营业外支出

其中，营业外收入是指企业发生的与其日常生产经营活动没有直接关系的各项利得。营业外支出是指企业发生的与其日常生产经营活动没有直接关系的各项损失。虽然营业外收入和营业外支出与企业的生产经营活动没有直接联系，但是从企业主体来看，也是增加或减少利润的因素，对企业的利润总额及净利润产生一定的影响。

（3）净利润

净利润是企业当期利润总额减去所得税费用后的金额，即企业的税后利润，用公式表示为

净利润=利润总额−所得税费用

其中，所得税费用是指企业确认的应从当期利润总额中扣除的所得税费用。

2. 利润的分配

企业的净利润形成以后，必须按规定对其进行分配，首先必须按净利润的 10%提取法定盈余公积金，然后向投资者分配利润。具体分配顺序如下。

（1）弥补以前年度的亏损

企业形成的利润如果以前年度有亏损，先要弥补以前年度的亏损。在弥补亏损时，可以先用税前利润弥补，但是税前利润弥补亏损的时间最长不超过五年。五年仍然弥补不了的可用税后利润弥补，也可以用盈余公积弥补亏损。

（2）提取法定盈余公积金

法定盈余公积是企业按照一定的比例从税后利润中提取的用于生产经营的资金。法定公积金一般按本年净利润 10%的比例提取，主要用于弥补企业亏损和转增资本金。当提取的法定公积金累计额已达公司注册资本的 50%以上时，可不再提取。

（3）提取任意盈余公积金

企业在提取法定公积金后，根据公司章程规定的比例或股东大会决定的比例，可以从税后利润中提取任意公积金。任意盈余公积金根据公司的需要提取，可以提也可以不提。

（4）分配投资者利润

企业提取公积金后的剩余利润，加上以前年度结余的未分配利润，可向投资者分配。向投资者分配后的剩余利润，即为本年度的未分配利润。企业本年度的未分配利润可留到以后年度分配；企业如果发生亏损，可以按规定由以后年度利润进行弥补。利润分配具有很强的政策性，关系到企业、投资者、职工等各方面的利益。

4.5.2 利润形成及分配的账户设置

（1）“营业外收入”账户

该账户用于核算企业取得的、与生产经营没有直接关系的各项收入，如因某种原因无法偿还的债务。其贷方登记取得的营业外收入；借方登记转入“本年利润”账户的数额；期末结转后无余额。本账户应按收入项目设置明细账。

（2）“营业外支出”账户

该账户用于核算企业发生的与生产经营没有直接关系的各项支出，例如，对外捐赠支出、固定资产报废损失、自然灾害损失等。其借方登记已发生的营业外支出；贷方登记转入“本年利润”账户的数额；期末结转后无余额。本账户应按支出项目设置明细账。

（3）“本年利润”账户

该账户是一个过渡性账户。用于计算会计年度内累计实现的利润（或亏损）总额。其贷方登记期末从收入类账户转入的利润增加项目的金额，如产品销售收入、投资收益等；借方登记期末从成本、费用类账户转入的利润减少项目的金额；期末如借方金额大于贷方金额，表明当年发生亏损，应从贷方转入“利润分配”账户；反之，如贷方金额大于借方金额，表明实现利润，通过借方结转至“利润分配”账户。结转后，本账户应无余额。

（4）“管理费用”账户

该账户用来核算企业为组织和管理企业生产经营所发生的管理费用。该账户属于损益类账户中支出性质的账户，其借方登记企业发生的各项管理费用；贷方登记期末转入“本年利润”账户的本期管理费用的数额；期末结转后本账户应无余额。

（5）“财务费用”账户

该账户用来核算企业为筹集生产资金等而发生的费用的账户。该账户属于损益类账户中支出性质的账户，其借方登记企业发生的各项财务费用；贷方登记期末转入“本年利润”

账户的本期财务费用数额；期末结转后本账户应无余额。

（6）“所得税费用”账户

该账户用于核算企业按规定计算的应上交国家的所得税额。其借方登记当期应缴纳的所得税额；贷方登记期末转入“本年利润”账户的金额；期末结转后应无余额。

（7）“利润分配”账户

年度终了，企业将本年实现的税后净利润转入本账户时，应贷记本账户；如为亏损总额，则借记本账户；企业按国家规定提留盈余公积金、向股东分发股利、提留部分盈余用作扩大再生产等，都通过借方核算。该账户如最终余额在贷方，表明企业尚余部分利润未分配；如余额在借方，表明企业处于亏损状态。为详细反映每项利润分配情况，该账户一般按所分配项目开设明细账。

（8）“盈余公积”账户

该账户用来核算企业从税后利润中提取的各种盈余公积，包括法定盈余公积和任意盈余公积。该账户属于所有者权益类账户，其贷方登记提取的盈余公积，借方登记盈余公积的支付数额，期末贷方余额表示盈余公积的结余数额。

（9）“应付利润”（或“应付股利”）账户

该账户用来核算企业应付给投资者的现金股利或利润。该账户属于负债类账户，其贷方登记计算出的应付给投资者的现金股利或利润；借方登记已实际支付的现金股利或利润；期末贷方余额，表示尚未支付的现金股利或利润。

需要说明的是，与核算利润相关的还有“投资收益”、“公允价值变动损益”、“资产减值损失”等账户，由于在基础会计中不涉及此类账户的业务，所以在此不再介绍。

4.5.3　利润形成的会计处理

经过上面的分析，企业利润的形成有营业利润、利润总额和净利润三个层次。营业利润是企业经营成果的表现，上一节内容我们已经讲解了收入的核算以及成本的结转，但是企业经营过程中还可能发生一些与企业的生产经营没有直接关系的支出，我们称之为期间费用。另外利润总额是在营业利润的基础上加减营业外收支净额的结果。

1．营业外业务的核算

（1）营业外收入的核算

营业外收入并不是企业经营资金耗费所产生的，不需要企业付出代价，也不需要与有关的费用进行配比，它是企业经济利益的净流入。营业外收入主要包括非流动资产处置利得、盘盈利得、罚没利得、捐赠利得、债务重组等。

当企业取得营业外收入时，一方面确认为企业的利得，记入“营业外收入”账户，另一方面增加企业的资产或者减少企业的负债。

【例 4-31】2012 年 12 月 18 日，天一公司与实信公司签订一项合同，结果实信公司违约，天一公司取得合同违约罚款收入 1 000 元存入银行。

借：银行存款　　　　1 000

　贷：营业外收入　　　　1 000

【例 4-32】2012 年 12 月 29 日，天一公司原欠新新公司一笔货款 1 000 元，因新新公司撤销已无法偿还，转为营业外收入。

这笔无法偿还的应付款，是一项意外的、与正常经营活动没有直接关系的收入，应作为营业外收入的增加，贷记“营业外收入”账户；另一方面，应付账款相应减少，应借记“应付账款”账户。编制会计分录如下：

借：应付账款——新新公司　　　　　　　　　　1 000

　贷：营业外收入　　　　　　　　　　　　　　　1 000

（2）营业外支出的核算

营业外支出主要包括非流动资产处置损失、盘亏损失、罚款支出、公益性捐赠支出、非常损失等。

企业产生这些营业外支出时，一方面确认企业的损失，记入“营业外支出”账户，另一方面确认企业的资产的减少或者负债的增加。

【例 4-33】 2012 年 12 月 8 日，天一公司向希望工程捐赠 3 000 元，已通过银行付讫。

通常的交易是双向的，即：付出一定量的货币或货物，收到相应数量的货币或货物。对外捐赠则不同，它是单向的，目的并非取得某项收益，是一项与正常生产经营没有直接关系的支出，会计上将其列为营业外支出的增加。应借记“营业外支出”账户，贷记“银行存款”账户。编制会计分录如下：

借：营业外支出　　　　　　　　　　　　　　3 000

　贷：银行存款　　　　　　　　　　　　　　　　3 000

2．期间费用的核算

企业在生产经营的过程中，除发生与生产产品相关的生产费用外，还会发生一些与生产产品没有直接关系的费用，如企业管理人员的办公费、差旅费等，我们称之为期间费用。这些费用由于不能较合理准确归属于某个特定产品，所以会计制度规定这些费用不能计入产品成本，而应在发生时直接计入当期损益。期间费用包括管理费用、销售费用和财务费用。

管理费用是指企业为组织和管理企业生产经营所发生的各种费用。包括企业董事会和行政管理部门在企业的经营管理中发生的，或者应由企业统一负担的公司经费（包括行政管理部门职工工资、修理费、物料消耗、低值易耗品摊销、办公费和差旅费等）、工会经费、待业保险费、劳动保险费、董事会会费（包括董事会成员津贴、会议费和差旅费等）、聘请中介机构费、咨询费（含顾问费）、诉讼费、业务招待费、房产税、车船使用税、土地使用税、印花税、技术转让费、矿产资源补偿费、无形资产摊销、职工教育经费、研究与开发费、排污费、存货盘亏或盘盈（不包括应计入营业外支出的存货损失）等。

销售费用是指企业销售过程中发生的费用，包括运输费、装卸费、包装费、保险费、展览费和广告费以及为销售本企业产品而专设的销售机构（含销售网点、售后服务网点等）的职工工资及福利费、类似工资性质的费用、业务费等经营费用。

财务费用是指企业为筹集生产经营所需资金等而发生的费用，包括利息支出（减利息收入）、汇兑损失（减汇兑收益）以及相关的手续费等。

当企业发生与生产产品没有直接关系的期间费用时，根据费用的性质和目的不同，可以分别记入“管理费用”、“销售费用”和“财务费用”账户，期末的时候，再将这些期间费用汇总转到本年利润，结转完后，这些账户的余额为零。

【例 4-34】2012 年 12 月 20 日，天一公司接到水电公司付款通知，应付车间耗用水电费计 100 000 元，行政管理部门耗用水电费计 20 000 元，企业已经通过银行支付。

借：制造费用　　100 000
　　管理费用　　20 000
　贷：银行存款　　120 000

【例 4-35】2012 年 12 月 18 日，天一公司以现金 800 元购买办公用品直接被车间和行政管理部门领用，其中：车间 200 元，行政管理部门 600 元。

借：制造费用　　200
　　管理费用　　600
　贷：库存现金　　800

【例 4-36】2012 年 12 月 12 日，天一公司行政管理部门员工李明出差，预借差旅款 2 000 元，以现金支付。

借：其他应收款——李明　　2 000
　贷：库存现金　　2 000

【例 4-37】2012 年 12 月 18 日，李明出差回来后，到公司报销差旅费 1 800 元，交回现金 200 元，结清前借款项。

借：管理费用　　1 800
　　库存现金　　200
　贷：其他应收款——李明　　2 000

3．利润形成的核算

如前所述，企业本期实现的各项收入和利得以及相关的成本费用已分别反映在不同的账户上，因此，在会计期末，企业要按一定的程序对损益类账户中所归集的这些收入、利得以及成本费用进行分析，以计算本期的利润额或亏损额，确认本期经营成果。

企业计算利润的方法有两种；账结法和表结法。账结法是指会计期末（一般指月末）将各损益类账户中所归集的发生额分别结转到“本年利润”账户的借方和贷方，并通过借贷相抵结算出当期的利润总额和净利润。表结法是在每个会计期末直接根据各损益类账户中所归集的发生额编制利润表，计算确定当期的利润总额和净利润。账结法和表结法的主要区别在于：账结法下每个会计期末都要将各损益类账户结转到本年利润账户中，损益类账户月末没有余额。利润表上本年利润账户填列的是账户实际余额。而表结法则是在 1～11 月份间，各损益类账户的余额在账务处理上暂不结转至“本年利润”，而是在直接根据利润的定义结出净利润，然后将净利润在资产负债表中的“未分配利润”行中列示。到 12 月份年终结算时，再将各损益类账户的余额结转至“本年利润”，结转后各损益类账户的余额为零，同时也不产生凭证，只是把数据库中的损益账户结转到下一个年度。

对于利润形成业务的核算，首先，应该结转各损益类科目，将损益类账户的发生额结转到“本年利润”账户中，从而计算税前利润（或者亏损）；其次，确定企业当期的所得税费用，同时将所得税费用结转到“本年利润”账户中去，计算本期的净利润；最后，将本期所实现的净利润结转到“利润分配——未分配利润”账户，并据以进行后续的利润分配。具体的处理过程如下：

① 将各损益类账户结转至本年利润账户。

首先，归集本期收入类账户：

主营业务收入	
	【例 4-24】120 000
	【例 4-25】532 000
	652 000

其他业务收入	
	【例 4-29】8 000
	8 000

营业外收入	
	【例 4-31】1 000
	【例 4-32】1 000
	2 000

然后，根据收入类账户的发生额，编制如下会计分录：

	借方	贷方
借：主营业务收入	652 000	
其他业务收入	8 000	
营业外收入	2 000	
贷：本年利润		662 000

② 结转成本费用类账户

首先，归集本期发生的所有费用类账户：

管理费用	
【例 4-14】4 000	
【例 4-15】50 000	
【例 4-16】7 000	
【例 4-19】3 000	
【例 4-20】1 000	
【例 4-21】750	
【例 4-34】20 000	
【例 4-35】600	
【例 4-37】1 800	
88 150	

销售费用	
【例 4-26】300	
300	

营业税金及附加	
【例 4-27】3 500	
3 500	

营业外支出	
【例 4-33】3 000	
3 000	

财务费用	
【例 4-3】1 000	
【例 4-4】12 000	
13 000	

主营业务成本	
【例 4-28】384 880	
384 880	

其他业务成本	
【例 4-30】6 000	
6 000	

然后，根据费用类账户的发生额，编制如下会计分录

	借方	贷方
借：本年利润	498 830	
贷：主营业务成本		384 880
其他业务成本		6 000

营业税金及附加　　　　3 500
管理费用　　　　88 150
销售费用　　　　300
财务费用　　　　13 000
营业外支出　　　　3 000

③ 计算并结转本期所得税

所得税是企业使用政府所提供的各种服务而向政府应尽的义务。2008 年 1 月 1 日正式执行的《新企业所得税法》规定，企业适用的税率通常为 25%，微利企业为 20%。

2012 年 12 月 31 日，计算并结转天一公司本年所得税。假定天一公司适用的所得率为 25%。

天一公司本年利润总额=662 000−498 830=163 170 元

天一公司本年应交所得税=163 170×25%=40 792.5 元

借：所得税费用　　　　40 792.5
　贷：应交税费——应交所得税　　　　40 792.5

④ 同时，还应将“所得税费用”账户冲减“本年利润”账户：

借：本年利润　　　　40 792.5
　贷：所得税费用　　　　40 792.5

至此，本年利润账户的余额反映的就是企业的净利润。

天一公司本年净利润=163 170−40 792.5=122 377.5 元

4.5.4 利润分配的核算

经过上述过程，企业的利润就形成了，并且反映在“本年利润”账户。然后企业就要进行利润分配业务的核算。由于企业实际在分配时是通过“利润分配”账户来核算的，而利润的形成是反映在“本年利润”账户，因而在分配之前首先要将“本年利润”转到“利润分配”账户。然后根据利润分配的顺序，首先提取盈余公积，然后分配投资者利润。

① 首先，结转本年利润账户，将“本年利润”账户余额转入“利润分配”账户。

借：本年利润　　　　122 377.5
　贷：利润分配——未分配利润　　　　122 377.5

② 其次，提取盈余公积。

假定 2012 年 12 月 31 日，天一公司按税后净利润的 10%提取盈余公积。

企业的利润总额扣减所得税后为净利润，在向投资者分配利润之前，为了保证企业资本的保值与增值，应提取盈余公积作为企业的发展和后备基金。这部分盈余公积的提取和使用，可设置“盈余公积”账户加以反映，贷方登记所计提增加的盈余公积；借方登记使用转出的盈余公积，余额在贷方，表示已提取尚未使用的盈余公积。

应提取的盈余公积：122 377.5×10%=12 237.75 元

编制会计分录如下：

借：利润分配——提取盈余公积　　　　12 237.75
　贷：盈余公积　　　　12 237.75

③ 分配投资者利润。

假定2012年12月31日，经董事会批准，天一公司将企业净利润的50%分配给投资者。

向投资者分配利润，是投资者出资经营并承担风险的回报。从企业来看，应通过“利润分配”账户完整地反映向投资者分配利润这一业务；本例中假定尚未实际向投资者支付现金，利润分配的宣布，导致企业负债的增加。

应分配的股利为：122 377.5×50%=61 188.75元。编制会计分录如下：

借：利润分配——应付利润　　　　61 188.75

　贷：应付利润　　　　61 188.75

④ 结转“利润分配”账户的各有关明细账。

通过上笔业务，企业已经将本年度形成的本年利润转到了“利润分配——未分配利润”账户。但是企业在进行利润分配时，是通过“利润分配——提取盈余公积”、“利润分配——应付利润”等明细账户进行的，并没有减少“利润分配——未分配利润”明细账户，所以还需要结转“利润分配”账户的各有关明细账。经过此步调整之后，“利润分配——未分配利润”账户的余额就是留在企业待分配的利润。

借：利润分配——未分配利润　　　　73 426.5

　贷：利润分配——提取盈余公积　　　　12 237.75

　　　利润分配——应付利润　　　　61 188.75

重要概念

实收资本、短期借款、长期借款、原材料、固定资产、应付账款、应付票据、生产成本、制造费用、管理费用、财务费用、销售费用、累计折旧、库存商品、应付职工薪酬、主营业务收入、主营业务成本、其他业务收入、其他业务成本、营业税金及附加、应收账款、应收票据、预收账款、营业外收入、营业外支出、本年利润、所得税费用、应交税费、盈余公积、应付股利、利润分配

要点回顾

（1）工业企业的生产经营活动主要包括筹集资金、生产准备（采购）、生产、销售和利润形成与分配等内容。

（2）可供企业运用的资金来源主要是两方面：一是投资者投入的资本金，二是向债权人借入的款项。投资者投入的资本金，在会计上称为“实收资本”；向企业提供借款的债权人主要是银行或非银行金融机构，企业取得的借款分为长期借款和短期借款。

（3）采购业务的基本内容包括：企业与供货单位或其他有关单位签订购销合同，并按合同的规定办理款项的结算。这中间除了要支付所购货物的价款和增值税以外，还要支付与购进货物有关的运输费、装卸费、保险费、包装费等各种采购费用。不同的货款结算方式需要不同的会计处理。采购业务还涉及采购成本的计算。

（4）生产业务主要涉及产品制造成本的归集和核算以及为组织管理生产经营所发生的与产

品生产无直接关系的管理费用、财务费用等的核算。

（5）销售业务是指从产成品完工并验收入库、形成库存商品开始，至将库存商品出售给买方为止的全部业务。销售业务主要涉及销售收入的核算，不同货款结算方式需要不同的会计处理。此外，销售业务还包括销售成本、销售费用及流转税等的核算。

（6）利润业务的基本内容包括利润的形成和利润的分配两个部分。利润是企业在一定会计期间的经营成果，包括营业利润、利润总额和净利润。企业取得的净利润加上年初留存的未分配利润形成可供分配的利润。可供分配的利润应当按规定进行分配。

复习思考题

1. 资金筹集业务应设置哪些主要账户？这些账户的核算特点如何？
2. 供应过程应设置哪些账户？这些账户的核算特点如何？
3. 生产过程应设置哪些账户？这些账户的核算特点如何？
4. 销售过程应设置哪些账户？这些账户的核算特点如何？
5. 利润有哪三种形式？分别应如何计算？
6. 简述利润分配的基本顺序。
7. 简述“本年利润”账户和“利润分配”账户的核算特点。

练习题

一、单项选择题

1. 产品制造企业因采购材料而发生的装卸费用，支付时应计入（　　）账户。
   A. 产品生产成本　　B. 库存商品成本
   C. 材料采购成本　　D. 产品销售成本
2. 能够直接确定并计入某种产品成本的费用为（　　）。
   A. 制造费用　　B. 间接费用　　C. 直接费用　　D. 期间费用
3. 为了反映企业库存材料的增减变化及其结存情况，应设置（　　）账户。
   A. 原材料　　B. 库存材料　　C. 在途物资　　D. 存货
4. 企业行政管理部门为组织和管理生产经营活动而发生的各项费用为（　　）。
   A. 制造费用　　B. 直接费用　　C. 管理费用　　D. 销售费用
5. 企业收到投资人的资本时，应贷记（　　）。
   A. 资本公积　　B. 盈余公积　　C. 实收资本　　D. 短期投资

二、多项选择题

1. 下列项目中，属于利润分配内容的有（　　）。
   A. 计算所得税费用　　B. 提取法定盈余公积
   C. 向投资者分配利润　　D. 提取任意盈余公积
   E. 弥补上年度亏损

2. 下列账户在期末结转后通常无余额的有（　　）。

A. 生产成本　　B. 制造费用　　C. 管理费用

D. 财务费用　　E. 库存商品

3. 下列各业务中，通过“应付账款”科目核算的经济业务有（　　）。

A. 欠职工个人报销款　　B. 应付供货方代垫的运费

C. 应付材料采购款　　D. 收取的包装物押金

E. 欠基建工程队工程款

4. 供应过程核算通常应设置的账户主要有（　　）。

A. 原材料　　B. 在途物资　　C. 应交税费

D. 应收账款　　E. 银行存款

5. 产品制造企业的主要经营过程包括（　　）。

A. 预测过程　　B. 供应过程　　C. 生产过程

D. 销售过程　　E. 核算过程

三、判断题

1. 从理论上讲，采购人员的差旅费应该构成材料采购成本的内容，我国会计制度规定，为简化核算工作，采购人员的差旅费不构成材料采购成本，直接记入管理费用。（　　）

2. 核算企业向银行或其他金融机构借入的款项，应通过“短期借款”或“长期借款”账户进行核算。（　　）

3. 构成产品制造成本的是“直接材料”、“直接人工”两个项目，“制造费用”属于管理费用，不构成产品成本。（　　）

4. 凡是由本期产品负担的费用，应按实际支付数全部计入本期成本。（　　）

5. 财务成果是企业生产经营活动的最终成果，即利润或亏损。（　　）

四、业务题

1. 练习筹集资金业务核算。

天一公司 2012 年 12 月份发生经济业务如下：

（1）12 月 1 日，投资者王昆向企业投入现金 20 000 元；

（2）12 月 1 日，向银行借入期限为 3 个月的短期借款 150 000 元，到期一次性还本付息；

（3）12 月 15 日，投资者张三向企业投入材料一批，经评估，价值为 50 000 元；

（4）12 月 10 日，联合公司向企业投入全新机器一台，价值 10 000 元；

（5）12 月 30 日，结算本月借入的短期借款产生的利息 3 000 元。

要求：根据上述资料编制相关会计分录。

2. 练习供应过程业务核算。

天一公司 2012 年 12 月份发生下列经济业务：

（1）向新华公司购进甲材料 200 吨，单价 100 元，增值税 3 400 元，材料已验收入库，货款 23 400 元已由银行存款支付；

（2）向光明公司购入甲材料 300 吨，单价 100 元；向月华公司购入甲材料 500 吨，单价 100 元，增值税率 17%，材料已验收入库，货款尚未支付；

（3）以银行存款 1 000 元支付上述购买甲材料的运杂费；

（4）向八一公司购进乙材料 1 000 公斤，单价 2 元；购进丙材料 100 公斤，单价 5 元，增值税率 17%；材料已验收入库，货款已由银行存款支付；

（5）以现金支付八一公司上述材料运杂费 33 元（按重量比例分配）；

（6）以银行存款偿还前欠光明公司 35 100 元和月华公司 58 500 元的材料款；

（7）向宏兴公司购入甲材料 500 吨，单价 120 元，增值税 10 200 元，货款已由银行存款支付，但至月底材料尚未到达；

（8）结转上述各种入库材料的实际成本。

［要求］：1. 登记会计分录；

2. 根据会计分录登记有关“材料采购明细分类账”；

3. 编制“材料采购成本计算表”

3. 练习生产过程业务核算

天一公司 2012 年 12 月份发生下列经济业务：

（1）本月发出甲种钢材 100 吨，每吨 1 190 元。其中，A 产品生产用 50 吨，B 产品用 45 吨，车间一般耗用 2 吨，行政管理部门维修用 3 吨。

（2）财务科以现金 100 元购买办公用品。其中，车间办公室用 40 元，行政科室用 60 元。

（3）以银行存款 5 650 元支付本月电费 5 000 元和增值税进项税额 650 元。其中，生产产品用 4 000 元（A 产品用 2 500 元，B 产品用 1 500 元），车间一般耗用 400 元，行政管理部门用 600 元。

（4）从银行提取现金 20 000 元，以备发放本月职工工资。

（5）发放本月职工工资。

（6）按下列工资用途分配并结转本月工资：

A 产品生产工人工资	9 000 元
B 产品生产工人工资	8 000 元
车间管理人员工资	1 000 元
行政管理人员工资	2 000 元
合　　计	20 000 元

（7）按工资总额的 14%计提本月职工福利费。

（8）厂长助理李月预借差旅费 200 元。

（9）职工王强报销药费 60 元，以现金支付。

（10）以 150 元现金支票购买行政办公用品。

（11）月末，李月出差回来报销差旅费 180 元，交回余款现金 20 元。

［要求］根据上述资料编制相应的会计分录。

4. 练习销售过程业务的核算。

天一公司 2012 年 12 月份发生下列销售业务：

（1）销售给光明公司 A 产品 50 台，单价 1000 元；B 产品 40 台，单价 1500 元。增值税销项税额 18 700 元，货款通过银行收讫。

（2）销售给上海机器厂 A 产品 100 台，单价 1000 元；B 产品 20 台，单价 1500 元。增值税销项税额 22 100 元，货款尚未收到。

（3）上海机器厂以一张 1 个月期限的商业承兑汇票来抵偿前欠的货款 1 521 000 元。

（4）以银行存款支付销售A、B产品的装运费500元。

（5）签发2 000元支票一张支付报社广告费。

（6）月末，将售出的A产品150台（每台实际成本600元），B产品60台（每台实际成本800元）的实际成本结转记入“主营业务成本”账户。

（7）月末，计提销售过程中应缴纳的城市维护建设税2 856元，教育费附加1 224元。

［要求］根据上述资料编制相应的会计分录。

5. 财务成果核算

天一公司2012年12月份有关账户期初余额如下：

（1）原材料——甲材料，期初结存3 000千克，单位成本100元，金额为300 000元。

（2）产成品期初余额为580 000元。其中：

库存商品	期初库存	单位成本	总成本
A产品	100台	1 800	180 000
B产品	200台	2 000	400 000

该工厂12月份发生下列经济业务：

（1）3日，生产车间领用甲材料1240千克，其中，生产A产品耗用1200千克，B产品耗用30千克，车间一般性消耗10千克，单位成本100元。

（2）4日，生产车间领用甲材料880千克，单位成本100元，全部用于生产B产品。

（3）6日，以现金支付生产车间机器修理费800元。

（4）8日，收到某购货单位罚金500元，收到现金。

（5）10日，用支票1000元购买办公用品。

（6）13日，收取本月出租包装物租金2000元，存入银行。

（7）14日，销售A产品80台，单位售价2800元，销售B产品150台，单位售价2850元，增值税110755元。货款及税金收到，已存入银行。

（8）14日，用银行存款支付为销售产品而发生的运杂费1000元。

（9）16日，用银行存款支付为销售产品而发生的广告费3000元。

（10）31日，分配本月工资费用150000元，其中，生产A产品工人工资60000元，B产品60000元，车间管理人员工资10000元，行政管理人员工资20000元。按工资总额的14%提取职工福利费。

（11）31日，计提本月负担的借款利息4 000元。

（12）31日，计提本月固定资产折旧20 000元，其中，车间应计提12 000元，厂部应计提8 000元。

（13）31日，分配并结转本月制造费用（按工资比例）。

（14）31日，本月投入生产的A产品100台，B产品80台已全部完工，结转其实际制造成本（假设月初“生产成本”账户无余额）。

（15）31日，结转本月销售的A产品80台，B产品150台的实际成本。

（16）31日，将本月收入、费用转入“本年利润”账户，计算本月实现的利润总额。

（17）31日，按25%计算所得税，并结转。

（18）31日，按10%提取法定盈余公积，5%提取任意公积。

［要求］根据上述资料做出相应的会计分录。

案例分析

小王是一名大学生，他决定利用暑假期间勤工俭学，开办一家少儿暑假寄托以及提供教育等业务的服务公司。7 月 1 日，小王成立了好好服务公司，小王将自有积蓄 3 000 元全部投入，又从朋友那里借入资金 2 000 元，作为经营资金。为开展经营，小王租了一套租赁期为两个月的房间，每月租金 300 元，先预付 500 元。

该服务公司 7 月份发生以下业务：

（1）支付广告宣传费 200 元；

（2）租用办公桌一张，月租金 50 元，到期一次性支付；

（3）现款购入各种少儿读物 1000 套，共计 400 元；

（4）现款购入数把儿童椅子，总成本 1000 元；

（5）在小王外出联系业务时，请了一名临时工来帮忙，月薪为 300 元；

（6）支付各种杂费 50 元；

（7）取得寄托收入 2500 元；

（8）取得入托少儿的学杂费收入 2300 元；

（9）7 月份，小王个人支用服务公司现金 300 元；

（10）支付给朋友借款利息 50 元。

7 月 31 日暑假结束，小王将少儿读物全部送给孩子们，并将数把椅子出售得款 600 元。

请你帮小王完整地记录好好服务公司 7 月份发生的全部经济业务，并计算好好公司 7 月份的经营成果，确定是亏损还是盈利。

第5章

会计凭证

学习目标

通过本章内容的学习，能够理解会计凭证的概念、作用；掌握原始凭证与记账凭证的种类、应具备的内容；熟练掌握原始凭证与记账凭证的填制方法；理解会计凭证的审核内容以及审核结果的处理；理解会计凭证传递线路设计要点；了解如何保管会计凭证。

5.1 会计凭证概述

5.1.1 会计凭证的含义

会计凭证是记录经济业务、明确经济责任的书面证明，也是据以登记账簿的依据。任何单位进行会计核算，必须要取得或填制会计凭证。

5.1.2 会计凭证的作用

会计人员可以根据会计凭证，对日常大量、分散的各种经济业务，进行整理、分类、汇总、并经过会计处理，为经济管理提供有用的会计信息。合法地取得、正确地填制和审核会计凭证是会计核算的一种专门方法，是会计基础工作的基本内容之一，也是进行会计核算工作的第一步，因此，对于会计核算工作和会计信息质量具有至关重要的影响和作用。归纳会计凭证的作用主要体现为以下三方面。

1．监督、控制经济活动

通过会计凭证的审核，可以检查经济业务的发生是否符合国家有关的法律、法规的规定，是否符合企业各项规章制度的规定，以及时发现单位经济管理上的不足之处，从而采取必要的措施来改进工作，确保经济业务的合理、合法和有效性。

2．提供记账依据

会计凭证是记账的依据。通过会计凭证的填制与审核，按照一定的方法对会计凭证及时传递，对经济业务进行适时的记录。

3．加强经济责任制

利用凭证填制、审核的手续制度可以加强经济责任制。经济业务发生或完成后，需取得或填制适当的会计凭证，证明经济业务已经发生或完成；同时要由有关人员，在凭证上签字、盖章，使有关责任人在其职权范围内各负其责，尽量减少错误或舞弊的发生。

5.1.3 会计凭证的种类

企业发生的经济业务内容非常复杂丰富，用以记录、监督经济业务的会计凭证，也必然是五花八门。为了具体地认识、掌握和运用会计凭证，我们需要对会计凭证加以分类。

按照会计凭证的填制程序和用途可分为原始凭证和记账凭证两类。

1. 原始凭证的分类

原始凭证，又称单据，是在经济业务发生时，由业务经办人员直接取得或者填制、用以表明某项经济业务已经发生或完成并明确有关经济责任的一种凭证。如出差乘坐的车船票、采购材料的发货票、到仓库领料的领料单等，都是原始凭证。原始凭证是填制记账凭证或登记账簿的原始依据，是重要的会计核算资料。各单位在经济业务发生时，不但必须取得或填制原始凭证，还应该将原始凭证及时送交本单位的会计机构或者专职的会计人员，以保证会计核算工作的顺利进行。

（1）原始凭证按其取得的来源不同，可以分为自制原始凭证和外来原始凭证两类

① 自制原始凭证。自制原始凭证是指在经济业务发生或完成时，由本单位的经办人员自行填制的原始凭证，如收料单、领料单、产品入库单等。

② 外来原始凭证。外来原始凭证，是指在同外单位发生经济往来关系时，从外单位取得的凭证。如企业购买材料、商品时，从供货单位取得的发货票。

（2）原始凭证按其填制手续不同，又可分为一次凭证、累计凭证、汇总原始凭证三类

① 一次凭证。一次凭证是指对于所发生或完成的经济业务，每次或每笔只填制一份的凭证，外来原始凭证多为一次凭证。一次凭证的特点在于其填制手续是一次完成的。如企业购进的材料验收入库，由仓库保管员填制的“收料单”；车间或班组领用材料时填制的“领料单”；以及报销人员填制的、出纳人员据以付款的“报销凭单”等，都是一次凭证。

② 累计凭证。累计凭证是指为了简化填制手续，对在一定时期内连续发生的同类经济业务，逐次逐笔累计，集中填制一份的凭证。累计凭证的特点在于其是在一定期间内，连续多次记载若干不断重复发生的同类经济业务，凭证需多次填制才能完成，以累计数作为记账依据，如工业企业常用的限额领料单等。

③ 汇总原始凭证。又称原始凭证汇总表，是指在会计核算工作中，为简化记账凭证的编制工作，将一定时期内若干份记录同类经济业务的原始凭证按照一定的管理要求汇总编制一张汇总凭证，用以集中反映某类经济业务总括发生情况的会计凭证，如“发料凭证汇总表”、“收料凭证汇总表”等。汇总原始凭证在大中型企业中使用得非常广泛。

画龙点睛

汇总原始凭证只能将同类内容的经济业务汇总填列在一张汇总凭证中。在一张汇总凭证中，不能将两类或两类以上的经济业务汇总填列。

2. 记账凭证的分类

记账凭证，又称分录凭证，是指依据审核无误的原始凭证或原始凭证汇总表，按照经济业务内容加以分类，据以确定会计分录，并作为登记账簿依据的一种会计凭证。

（1）记账凭证按其填制方式的不同，可以分为复式记账凭证和单式记账凭证两类

① 复式记账凭证。复式记账凭证是把一项经济业务完整地填列在一张记账凭证上，即该项经济业务所涉及的所有会计科目在一张记账凭证中集中反映。

② 单式记账凭证。单式记账凭证是在一张记账凭证上只填列每笔会计分录中的一方科目，其对应科目只作参考，不据以记账。填列借方科目的称为借项记账凭证，填列贷方科目的称为贷项记账凭证。

由于一张凭证只填列一个会计科目，因此使用单式记账凭证便于汇总每个会计科目的发生额，便于分工记账，但填制工作量大，在一张凭证上反映不出经济业务的全貌，不便于查账。

（2）记账凭证按其用途的不同，可分为专用记账凭证和通用记账凭证两类

① 专用记账凭证。专用记账凭证是指分类反映经济业务的记账凭证。这种记账凭证按其反映经济业务内容的不同，又分为收款凭证、付款凭证和转账凭证。

（a）收款凭证。收款凭证是用以反映现金和银行存款收入业务的记账凭证，根据货币资金收入原始凭证填制而成。

（b）付款凭证。付款凭证是用以反映现金和银行存款支出业务的记账凭证，根据货币资金支出原始凭证填制而成。

（c）转账凭证。转账凭证是用以反映与现金和银行存款收付无关的转账业务的凭证，根据有关转账业务的原始凭证填制而成。

为便于识别，收款凭证、付款凭证和转账凭证一般分别印刷成不同颜色。在会计实务中，某些经济业务既是货币资金收入业务，又是货币资金支出业务，比如现金和银行存款之间的划转业务。为了避免记账重复，对于这类业务一般只编制付款凭证，如从银行提取现金时，编制银行存款付款凭证。

② 通用记账凭证。通用记账凭证是指用来反映所有经济业务的记账凭证，为各类经济业务所共同使用，因此也称标准凭证，其格式一般与转账凭证的格式相同。

（3）记账凭证按其是否经过汇总，可以分为汇总记账凭证和非汇总记账凭证两类

① 非汇总记账凭证

非汇总记账凭证，是没有经过汇总的记账凭证，前面介绍的收款凭证、付款凭证和转账凭证以及通用记账凭证都是非汇总记账凭证。

② 汇总记账凭证。汇总记账凭证是根据非汇总记账凭证按一定的方法汇总填制的记账凭证。汇总记账凭证按汇总方法不同，可分为分类汇总和全部汇总两种。

（a）分类汇总凭证。分类汇总凭证是根据一定期间的记账凭证按其种类分别汇总填制的，如根据收款凭证汇总填制的“库存现金汇总收款凭证”和“银行存款汇总收款凭证”；根据付款凭证汇总填制的“库存现金汇总付款凭证”和“银行存款汇总付款凭证”；根据转账凭证汇总填制的“汇总转账凭证”。

（b）全部汇总凭证。全部汇总凭证是根据一定期间的记账凭证全部汇总填制的，如“科目汇总表”就是全部汇总凭证。

5.2 原始凭证

5.2.1 原始凭证的基本内容

原始凭证种类繁多，来源广泛，形式各异。为了能够客观反映经济业务的发生或完成情况，表明经济业务的性质，明确有关单位和人员的经济责任，原始凭证应该具备以下基本要素：

（1）凭证的名称，如发货票、入库单；

（2）填制凭证的日期和编号，日期一般应当是经济业务事项发生或完成的日期；

（3）填制凭证单位的名称或填制人姓名；

（4）经济业务事项的内容摘要；

（5）经济业务的数量、单价和金额；

（6）接受凭证单位的名称；

（7）经办人员的签名或盖章。

5.2.2 原始凭证的填制

1．原始凭证填制的基本要求

（1）记录真实

必须实事求是地填写经济业务，原始凭证上填制的日期、业务内容、数量、金额等必须与实际情况完全符合，确保凭证内容真实可靠。

（2）内容完整

原始凭证必须按规定的格式和内容逐项填写齐全，尤其需要注意的是：年、月、日要按照填制原始凭证的实际日期填写；品名或用途要填写明确，不能含糊不清；必须由经办业务的部门和人员签字盖章，对凭证的真实性和正确性负完全的责任。

（3）填制及时

经济业务发生或完成时，要立即填列原始凭证，做到不积压、不误时、不事后补制。

（4）书写清楚

字迹端正，易于辨认，做到数字书写符合会计上的技术要求，文字工整，不草、不乱。

原始凭证要用蓝色或黑色笔书写，字迹清楚、规范，填写支票必须使用碳素笔。需要套写的凭证，必须一次套写清楚，要不串格、不串行、不模糊。

阿拉伯数字应一个一个地写，不得连笔写。阿拉伯金额数字前面应写人民币符号“￥”。人民币符号“￥”与阿拉伯金额数字之间不得留有空白。凡阿拉伯数字前写有人民币符号“￥”的，数字后面不再写“元”字。所有以元为单位的阿拉伯数字，除表示单价等情况外，一律填写到角分。无角分的，角位和分位可写“00”或符号“-”；有角无分的，分位应写“0”，不得用符号“-”代替。

汉字大写金额数字，一律用正楷字或行书字书写，如壹、贰、叁、肆、伍、陆、柒、捌、玖、拾、佰、仟、万，不得用一、二（两）、三、四、五、六、七、八、九、十、百、千等字样代替，不得任意自造简化字。大写金额有分的，后面不加“整”字，其余一律在末尾加“整”字。大写金额前还应加注币值单位，注明“人民币”、“美元”、“港币”等字样，且币值单位与金额数字之间，以及各金额数字之间不得留有空隙。

阿位伯金额数字中间有“0”时，汉字大写金额要写“零”字，如￥101.50，汉字大写金额应写成人民币壹佰零壹元伍角整。阿拉伯金额数字中间连续有几个“0”时，汉字大写金额中可以只写一个“零”字，如￥1 004.56，汉字大写金额应写成人民币壹仟零肆元伍角陆分。阿拉伯金额数字元位是“0”或数字中间连续有几个“0”，元位也是“0”，但角位不是“0”时，汉字大写金额可只写一个“零”字，也可不写“零”字，如￥1 320.56，汉字大写金额应写成人民币壹仟叁佰贰拾元零伍角陆分，或人民币壹仟叁佰贰拾元伍角陆分。

凭证如果发现填写错误，不得任意涂改、刮擦或挖补，应当按规定方法予以更正。

知识链接

通常情况下，原始凭证所记载的各项内容均不得涂改，随意涂改原始凭证即为无效凭证，不能以此来作为填制记账凭证或登记会计账簿的依据。如果原始凭证记载的内容有错误的，应当由开具单位重开或更正，更正工作必须由原始凭证出具单位进行，并在更正处加盖出具单位印章；但是如果原始凭证金额出现错误，则不得更正，只能由原始凭证开具单位重新开具。原始凭证开具单位对于填制有误的原始凭证，负有更正和重新开具的法律义务，不得拒绝。

（5）顺序使用

在填制凭证时，应按编号的次序使用，跳号的凭证应加盖“作废”戳记，不得撕毁。

2．原始凭证填制的附加要求

（1）从外单位取得的原始凭证，必须盖有填制单位的公章；从个人取得的原始凭证，必须有填制人员的签名或者盖章；自制原始凭证必须有经办部门负责人或其指定的人员的签名或者盖章；对外开出的原始凭证，必须加盖本单位的公章。所谓公章，应是具有法律效力和规定用途、能够证明单位身份和性质的印鉴，如业务公章、财务专用章、发票专用章、收款专用章或结算专用章等。

（2）凡填有大写和小写金额的原始凭证，大写与小写金额必须相符。

（3）购买实物的原始凭证，必须有验收证明。实物购入以后，要按照规定办理验收手续，这有利于明确经济责任，保证账实相符，防止盲目采购，避免物资短缺和流失。实物验收工作应由有关人员负责办理，会计人员通过有关的原始凭证进行监督检查。需要入库的实物，必须填写入库验收单，由相关人员按照采购计划或供货合同验证后，在入库验收单上如实填写实收数额，并签名或盖章。不需要入库的实物，由经办人员在凭证上签名或盖章以后，必须交由实物保管人员或使用人员进行验收，并由实物保管人员或使用人员在凭证上签名或盖章。经过购买人以外的第三者查证核实以后，会计人员才能据以报销付款并作进一步的会计处理。

（4）支付款项的原始凭证必须有收款单位或收款人的收款证明，不能仅以支付款项的有关凭证如银行汇款凭证等代替，以防止舞弊行为的发生。

（5）一式几联的原始凭证，必须注明各联的用途，并且只能以一联用作报销凭证；一式几联的发票和收据，必须用双面复写纸套写，或本身具备复写功能，并连续编号，作废时应加盖“作废”戳记，连同存根一起保存。

（6）发生销货退回及退还货款时，必须填制退货发票，附有退货验收证明和对方单位的收款收据，不得以退货发票代替收据。如果情况特殊，可先用银行的有关凭证，如汇款回单等，作为临时收据，待收到收款单位的收款证明后，再将其附在原付款凭证之后，作为正式原始凭证。在实际工作中，有的单位发生销货退回时，对收到的退货没有验收证明，造成退货流失；办理退款时，仅以所开出的红字发票的副本作为本单位退款的原始凭证，既不经过对方单位盖章收讫，也不附对方单位的收款收据。这些做法漏洞很大，容易发生舞弊行为。

（7）职工公出借款的收据，必须附在记账凭证之后。职工公出借款时，应由本人按照规定填制借款单，由所在单位领导人或其指定的人员审核，并签名或盖章，然后办理借款。借款收据是此项借款业务的原始凭证，是办理有关会计手续、进行相应会计核算的依据。在收回借款时，应当另开收据或者退还借款收据的副本，不得退还原借款收据。因为借款和收回借款虽有联系，但又有区别，在会计上需要分别进行处理，如果将原借款收据退还给了借款人，就会损害会计资料的完整性，使其中一项业务的会计处理失去依据。

3．几种常用原始凭证的填制方法

（1）收料单的填制。收料单是在外购的材料物资验收入库时填制的凭证，一般一式三联，一联验收人员留底，一联交仓库保管人员据以登记台账，一联连同发货票交会计部门办理结算。

【例 5-1】2013 年 5 月 12 日，甲公司向乙公司购买瓶子 10 000 个，单价 0.8 元，增值税率 17%，运杂费 500 元，款项已付，货物已于当日验收入库。甲公司在货物验收入库时填制的收料单具体格式和填制方法如表 5-1 所示。

表 5-1　收料单

供货单位：*乙公司*　　　　　　　　　　　　　　　　　　　　　编号：*0553*

发票编号：*No.01004568*　　　　*2013 年 5 月 12 日*　　　　　　金额（元）

类别	编码	名称	规格	计量单位	数量		单价	总价	运杂费	合计
					应收	实收				
包装物	*4339*	*瓶子*	*500ml*	*个*	*10 000*	*10 000*	*0.8*	*8 000*	*500*	*8 500*
备注：				合计				*¥8 000*	*¥500*	*¥8 500*

仓库保管员：*张某*　　　　　　　　　　　　　　　　　　　　　收料人：*李某*

（2）领料单的填制。领料单是领料时需要填制的凭证，通常一式三联，分别由仓库、领料单位和会计部门收存。为了便于分类汇总，领料单要“一料一单”地填制，即一种原材料填写一张单据。

【例 5-2】2013 年 5 月 15 日，甲公司生产车间生产 A 产品领用瓶子 5 000 个，单价 0.8 元。领料单具体格式和填制方法如表 5-2 所示。

表 5-2 领料单

领料单位：*生产车间* 编号：3618

用途：*A 产品* *2013* 年 *5* 月 *15* 日 发料仓库：*1 号库*

类别	编码	名称	规格	计量单位	数量		单价	金额（元）
					请领	实收		
包装物	4339	瓶子	500ml	个	5 000	5 000	0.8	4 000
备注：				合计				¥4 000

仓库保管员：*张某* 收料人：*刘某*

（3）限额领料单的填制。限额领料单是一种一次开设、多次使用、领用限额已定的累计凭证。在有效期（最长 1 个月）内，只要领用数量累计不超过限额就可以连续使用。限额领料单一般一式三联，经生产计划部门和供应部门负责人审核签章后，一联送交仓库据以发料；一联送交领料单位据以领料，一联交会计部门登账。

【例 5-3】2013 年 5 月，甲公司生产车间本月生产 B 产品一批，计划消耗 500ml 瓶子 6 000 个。车间本月实际领用 500ml 瓶子 3 次（分别为 4 日、8 日、15 日），每次均为 2 000 个，月底盘点车间尚有 50 个未用，办理退库手续。限额领料单具体格式和填制方法如表 5-3 所示。

表 5-3 限额领料单

领料单位：*生产车间* 编号：*2512*

用途：*B 产品* *2013* 年 *5* 月 发料仓库：*1 号库*

类别	编码	名称	规格	计量单位	单价	领用限额	实际领用	
							数量	金额（元）
包装物	4339	瓶子	500ml	个	0.8	6 000	5 950	4 760
领料日期	请领		实发			限额结余	退库	
	数量	审批人	数量	发料人	领料人		数量	退库单号
4	2 000	王某	2 000	张某	李某	4 000		
8	2 000	王某	2 000	张某	李某	2 000		
15	2 000	王某	2 000	张某	李某	0		
31							50	No. 130501
31	6 000	合计	6 000				50	

（4）发票的填制。填制发票首先要写清购货单位的名称全称，然后按凭证格式和内容逐项填列齐全。发票要如实填写，不能按购货人的要求填写。经办人的签章和单位的公章都要盖全。发票的填制我们以增值税专用发票为例，增值税专用发票由基本联次附加其他联次构成，基本联次为三联：发票联、抵扣联和记账联。其中，发票联，作为购买方核算采购成本和增值税进项税额的记账凭证；抵扣联，作为购买方报送主管税务机关认证和留存备查的凭证；记账联，作为销售方核算销售收入和增值税销项税额的记账凭证。

【例 5-4】2013 年 5 月 18 日，甲公司向丙公司销售产 B 产品 1 000 件，单价 20 元，增值税率 17%，价税合计 23 400 元，已存银行。甲公司开具的增值税专用发票如表 5-4 所示。

表 5-4　北京增值税专用发票　　　　No.00845548

开票日期：2013 年 5 月 18 日

购货单位	名称：*丙公司* 纳税人识别号：*230102589736028* 地址、电话：*北京市丰台区 XX 路 XX 号* 开户行及账号：*建行 855658010000136756*			密码区	略		
货物或应税劳务名称	规格型号	单位	数量	单价	金额	税率	税额
B 产品		*件*	*1 000*	*20*	*20 000.00*	*17%*	*3 400.00*
合计					*¥20 000.00*		*¥3 400.00*
价税合计（大写）*贰万叁仟肆佰元整*					（小写）	*¥23 400.00*	
销货单位	名称：*甲公司* 纳税人识别号：*320203693620016* 地址、电话：*北京市海淀区 XX 路 XX 号* 开户行及账号：*中行 802721140108091001*			备注			

收款人：XXX　　复核：XX　　开票人：XX　　销货单位：（章）

（5）发料凭证汇总表的填制。工业企业在生产过程中领发材料比较频繁，业务量大，同类凭证也较多。为了简化核算手续，可编制发料凭证汇总表。发料凭证汇总表是由材料会计根据各部门到仓库领用材料时填制的领料单定期汇总，编制后送交会计部门做账务处理的。编制时间根据业务量的大小确定，可 5 天、10 天、15 天或 1 个月汇总编制一次。发料凭证汇总表具体格式和填制方法如表 5-5 所示。

表 5-5　甲公司发料凭证汇总表

2013 年 *5* 月　　　　编号：*02*

应借科目		应贷科目		
		原材料	燃料	合计
生产成本	1～10 日	*6 000*		*6 000*
	11～20 日	*5 000*		*5 000*
	21～31 日	*3 000*		*3 000*
制造费用	1～10 日	*500*	*4 000*	*4 500*
	11～20 日	*200*		*200*
	21～31 日	*300*		*300*
管理费用	1～10 日			
	11～20 日	*50*		*50*
	21～31 日			
合计		*¥15 050*	*¥4 000*	*¥19 050*

5.2.3 原始凭证的审核

为了正确地反映和监督各项经济业务，保证核算资料的真实性、正确性和合法性，会计部门和经办业务的有关部门，必须对原始凭证进行严格认真地审核。审核原始凭证，应从原始凭证的形式和内容实质两方面进行。

1. 内容实质的审核

从内容实质上审核原始凭证，主要审核凭证的真实性、合法性和合理性。

（1）审核原始凭证的真实性

审核原始凭证的真实性，包括审核原始凭证本身是否真实以及原始凭证反映的经济业务事项是否真实两方面。例如，审核是否为税务局的统一发票，防止虚假发票；凭证所记载的经济业务是否真实发生；开出发票的单位是否存在等。

（2）审核原始凭证的合法性、合理性

审核原始凭证的合法性、合理性，即审核经济业务的发生是否符合国家有关法律、法规、政策和国家统一会计制度的规定，是否符合有关审批权限和手续的规定，以及是否符合单位的有关规章制度的规定，有无违法乱纪、弄虚作假等现象。例如，多计或少计收入、支出、费用、成本，擅自扩大开支范围，提高开支标准，套取现金、签发空头支票，不按国家规定的标准、比例提取费用等，凡有上列情况之一者不能作为合法的原始凭证。

2. 形式的审核

从形式上审核原始凭证，主要检查项目填写是否完整，计算是否准确，手续是否完备。例如，对支票的审核，主要审核支票种类是否正确，是否用碳素墨水书写，支票内容、开户行名称、签发人账号、收款人是否正确，用途是否合理，大小写金额是否一致，存根与正本是否相符，签章是否齐全等。对发票的审核，主要审核是否印有税务局监制章，购货单位、商品或劳务名称、金额计算是否正确，大小写金额是否一致，供应单位发票专用章是否加盖等。

原始凭证经会计机构、会计人员审核后，对于核对无误的，可以作为编制记账凭证的依据；对于不真实、不合法的原始凭证有权不予接受，并应当报告单位负责人，要求查明原因，作出处理；对于记载不准确、不完整的原始凭证予以退回，并要求业务经办人员按国家统一会计制度的规定更正、补充，待内容补充完整、手续完备后，再予以办理。

5.3 记账凭证

5.3.1 记账凭证的基本内容

记账凭证的一个重要作用就在于，将审核无误的原始凭证中所载有的原始数据通过运用账户和复式记账方法编制会计分录，转换为会计账簿所能接受的专有语言，从而成为登记账簿的直接依据。因此，作为登记账簿直接依据的记账凭证，虽然种类不同，格式各异，但一般要具备以下的基本内容：

（1）凭证的名称，如“收款凭证”、“付款凭证”、“转账凭证”等。

（2）凭证的编号。

（3）填制凭证的日期，要注意的是记账凭证的填制日期不一定就是经济业务发生的日期。

（4）经济业务内容摘要。

（5）应借、应贷科目的名称及金额，这是记账凭证中所要反映的主要内容。

（6）记账符号。

（7）所附原始凭证的张数。

（8）有关经办人员的签章。

5.3.2 记账凭证的填制

1. 记账凭证填制的基本要求

填制记账凭证应符合以下基本要求。

（1）审核无误

在对原始凭证审核无误的基础上填制记账凭证，这是内部控制制度的一个重要环节。

（2）内容完整

内容完整是指记账凭证应该包括的内容都要具备。应该注意的是：记账凭证的日期，一般为编制记账凭证当天的日期，按权责发生制原则计算收益、分配费用、结转成本利润等调整分录和结账分录的记账凭证，通常需要到下个月初才能编制，但仍应填写当月月末的日期，以便在当月的账内进行登记。

（3）分类正确

分类正确是指要根据经济业务的内容，正确区别不同类型的原始凭证，正确应用会计科目。在此基础上，记账凭证可以根据每张原始凭证填制，或者根据若干张同类原始凭证汇总编制，也可以根据原始凭证汇总表填制，但不能将不同内容和类别的原始凭证汇总填制在一张记账凭证上。

（4）连续编号

记账凭证应连续编号，这有利于分清会计事项处理的先后顺序，便于记账凭证与会计账簿之间的核对，确保记账凭证的完整。

2. 记账凭证填制的具体要求

（1）记账凭证必须附有原始凭证

① 除结账和更正错误之外，记账凭证必须附有原始凭证并注明原始凭证的张数。附件张数用阿拉伯数字写在记账凭证的右侧“附件××张”行内。附件张数可按附原始凭证的自然张数计算，如果有原始凭证汇总表的附件，可将原始凭证汇总表张数作为记账凭证的附件张数，再把原始凭证作为原始凭证汇总表的附件张数处理。

当一张或几张原始凭证涉及几张记账凭证时，有以下两种做法：①将原始凭证附在一张主要的记账凭证后面，并注明“本凭证附件包括××号记账凭证业务”字样，在其他记账凭证上注明“原始凭证附在××号记账凭证后面”字样。②将原始凭证附在一张主要的记账凭证后面，然后在其他记账凭证后面附该原始凭证的复印件，应注明“原始凭证原件附在××号记账凭证后面”。应当注意的是，没有原始凭证，而只有复印件的，不能作为填制记账凭证的依据。

② 一张原始凭证所列支的费用需要几个单位共同负担的，则该原始凭证由其中一个单位保留，附在其单位的有关记账凭证后面，给共同负担费用的其他单位开出原始凭证分割单，供其结算使用。原始凭证分割单必须具备原始凭证所要求的基本内容，包括：凭证名称、填制凭证日期、填制凭证单位名称或者填制人的姓名、经办人的签名或盖章、接受凭证单位名称、经济业务的内容、数量、单价、金额和费用分摊情况。

（2）记账凭证必须连续编号

记账凭证编号方法有三种：

① 将本期的全部经济业务，按业务发生的先后顺序统一编号，即“总字第×号”。这种编号方法简便，适用于采用通用记账凭证的单位使用。

② 将本期的全部经济业务，分收款业务、付款业务、转账业务三类按顺序编号，即“收字第×号”、“付字第×号”、“转字第×号”。

③ 将本期的全部经济业务，分现金收款、银行存款收款、现金付款、银行存款付款、转账业务五类按顺序编号，即“现收字第×号”、“银收字第×号”、“现付字第×号”、“银付字第×号”、“转字第×号”。

如果一笔经济业务的会计分录涉及的账户比较多（如期末把本期费用类账户的发生额转入“本年利润”账户），需填制在两张或两张以上的记账凭证上时，首先记账凭证的编号应是一个号，然后在此号码下，则采用分数的方法来表示，称为分数编号法。例如，某笔经济业务属本期转账业务的第 32 号，需填制三张转账凭证，那么这三张转账凭证的编号应是 $32\frac{1}{3}$、$32\frac{2}{3}$、$32\frac{3}{3}$，分母 3 表示这笔业务需 3 张记账凭证，分子 1、2、3 分别表示第 1、2、3 张。

无论采用上述哪种方法编号，都应按自然顺序连续编号，不得跳号、重号。

（3）摘要应与原始凭证内容一致

（4）记账凭证中金额的填写要规范

记账凭证的金额必须与原始凭证的金额相符；阿拉伯数字应书写规范，并填至分位；相应的数字应平行对准相应的借贷栏次和会计科目的栏次，防止错栏串行；合计行填写金额时，应在金额最高位值数前填写人民币“￥”符号，以示金额封顶，防止篡改。

（5）记账凭证应按行次逐笔填写

记账凭证应按行次逐笔填写，不得跳行或留有空行。记账凭证填写完经济业务事项后，如果还有空行，则应当在金额栏自最后一笔金额数字下空行处至合计数上的空行处划线注销。

（6）记账凭证的签名或盖章

为防止错误和舞弊行为的发生，记账凭证填制完成后，一般应由填制人员、审核人员、记账人员、会计主管人员分别签名或盖章，以示其经济责任。对于收款凭证及付款凭证，在办理完款项收讫或付讫后，还应由出纳人员签名或盖章。

（7）记账凭证错误的更改

若记账之前发现记账凭证有错误，应重新编制正确的记账凭证，并将错误凭证作废或撕毁。

若已经登记入账的记账凭证发现有错误，则应按规定的错账更正方法，如红字更正法、补充登记法等进行更改。

（8）对机制记账凭证的要求

实行会计电算化的单位，其机制记账凭证应当符合对记账凭证的一般要求，并应认真审核，做到会计科目使用正确，数字准确无误。打印出来的机制记账凭证上，要由制单人员、审核人员、记账人员和会计主管人员等分别签名或盖章，以明确责任。

3．记账凭证的填制方法

（1）收款凭证的填制

收款凭证是根据有关现金和银行存款收款业务的原始凭证填制的。收款凭证的左上角“借方科目”，应填写“库存现金”或“银行存款”科目；右上角应填写凭证的编号；“摘要”栏应填写所记录的经济业务的简要内容；“贷方科目”栏应填写与“库存现金”或“银行存款”相对应的总账科目和明细科目；“金额”栏应填写“库存现金”与“银行存款”对应账户的相应金额；入账后要在“过账”栏打“√”，以防止重复记账或漏账；“附件张数”栏记录记账凭证所附的原始凭证张数。根据例 5-4，该笔业务为银行存款收款业务，应填制银行存款收款凭证，其一般格式和填制方法如表 5-6 所示。

表 5-6　收款凭证　　　　　　　　　　　　　　　　总字 25 号

借方科目：银行存款　　　　　　　2013 年 5 月 18 日　　　　　　　　银收字 5 号

摘要	贷方总账科目	明细科目	记账	金额										
				万	千	百	十	万	千	百	十	元	角	分
销售丙公司产品	主营业务收入	B 产品						2	0	0	0	0	0	0
	应交税费	应交增值税（销）							3	4	0	0	0	0
合计							¥	2	3	4	0	0	0	0

附件 2 张

会计主管：李某　　记账：孙某　　出纳：赵某　　复核：张某　　制单：王某

（2）付款凭证的填制

付款凭证是根据有关现金和银行存款付款业务的原始凭证填制的。付款凭证的填制方法与收款凭证基本相同。不同的是凭证左上角应填列相应的贷方科目；“借方科目”栏应填写与库存现金或银行存款相对应的总账科目和明细科目。根据例 5-1“库存现金”或“银利存款”，该笔业务为银行存款付款业务，应填制银行存款付款凭证，其一般格式和填制方法如表 5-7 所示。

（3）转账凭证的填制

转账凭证是根据转账业务的原始凭证编制的。转账凭证中总账科目和明细科目应分别填列应借、应贷的总账科目名称和明细科目名称，借方科目的应记金额应在同一行的“借

表 5-7　付款凭证　　　　总字 20 号

贷方科目：银行存款　　　　2013 年 5 月 12 日　　　　银付字 3 号

摘要	借方总账科目	明细科目	记账	金额										
				万	千	百	十	万	千	百	十	元	角	分
采购乙公司瓶子	原材料	瓶子							8	5	0	0	0	0
	应交税费	应交增值税（进）							1	3	6	0	0	0
合计							¥	1	0	8	6	0	0	0

附件 2 张

会计主管：李某　　记账：孙某　　出纳：赵某　　复核：张某　　制单：王某

方金额”栏填列；贷方科目的应记金额应在同一行的“贷方金额”栏填列。“借方金额”栏合计数与“贷方金额”栏的合计数应相等。根据例 5-3，该笔业务为转账业务，应填制转账凭证，其一般格式和填制方法如表 5-8 所示。

表 5-8　转账凭证　　　　总字 40 号

2013 年 5 月 31 日　　　　转字 13 号

摘要	总账科目	明细科目	记账	借方金额									贷方金额								
				百	十	万	千	百	十	元	角	分	百	十	万	千	百	十	元	角	分
生产领料	生产成本	B 产品					4	7	6	0	0	0									
	原材料	瓶子														4	7	6	0	0	0
合计						¥	4	7	6	0	0	0			¥	4	7	6	0	0	0

附件 1 张

会计主管：李某　　记账：孙某　　复核：张某　　制单：王某

5.3.3　记账凭证的审核

加强对记账凭证的审核，是保证会计核算工作质量的重要环节，只有经过审核无误的记账凭证才能作为登记账簿的依据。为了正确登记账簿和监督经济业务，除了编制记账凭证的人员应当认真负责、正确填制、加强自审以外，同时还应建立专人审核制度。对记账凭证的审核，除了要对原始凭证进行复审外，还应包括以下两方面的内容。

（1）合规性审核

审核记账凭证是否附有原始凭证，原始凭证是否齐全，内容是否合法，记账凭证所记录的经济业务与所附原始凭证所反映的经济业务是否相符。

（2）技术性审核

审核记账凭证的应借、应贷科目是否正确，账户对应关系是否清晰，所使用的会计科目及其核算内容是否符合会计制度的规定，金额计算是否准确，摘要是否填写清楚，项目填写如日期、凭证编号、附件张数以及有关人员签章等是否齐全。

在审核过程中，如果发现差错，应查明原因，按规定办法及时处理和更正。

知识链接

要做好会计凭证的审核工作、正确发挥会计的监督作用，会计人员应当做到：既要熟悉和掌握国家政策、法令、单位规章制度和计划、预算的有关规定，又要熟悉和了解本单位的经营情况。这样，才能明辨是非，确定哪些经济业务是合理、合法的；哪些经济业务是不合理、不合法的。

5.4 会计凭证的传递与保管

5.4.1 会计凭证的传递

会计凭证的传递是指从原始凭证的填制或取得开始，经过填制、稽核、记账，直到归档保管为止的整个过程中，在本单位内部有关职能部门和人员之间的传递路线、传递时间和处理程序。

为了能够利用会计凭证，及时反映各项经济业务，提供会计信息，发挥会计监督的作用，必须正确、及时地进行会计凭证的传递，不得积压。从一定意义上说，会计凭证的传递起着在单位内部经营管理各环节之间协调和组织的作用。一个科学的传递程序，应该使会计凭证按最快捷、最合理的流向运行，以有利于会计人员及时进行会计记录，有利于单位完善经济责任制度。在制定会计凭证传递程序时，应该着重考虑以下几点：

1. 规划科学的传递路线

要根据经济业务特点，企业机构设置和人员分工情况及经营管理需要，恰当地规定各种会计凭证的格式、份数、传递的程序。要使会计凭证的传递，既能满足会计核算的要求，又能兼顾计划、统计、管理上的需要；既能避免不必要的传递环节，又不影响按规定手续进行处理和审核。

2. 确定合理的传递时间

要根据有关部门和人员对经济业务办理必要手续（如计量、检验、审核、登记等）的需要，确定凭证在各个环节停留的时间，保证业务手续的完成。同时，也要防止不必要耽搁，从而使会计凭证以最快速度传递。

3. 建立凭证交接的签收制度

为了确保会计凭证的安全和完整，在各个环节中都应指定专人办理交接手续，做到责任明确，手续完备、严密、简便易行。

5.4.2 会计凭证的保管

会计凭证是重要的会计档案和经济资料，每个单位都要建立保管制度，妥善保管。会计凭证的保管是指会计凭证记账后的整理、装订、归档和存查工作。

1. 会计凭证的日常保管

（1）会计凭证应定期装订成册，防止散失。每月记账完毕，会计人员要将本月各种记账凭证加以整理，检查有无缺号和附件是否齐全，然后将记账凭证连同附件，按照编号顺序，折叠整齐，全部凭证以左上角为准对齐，装订成册。

如果从外单位取得的原始凭证遗失时，应取得原签发单位盖有公章的证明，并注明遗失凭证的号码、金额、内容等，由经办单位会计主管人员、会计机构负责人和单位负责人批准后，才能代作原始凭证。若确实无法取得证明的，如车票丢失，则应由当事人写明详细情况，由经办单位会计主管人员、会计机构负责人和单位负责人批准后，代作原始凭证。

（2）为了方便查找，装订成册的会计凭证应加具封面。会计凭证封面应注明单位名称、凭证种类、凭证张数、起止号数、年度、月份、会计主管人员、装订人员等有关事项，会计主管人员和保管人员应在封面上签章。

（3）为了防止抽换凭证，装订成册的会计凭证还应加贴封条，并由装订人盖上骑缝章。

（4）原始凭证较多时可单独装订，但应在凭证封面注明所属记账凭证的日期、编号和种类，同时在所属的记账凭证上应注明“附件另订”及原始凭证的名称和编号，以便查阅。对重要原始凭证，如合同、契约、押金收据以及需要随时查阅的收据等，在需要单独保管时，应编制目录，并在有关的记账凭证上注明附件另行保管，以便查核。

另外，为了保证原始凭证的安全、完整，原始凭证不得外借。其他单位如有特殊原因确实需要使用时，经本单位会计机构负责人、会计主管人员批准，可以复制。向外单位提供的原始凭证复制件，应在专设的登记簿上登记，并由提供人员和收取人员共同签名、盖章。

2．会计凭证的归档

保管人员应当按照会计档案管理的要求，对装订成册的会计凭证按年月顺序排列，以便查阅。

3．会计凭证的保管

当年形成的会计凭证，在会计年度终了后，可暂由会计机构保管一年，期满之后，应当由会计机构编制移交清册，移交本单位档案机构统一保管；未设立档案机构的，应当在会计机构内部指定专人保管。

会计凭证的保管期限，必须严格遵循《会计档案管理办法》的规定，从会计年度终了后的第一天算起，最低保管15年。未满保管期限的会计凭证不得任意销毁。

4．会计凭证的销毁

会计凭证保管期满后，必须按照规定的审批手续，报经批准后才能销毁。但销毁前要填制“会计档案销毁目录”，交档案部门编入会计档案销毁清册。批准销毁后要进行监销，并取得销毁过程中有关人员的签字盖章。

重要概念

会计凭证、原始凭证、记账凭证、收款凭证、付款凭证、转账凭证、会计凭证的传递

要点回顾

（1）会计凭证是记录经济业务、明确经济责任的书面证明，也是据以登记账簿的依据。任何单位进行会计核算，必须要取得或填制会计凭证。会计凭证的作用主要体现为以下三方面：监督、控制经济活动，提供记账依据，加强经济责任制。

（2）按照会计凭证的填制程序和用途一般可以分为原始凭证和记账凭证两类。原始凭证按其取得的来源不同，可以分为自制原始凭证和外来原始凭证两类；按其填制手续不同，又可分为一次凭证、累计凭证和汇总原始凭证三类。记账凭证按其填制方式的不同，可以分为复式记账凭证和单式记账凭证两类；按其用途的不同，可分为专用记账凭证和通用记账凭证两类；按其是否经过汇总，可以分为汇总记账凭证和非汇总记账凭证两类。

（3）原始凭证应该具备以下基本要素：凭证的名称，填制凭证的日期和编号，填制凭证单位的名称或填制人姓名，经济业务事项的内容摘要，经济业务的数量、单价和金额，接受凭证单位的名称，经办人员的签名或盖章。原始凭证填制的基本要求包括：记录真实，内容完整，填制及时，书写清楚，顺序使用。

（4）审核原始凭证，应从原始凭证的形式和内容实质两方面进行。

（5）记账凭证必须具备以下基本内容：凭证的名称和编号；填制凭证的日期；经济业务内容摘要；应借、应贷科目的名称及金额；记账符号；所附原始凭证的张数；有关经办人员的签章。填制记账凭证应符合以下基本要求：审核无误，内容完整，分类正确，连续编号。

（6）对记账凭证的审核，除了要对原始凭证进行复审外，还应注意从合规性和技术性两方面进行审核。

（7）会计凭证的传递起着在单位内部经营管理各环节之间协调和组织的作用。一个科学的传递程序，应该使会计凭证按最快捷、最合理的流向运行，以有利于会计人员及时进行会计记录，有利于单位完善经济责任制度。

（8）会计凭证是重要的会计档案和经济资料，每个单位都要建立保管制度，妥善保管。

复习思考题

1. 会计凭证的作用有哪些？
2. 会计凭证有哪些种类？
3. 原始凭证应具备哪些内容？
4. 填制原始凭证应符合哪些基本要求？
5. 审核原始凭证的主要内容有哪些？审核结果如何处理？
6. 记账凭证应具备哪些内容？填制记账凭证有哪些具体要求？
7. 如何审核记账凭证？
8. 设计会计凭证传递程序应该考虑哪些因素？
9. 会计凭证的保管应遵循哪些要求？

练习题

一、单项选择题

1. 仓库保管人员填制的收料单，属于企业的（　　）。

A. 外来原始凭证　　B. 自制原始凭证

C. 汇总原始凭证　　D. 累计原始凭证

2. 下列业务中，应该填制现金收款凭证的是（　　）。

A. 出售产品一批，款未收　　B. 从银行提取现金

C. 出售产品一批，收到一张转账支票　　D. 出售多余材料，收到现金

3. 在填制会计凭证时，1 518.53 的大写金额数字为（　　）。

A. 壹仟伍佰拾捌元伍角叁分整　　B. 壹仟伍佰壹拾捌元伍角叁分整

C. 壹仟伍佰拾捌元伍角叁分　　D. 壹仟伍佰壹拾捌元伍角叁分

4. 按照记账凭证的审核要求，下列内容不属于记账凭证审核内容的是（　　）。

A. 会计科目使用是否正确

B. 凭证所列事项是否符合有关的计划和预算

C. 凭证的金额与所附原始凭证的金额是否一致

D. 凭证项目是否填写齐全

5. 会计机构和会计人员对于真实、合法、合理但内容不准确、不完整的原始凭证，应当（　　）。

A. 不予受理　　B. 予以受理

C. 予以纠正　　D. 予以退回，要求更正、补充

二、多项选择题

1. 以下有关会计凭证表述正确的有（　　）。

A. 会计凭证是记录经济业务的书面证明

B. 会计凭证是明确经济责任的书面文件

C. 会计凭证是编制报表的依据

D. 会计凭证是登记账簿的依据

2. 以下各项中，属于原始凭证所必须具备的基本内容的有（　　）。

A. 凭证名称、填制日期和编号　　B. 经济业务内容摘要

C. 对应的记账凭证号数　　D. 填制、经办人员的签字、盖章

3. 下列凭证中属于汇总原始凭证的有（　　）。

A. 收料凭证汇总表　　B. 工资汇总表

C. 限额领料单　　D. 汇总付款凭证

4. 下列说法中正确的有（　　）。

A. 从个人取得的原始凭证，必须有填制人员的签名盖章

B. 对于已预先印有编号的原始凭证在写坏时，撕毁即可

C. 外来原始凭证遗失时，只需取得原签发单位盖有公章的证明，可代作原始凭证

D. 会计凭证具有监督经济活动，控制经济运行的作用

5. 记账凭证可以根据（　　）填列。

A. 一张原始凭证　　B. 若干张原始凭证汇总

C. 原始凭证汇总表　　D. 明细账

三、判断题

1. 转账凭证只登记与货币资金收付无关的经济业务。（　　）

2. 会计部门应于记账之后，定期对各种会计凭证进行分类整理，并将各种记账凭证按编号顺序排列，连同所附的原始凭证一起加具封面，装订成册。（　　）

3. 记账人员根据记账凭证记账后，“记账符号”栏内作“√”记号，表示该笔金额已记入有关账户，以免漏记或重记。（　　）

4. 记账凭证既是记录经济业务发生和完成情况的书面证明，也是登记账簿的依据。（　　）

5. 会计档案保管期满后，可由档案管理部门自行销毁。（　　）

四、业务题

某公司 2012 年 6 月份发生的部分经济业务如下：

1. 6 月 1 日，收到 A 公司归还前欠货款 10 000 元，存入银行。

2. 6 月 5 日，从银行提取现金 1 000 元备用。

3. 6 月 6 日，车间领用甲材料 18 000 元，用于生产甲产品。

4. 6 月 9 日，向 B 公司购入甲材料一批，进价 40 000 元，增值税 6 800 元，材料已验收入库，款项尚未支付。

5. 6 月 12 日，采购员赵星预借差旅费 800 元，以现金付讫。

6. 6 月 16 日，采购员赵星出差归来，报销差旅费 720 元，交回多余现金 80 元。

7. 6 月 18 日，销售甲产品 100 件，价款 50 000 元，增值税 8 500 元，款项已收存银行。

8. 6 月 20 日，以银行存款支付企业管理部门电费 1 200 元。

9. 6 月 26 日，以银行存款 2 200 元支付短期借款利息。

10. 6 月 30 日，计提固定资产折旧 30 000 元，其中生产车间固定资产折旧 24 000 元，管理部门固定资产折旧 6 000 元。

要求：根据上列经济业务编制专用记账凭证。

案例分析

1. 小蒋最近比较烦恼，买了保险竟然无法理赔，与保险公司起了小冲突。2010 年，小蒋与保险公司签订了一份人寿保险及附加住院医疗补偿保险合同。今年 2 月小蒋踢足球时不慎小腿骨骨裂，住院治疗用去医疗费 3850 元人民币。在他申请理赔时，保险公司要求其提供住院发票，但小蒋将一张原始发票弄丢了，保险公司要求小蒋提供其他证明。没有发票原件，申领理赔金的手续变得十分复杂。

请问：为什么没有了发票，小蒋申请理赔就会遇到困难？这张发票在会计上有专门术语名

称，叫做什么？

2. 请说明下面这张发票存在什么问题。

发　票

客户名称：新华公司　　　　　　　　　　　　　　　　　　　　No.001708

货物名称	数量	单价	金额
书	100	25	2 500.00
合计：人民币（大写）贰仟伍佰元			¥2 500.00

3. 2012 年 3 月 12 日，某企业采购原材料一批，价款 50000 元，增值税 8500 元。15 日，收到购货发票，材料验收入库，以银行存款支付部分货款 29250 元，余款约定 20 日后支付。根据相关原始凭证，会计人员 15 日编制记账凭证如表 5-9 所示，并于 18 号登记相关账簿。请指出其中存在的问题。

表 5-9　转账凭证　　　　总字 50 号

2012 年 3 月 12 日　　　　转字 8 号

摘要	总账科目	明细科目	记账	借方金额									贷方金额								
				百	十	万	千	百	十	元	角	分	百	十	万	千	百	十	元	角	分
购买材料	原材料					5	0	0	0	0	0	0									
	应交税费	应交增值税					8	5	0	0	0	0									
	银行存款														2	9	2	5	0	0	0
	应付账款														2	9	2	5	0	0	0
合计					¥	5	8	5	0	0	0	0		¥	5	8	5	0	0	0	0

附件 1 张

会计主管：　　　　记账：　　　　复核：　　　　制单：

第6章
会 计 账 簿

学习目标

通过本章内容的学习，能够了解会计账簿的概念；理解会计账簿的作用；掌握会计账簿的分类；掌握会计账簿的基本内容和记账规则；掌握库存现金日记账、银行存款日记账、总账和各种明细账的登记方法；理解期末账项调整的内容；掌握对账的内容；了解结账的方法；掌握错账更正方法及其应用；了解会计账簿的更换与保管。

6.1 会计账簿概述

6.1.1 会计账簿的含义

企业发生的经济业务，要由会计凭证作出最初的反映。通过凭证，可以做到全面地反映经济业务。但是，由于凭证数量多，比较分散和零星，同时每张凭证只能记录单个经济业务，提供个别数据，不能把各经济单位在一定时期的全部经济业务系统、完整地反映出来。因此，每个经济单位还应该设置和登记账簿，把分散在会计凭证上的零散的资料，加以集中和分类整理，进而登记账簿，为经济管理提供系统、完整的会计核算资料，并为编制会计报表提供依据。

会计账簿，简称账簿，是按照会计科目开设账户，并由具有一定格式、相互联系的若干账页组成，用来序时、分类地记录各项经济业务的簿籍。簿籍是账簿的外表形式，账户记录则是账簿的内容。设置和登记账簿是会计核算的一种专门方法，也是会计核算的中心环节。

6.1.2 会计账簿的作用

设置账簿可以全面、系统地记载和提供企业经济活动的各种数据，是会计核算工作的重要环节，它对加强经济核算、改善和提高经济管理水平具有重要的作用。

1. 可以全面、系统地提供会计信息

通过设置和登记账簿，可以为经营管理提供比较系统、完整的会计核算资料。虽然会计凭证也可以提供会计信息，但会计凭证只能零散地记录和反映个别经济业务，不能全面、系统地反映经济业务的完成情况。只有通过账簿的设置和登记，才能把会计凭证所提供的大量核算资料归类到各种账簿中，提供有关企业成本费用、财务状况和经营成果的总括和明细核算资料，以便正确计算企业在各会计期间的成本、费用和收入成果。

2. 为会计报表的编制提供依据

编制会计报表所需要的数据资料，绝大部分来源于会计账簿。账簿的记录是否及时、详尽，数字是否真实、可靠，直接关系到会计报表的质量。所以，正确设置并登记账簿，可以为会计报表的及时准确编制提供依据和保障。

3．是开展会计检查和会计分析的基础资料

会计账簿既是汇集、加工会计信息的工具，也是积累、储存经济活动情况的数据库。企业的一切财务收支、经营过程和结果都体现在账簿中。因此，利用账簿提供的资料，可以有效地开展会计检查和会计分析，加强会计监督，保护财产物资的安全完整，确保各项资金合理使用，提高企业的经营管理水平。

6.1.3 会计账簿的种类

账簿可以按不同的标准进行分类，分类的标准主要有以下三种，即按用途、外表形式和账页格式进行分类。

1．会计账簿按用途分类

会计账簿按其用途不同，可以分为序时账簿、分类账簿和备查账簿三种。

（1）序时账簿

序时账簿，也称日记账，是按照时间顺序，逐日逐笔登记经济业务的账簿。按其记录的内容不同，序时账簿又分为普通日记账和特种日记账两种。

普通日记账是用来登记全部经济业务发生情况的日记账。通常把每天所发生的经济业务，按照其发生的先后顺序，编成会计分录记入账簿中。普通日记账实质上是把会计分录按照经济业务发生的先后顺序记入日记账中，以此作为登记分类账的依据，所以又称其为会计分录簿。

特种日记账是用来记录某一类经济业务发生情况的日记账。通常把某一类比较重要的经济业务，按照发生的先后顺序逐笔登记入账簿中。特种日记账主要包括现金日记账和银行存款日记账两种。在我国，为了加强货币资金的管理，各单位必须设置库存现金日记账和银行存款日记账，以进行序时核算。

知识链接

以英、美为代表的西方国家的企业所采用的序时账簿有普通日记账和特种日记账两种，其主要作用是对会计事项进行初步整理归类并用来编制会计分录的，然后根据普通日记账和特种日记账登记分类账。所以其中的普通日记账类似于目前我国使用的记账凭证，而特种日记账则有点类似于我国的汇总记账凭证。目前我国采用的序时账主要是库存现金日记账和银行存款日记账，与西方国家所采用的“现金收入分录簿”和“现金支出分录簿”比较，在登记依据、登记人员和所起作用上均不相同。

（2）分类账簿

分类账簿是分类登记经济业务的账簿。按照账簿反映经济业务的详细程度不同又分为总分类账簿和明细分类账簿两类。

总分类账簿又称总分类账、总账，是根据总分类会计科目开设账户，用于分类记录单位的全部经济业务事项，提供总括核算资料的分类账簿。总分类账可以提供企业资产、负债、所有者权益、收入、费用和利润等方面总括的会计信息。任何经济单位都要设置总分类账。总分类账一般采用订本式账簿，账页常见的格式为三栏式。

明细分类账簿又称明细分类账或明细账，是根据总分类科目所属的二级科目或明细科目设置的，用于分类登记某一类经济业务事项，提供有关明细核算资料的分类账簿。明细账是会计资料形成的基础环节，加强使用明细账，可以对经济业务信息或数据做进一步的加工整理和分析，也能为了解会计资料的形成提供具体情况和有关线索。企业可根据具体情况设置若干本明细账。

（3）备查账簿

备查账簿又称辅助账簿，是为备忘备查而设置的，反映序时账簿和分类账簿不能记录或者记录不全的业务。如租入固定资产登记簿、委托加工材料登记簿等，它们可以对租入固定资产和委托加工材料的详细情况进行反映。是否设置以及设置什么备查账簿都根据管理的需要而定。

知识链接

有一种账簿是把序时账簿和总分类账簿结合在一起，变成了一种联合账簿，通常称为日记总账，即多栏式总账，它具有序时账簿和分类账簿的双重作用。

2．会计账簿按外表形式分类

会计账簿按其外表形式不同，可以分为订本式账簿、活页式账簿和卡片式账簿。

（1）订本式账簿

订本式账簿又称订本账，是一种在启用以前就将若干账页固定装订成册的账簿。订本式账簿的优点是能够避免账页散失和抽换，能更好地加强账簿的管理；缺点是由于其账页是固定的，不能根据需要增减，必须为每个会计账户预留空白账页，如果账页预留过多，会造成浪费；预留过少则需要重新开设账户，又会影响账户的连续登记，容易造成混乱，不便于查阅。另外，订本式账簿也不便于分工记账。订本账主要适用于总分类账、现金日记账和银行存款日记账。启用订本式账簿，应当从第一页到最后一页顺序编定页码，不得跳页和缺号。

（2）活页式账簿

活页式账簿又称活页账，是由若干具有专门格式的零散账页装置在账夹中所组成的账簿。活页账的特点是启用之前不固定装订账页，启用后根据实际需要添加或抽出空白账页，不会造成账页浪费，使用灵活，也便于分工记账。活页账主要适用于各种明细账。使用活页账为了防止账页的散失和抽换，应加强管理，可以在空白账页上连续编号，并由有关人员在账页上盖章；使用完毕后要整理装订成册，另加目录，记明每个账户的名称和页次，妥善保管。一般情况下，明细账的设置都采用活页式格式。

（3）卡片式账簿

卡片式账簿又称卡片账，是指由若干分散的具有专门格式的硬纸卡片组成，存放于卡片箱内的账簿。这种账簿的优点和活页式账簿相同。卡片账可以根据核算和管理的需要，在卡片的正反两面设计必要的栏次，反映所需要的各种指标和内容。卡片账主要适用于记载内容比较复杂的财产明细账，如固定资产、低值易耗品等。卡片账可以跨年度长期使用，无须更换账页，便于分类汇总和根据管理的需要转移账卡。在实际使用时，卡片上应连续编号，并加盖有关人员的印章，卡片箱应由专人负责保管，以保证真实、安全。

3．会计账簿按账页格式分类

会计账簿按账页格式不同，可以分为三栏式账簿、多栏式账簿和数量金额式账簿。

（1）三栏式账簿

三栏式账簿，是将账页中登记金额的部分分为三个栏目，即设置借方、贷方和余额三栏，以反映该会计要素的增减变动及结余情况。这种格式适用于只提供价值核算信息、不需要提供数量核算信息的账簿，如总账、库存现金日记账、银行存款日记账、债权债务类明细账等。

三栏式账簿格式如表 6-8 所示。

（2）多栏式账簿

多栏式账簿，是在借方栏和贷方栏的一方或两方下面再分设若干栏目，以反映引起该会计要素增减变动的详细情况。这种格式适用于核算项目较多，且管理上要求提供各核算项目详细信息的账簿。费用、成本类明细账多采用多栏式账簿，如“制造费用明细账”、“管理费用明细账”等。多栏式账簿格式如表 6-9 所示。

（3）数量金额式账簿

数量金额式账簿是在借方、贷方和余额栏下分别设置三栏，用来登记财产物资的数量、单价和金额。这种格式适用于既记录金额又记录数量的账簿。一般材料物资等存货类明细账多采用数量金额式账簿。如“原材料明细账”、“库存商品明细账”等。数量金额式账簿格式如表 6-11 所示。

6.2 会计账簿的设置与登记

6.2.1 会计账簿的基本内容

账簿有不同的种类和格式，每个会计主体必须根据自身的业务特点及经营管理的需要，设置相应的账簿体系及具体的主体账簿。各单位的具体情况不同，账簿的具体设置也不一样。一般情况下，企业都应设置日记账、总分类账和明细分类账。各种账簿因所记录的经济业务事项不同，其形式也多种多样，但账簿一般都应该具备以下基本内容。

1．封面

每本账簿都应在它的封面上标明账簿名称、记账单位名称和会计年度等。

2．扉页

为了保证账簿记录的合理性，明确经济责任，应在账簿的扉页设置账簿启用表，在表内载明账簿的启用日期和截止日期、账簿册数、账簿页数，经管账簿人员一览表和签章，会计主管签章，账户目录等。

3．账页

账页是账簿的主体。账页因所反映会计要素的具体内容不同，可以有不同的格式，但各种格式的账页均包括下列基本内容：

（1）账户的名称（一级科目，二级科目，明细科目）；

（2）账页的总页次和分户页次；

（3）记账日期栏；

（4）记账凭证的种类和号数栏；

（5）摘要栏（记录经济业务事项的简要说明）；

（6）金额栏（记录各种会计要素的增减变动情况和结果）。

6.2.2 会计账簿的启用与登记

1．会计账簿的启用

为了保证会计账簿记录的合法性和资料的完整性，明确记账责任，会计账簿应当由专人负责登记。启用新的会计账簿时，应当在账簿封面上写明单位名称和账簿名称。在账簿扉页上应当附会计账簿启用和经管人员一览表，内容包括：启用日期、账簿页数、记账人员和会计机构负责人、会计主管人员姓名，并加盖名章和单位公章。活页式账簿可在装订成册后，填写账簿的起止页数。当记账人员或会计机构负责人、会计主管人员调动工作时，应当注明交接日期、接班人员和监交人员姓名，并由交接双方人员签名或者盖章。会计账簿启用和经管人员一览表的格式如表 6-1 所示。

表 6-1　账簿经管人员一览表

账簿名称：　　　　　　　　单位名称：

账簿编号：　　　　　　　　账簿册数：

账簿页数：　　　　　　　　启用日期：

会计主管（签章）：　　　　记账人员（签章）：

移交日期			移交人		接管日期			接管人		会计主管	
年	月	日	姓名	盖章	年	月	日	姓名	盖章	姓名	盖章

2．会计账簿的登记

会计人员应根据审核无误的会计凭证及时登记会计账簿。对于总账，要按照各单位所选用的会计核算形式来确定登账的具体时间；对于各种明细账，一般要根据原始凭证和记账凭证每天进行登记，尤其是债权债务类明细账和财产物资类明细账，应当每天进行登记，以便随时与对方单位结算并进行核对；对于库存现金日记账和银行存款日记账，应当根据办理完毕的收、付款凭证，按其发生顺序随时逐笔进行登记，最少每天登记一次并结出当日余额。

在登记账簿时应遵循如下规则：

（1）登记账簿必须用蓝黑色墨水或碳素墨水书写，不得使用圆珠笔（银行的复写账簿除外）或铅笔记账。红色墨水一般在结账、划线、改错、冲账和表示负数时使用。

（2）必须根据审核无误的会计凭证登记，应当将会计凭证的日期、编号、业务内容摘要、金额等资料逐项记入账内，同时在记账凭证上的“记账”栏注明已经登账的标记（如打“√”），以免重记或漏记。

（3）各种账簿应按账户页次顺序连续登记，不得跳行、隔页。如果发生跳行、隔页现象，不得任意撕毁，应在空行、空页处用红色墨水画对角线注销，注明“此行空白”或“此页空白”，并由记账人员签章。

（4）账簿中书写的文字或数字不能顶格书写，一般只应占格距的1/2，以便为改错留有空间。

（5）“摘要”栏内的文字要简明扼要。各账户结出余额后，在“借或贷”栏内注明余额的方向，若没有余额，则在“借或贷”栏内写“平”，在余额栏内写“0”。

（6）每一账页登记完毕，要在该账页最后一行加计发生额合计数和结出余额，并在“摘要”栏内注明“转次页”字样，同时在下一页第一行再把上述数字转记过来，在“摘要”栏注明“承前页”字样。

（7）记账时或登账后，发现错误，不得刮擦、挖补、涂改或用药水消除字迹等手段改正错误，也不允许重抄。应该根据错误类型采用正确的错账更正方法予以更正。

6.2.3 日记账的格式与登记

日记账是按照经济业务发生的先后顺序，逐日逐笔登记经济业务的账簿。

日记账按记录内容的不同可分为普通日记账和特种日记账两种。普通日记账，也称通用日记账或会计分录簿，是用来登记各单位全部经济业务的日记账。这种日记账目前在我国已很少采用，故不再介绍。

特种日记账是专门用来记录某一特定项目经济业务发生情况的日记账，主要有库存现金日记账和银行存款日记账两种。

1. 库存现金日记账的格式与登记

库存现金日记账，是由出纳人员根据库存现金的收款凭证、付款凭证和部分银行存款付款凭证（从银行提取现金的业务），逐日逐笔顺序进行登记的一种日记账。它是专门用来登记现金的收入和支出业务的日记账。库存现金日记账除应提供单位每日的库存现金收入、支出及其余额的信息外，还应设置“对方科目”栏。为了确保账簿的安全、完整，现金日记账必须采用订本式账簿。库存现金日记账的格式有三栏式和多栏式两种。

（1）三栏式库存现金日记账

三栏式库存现金日记账，现金的收入、支出和结余同在一张账页上，各项收入和支出栏的对方账户另设专栏反映。其基本结构为收入、支出和余额三栏。具体格式如表6-2所示。

表 6-2　库存现金日记账（三栏式）　　第　页

年		凭证		摘要	对方科目	收入	支出	余额
月	日	字	号					

三栏式库存现金日记账的登记方法如下：

① 将发生经济业务的日期记入“日期”栏，年度记入该栏的上端，月、日分两小栏登记。以后只在年度、月份变动或填写新账页时，才再填写年度和月份。

② 在“凭证号数”栏登记该项经济业务所填制的记账凭证的种类和编号，以表示登记账簿的依据。库存现金收款凭证简称为“现收”，库存现金付款凭证简称为“现付”，银行存款付款凭证简称为“银付”。

③ 在“摘要”栏内简明地记入经济业务的内容。

④ 根据记账凭证上的会计分录，在“对方科目”栏填写对应账户的名称，表明该项业务的来龙去脉。

画龙点睛

与“库存现金”账户对应的有几个账户时，只需要填主要账户。主要账户一般是指金额最大的账户。

⑤ 根据现金收款凭证、现金付款凭证和银行存款付款凭证上库存现金实际收付金额登记到“收入”、“支出”栏。在每日终了后，应进行发生额的“本日合计”并结出本日的余额，同时要将余额与出纳员的库存现金核对，即通常所说的“日清”。

⑥ 月末，在本月末最后一行记载内容下面的“摘要”栏内写上“本月发生额及月末余额”，计算本月库存现金收入、支出的合计数，并结出本月末余额，即通常所说的“月结”。

（2）多栏式库存现金日记账

如果单位库存现金的收、付款业务比较多，而且与“库存现金”对应的会计账户不多且比较固定的情况下，为既详细反映每项收、付款业务的来龙去脉，又便于分析和汇总对应账户的发生额，以减少登记总分类账的工作量，也可以采用多栏式库存现金日记账。这种日记账是在三栏式现金日记账的基础上，按照与现金收入相对应的贷方科目和与现金支出相对应的借方科目分别设置专栏，例如将借方按照其对应账户，如“银行存款”、“其他应收款”等账户设置专栏，贷方按“银行存款”、“管理费用”等账户设置专栏，用于序时、分类地反映与现金收支有关的经济业务事项。其格式如表 6-3 所示。

表 6-3　库存现金日记账（多栏式）　　第　页

年		凭证		摘要	贷方科目（收入）		收入	借方科目（支出）			支出	余额
月	日	字	号		银行存款	其他应收款	合计	银行存款	应付职工薪酬	管理费用	合计	

多栏式库存现金日记账的登记方法如下：

（1）由出纳员根据审核后的现金收、付款凭证和银行存款付款凭证（提现业务）逐日逐笔登记库存现金的收入、支出金额。

（2）对于现金收入，按照与“库存现金”对应的贷方账户，登入贷方科目（收入）栏；对于现金支出，按照与“库存现金”对应的借方账户，登入借方科目（支出）栏。

（3）在每日终了后，应进行发生额的“本日合计”，并结出本日的余额。

（4）月末，再根据各栏的合计数过入各有关总分类账户。

画龙点睛

应当注意的是，由于现金存入银行或从银行提取现金，已记入“银行存款”日记账的借方金额栏或贷方金额栏，所以根据多栏式现金日记账登记总账时，就不再把“银行存款”专栏的合计数记入“银行存款”总账，以免重复。

上述多栏式的现金日记账分别按收入、支出现金的对应科目设置专栏，能够清晰、完整地反映现金收付的来龙去脉，但由于设置许多专栏，造成账页篇幅过大，在登账时容易发生数字串行或串栏的错误，同时也不便于保管。所以可以将多栏式库存现金日记账按收入和支出一分为二，分设库存现金收入日记账和库存现金支出日记账两本账。其格式如表 6-4 和表 6-5 所示。

多栏式库存现金收入日记账和多栏式库存现金支出日记账登记方法与多栏式库存现金日记账的登记方法基本相同，仅是每日应将现金支出日记账内“支出合计”数转记到现金收入日记账内增设的“支出合计”栏内，以便计算当日结余。

表 6-4　库存现金收入日记账（多栏式）　　第　　页

年		凭证		摘要	贷方科目（收入）			支出合计	结余
月	日	字	号		银行存款	其他应收款	收入合计		

表 6-5　库存现金支出日记账（多栏式）　　第　　页

年		凭证		摘要	借方科目（支出）		
月	日	字	号		银行存款	其他应付款	支出合计

2．银行存款日记账的格式与登记

银行存款日记账，是由出纳人员根据银行存款的收款凭证、银行存款的付款凭证和部分库存现金付款凭证（现金存入银行业务），逐日逐笔顺序进行登记的一种日记账。它是专门用来登记银行存款的收入和支出业务的日记账。银行存款日记账除应提供单位每日的银行存款收入、支出及其余额的信息外，还应反映结算凭证的种类、号数，所以，在银行存款日记账中应设置“结算凭证种类、编号”栏和“对方科目”栏。为了确保账簿的安全、完整，银行存款日记账必须采用订本式账簿。银行存款日记账的格式有三栏式和多栏式两种。

（1）三栏式银行存款日记账

银行存款日记账一般采用“借方”、“贷方”和“余额”或“收入”、“支出”和“结余”三栏式。其格式如表 6-6 所示。

表 6-6　银行存款日记账（三栏式）　　第　　页

年		凭证		摘要	结算凭证		对方科目	借方	贷方	余额
月	日	字	号		种类	编号				

三栏式银行存款日记账的登记方法如下：

①“日期”栏登记记账凭证的日期。

②“凭证”栏登记入账的收、付款凭证的种类和编号。

③“摘要”栏简明扼要登记经济业务的内容。

④“结算凭证”栏内填明所采用的结算方式和结算凭证的号码，如支票、银行汇票等。

⑤“对方科目”栏登记与“银行存款”账户发生对应关系的账户的名称，表明银行存款收入的来源和支出的用途，其作用在于了解经济业务的来龙去脉。

⑥“借方”、“贷方”栏登记银行存款实际收付金额。每日结束后，应分别计算本日银行存款收入和支出的合计数，并结算出本日余额，记入“余额”栏，定期与银行对账单进行核对。月末，应计算出银行存款本月收入和支出合计数，并结算出月末余额，进行月结。

（2）多栏式银行存款日记账

如果单位银行存款的收、付款业务比较多，而且与“银行存款”对应的会计科目不多且比较固定的情况下，为详细反映每项收、付款业务的来龙去脉，便于分析和汇总对应账户的发生额，以减少登记总分类账的工作量，也可以采用多栏式银行存款日记账。这种日记账是在一张账页上分别按照与银行存款收入相对应的贷方科目和与银行存款支出相对应的借方科目分别设置金额栏，例如将借方按照其对应账户，如“库存现金”、“应收账款”、“主营业务收入”等账户设置专栏，贷方按“应付账款”、“销售费用”等账户设置专栏，用于序时、分类反映与银行存款收支有关的经济业务事项。其格式如表 6-7 所示。

表 6-7　银行存款日记账（多栏式）　　第　　页

年		凭证		摘要	贷方科目（收入）		收入合计	借方科目（支出）			支出合计	余额
月	日	字	号		库存现金	应收账款		库存现金	应付账款	销售费用		

多栏式银行存款日记账登记方法和多栏式库存现金日记账的登记方法基本相同。需要注意的是，由于将现金存入银行和从银行提取现金的业务涉及的库存现金的减少或增加，

已经登入多栏式库存现金日记账的“支出合计”和“收入合计”两个专栏，所以在根据多栏式银行存款日记账登记总账时，“库存现金”专栏合计金额不再登入“库存现金”总账，以免造成重复登记。

登记多栏式银行存款日记账时由于其账页较长，容易发生数字串行或串栏的错误，应注意将业务金额准确记入相应金额栏内。为了避免以上错误的发生和便于保管账簿，可以将多栏式银行存款日记账按收入和支出一分为二，分设银行存款收入日记账和银行存款支出日记账两本账。

6.2.4 分类账的格式与登记

1. 总分类账的格式与登记

总分类账簿，简称总账，是按照总分类科目分类登记全部经济业务事项的账簿。在总分类账中，应该按照会计科目的编码顺序分设账户，由于总分类账一般采用订本式账簿，因此，应根据登记需要事先为每个账户预留若干账页。由于总分类账能够全面、连续、系统、总括地反映经济活动情况，并为编制财务会计报告提供资料，同时也对其所属的明细分类账起到控制和统驭作用，因而任何单位都必须设置总分类账。

总分类账的格式，一般有三栏式和多栏式两种。

（1）三栏式总分类账

三栏式总分类账按照一个账户占用一张或几张账页来装订，其账页设置“借方”、“贷方”和“余额”三栏，分别记录会计要素的增减变化及其结果。三栏式总账格式如表 6-8 所示。

表 6-8　总分类账（三栏式）

账户名称：　　　　　　　　　　　　　　　　　　　　　　　　第　　页

年		凭证		摘要	借方金额	贷方金额	借或贷	余额
月	日	字	号					

总分类账登记的依据和方法，取决于本单位所采用的账务处理程序，可以直接根据各种记账凭证逐日逐笔进行登记；也可以将一定时期的记账凭证汇总编制成“汇总记账凭证”或“科目汇总表”，再据以登记总分类账；还可以直接根据多栏式库存现金日记账和多栏式银行存款日记账登记总账。不论采用哪种方法登记总账，每月都应将本月发生的经济业务全部登记入账，并于月末结算出每个账户的本期借、贷方发生额合计及其余额，与所属明细账余额的合计数核对相符后，作为编制会计报表的依据。

总分类账账页中各栏目的登记方法如下：

①“日期”栏：在逐日逐笔登记总账的方式下，填写业务发生的具体日期，即记账凭证的日期；在汇总登记总账的方式下，填写汇总凭证的日期。

②“凭证字、号”栏：填写登记总账所依据的凭证的字和号。在依据记账凭证登记总

账的方式下，填写记账凭证的字、号；在依据科目汇总表登记总账的方式下，填写“科汇”字及其编号；在依据汇总记账凭证登记总账的方式下，填写“现（银）汇收”字及其编号、“现（银）汇付”字及其编号和“汇转”字及其编号；在依据多栏式库存现金日记账和多栏式银行存款日记账登记总账的方式下，可填写日记账的简称，如“现收账”、“现付账”等。

③“摘要”栏：填写所依据的凭证的简要内容。在依据记账凭证登记总账的方式下，应与记账凭证中的摘要内容一致；在依据科目汇总表登记总账的方式下，填写“某月科目汇总表”或“某月某日科目汇总表”；在依据汇总记账凭证登记总账的方式下，填写每张汇总记账凭证的汇总依据，即所汇总的记账凭证的号数；在依据多栏式日记账登记总账的方式下，应填写日记账的详细名称。

④“借方金额”和“贷方金额”栏：填写所依据的凭证上记载的各总账账户的借方和贷方发生额。

⑤“借或贷”栏：登记余额的方向，如果余额在借方，则写“借”字；如果余额在贷方，则写“贷”字；如果期末余额为零，则写“平”字。

⑥“余额”栏：总分类账应该月末结算出各账户的期末余额，登入“余额”栏内。如果期末余额为零的话，在“余额”栏写 0 或在“余额”栏的中间划“-”符号。

（2）多栏式总分类账

多栏式总分类账是把序时账簿和总分类账簿结合在一起，变成了一种联合账簿，通常称为日记总账，它具有序时账簿和分类账簿的双重作用。采用这种总分类账，可以不再设置库存现金日记账和银行存款日记账，减少了记账的工作量，提高了会计工作的效率。由于多栏式总账按照会计事项涉及的全部会计科目设置专栏，账页篇幅较大，因此，它适用于经济业务较少或规模较小的单位。其格式如表 6-9 所示。

表 6-9　总分类账（多栏式）

年		凭证		摘要	发生额	库存现金		银行存款		应收账款		原材料		应付账款		…	
月	日	字	号			借方	贷方	借方	贷方	借方	贷方	借方	贷方	借方	贷方	借方	贷方

2. 明细分类账的格式与登记

明细分类账，简称明细账，是按照明细分类科目详细记录某一类经济业务事项具体内容的账簿。各个单位在设置总分类账的基础上，还应根据管理与核算的需要，按照总账科目设置若干相应的明细分类账。明细分类账应按二级科目和明细科目开设账户，用于连续地分类登记某一类经济业务事项，提供有关明细核算资料，作为总分类账的必要补充和具体说明。

明细分类账一般采用活页式账簿，对某些经济业务采用卡片式账簿，如固定资产明细账。对于重要的明细分类账也采用订本式，例如，金银等贵金属原材料的明细账等。根据管理的要求和会计核算的需要，以及明细分类账记录的经济内容，明细分类账一般采用以下三种格式。

(1) 三栏式明细分类账

三栏式明细分类账的格式与总分类账基本相同，设有借方、贷方和余额三个金额栏，不设数量栏。该类明细账由会计人员根据审核后的记账凭证或原始凭证，按经济业务发生的先后顺序逐日逐笔进行登记。这种格式的明细分类账主要适用于只要求进行金额核算而不要求进行数量核算的账户，如“应收账款”、“应付账款”、“短期借款”等债权债务结算类账户的明细账和“实收资本”、“资本公积”等资本类账户的明细账。为了区别于总账中的三栏式，在实际工作中，将明细账中的三栏式称为“甲式账”。其格式如表 6-10 所示。

甲式账是由会计人员根据审核后的记账凭证，按照经济业务发生的时间先后顺序逐日逐笔登记的。

表 6-10　明细分类账（甲式）

科目：____________________子细目或户名：____________________　　　　第　　页

年		凭证		摘要	借方	贷方	借或贷	余额
月	日	字	号					

2．数量金额式明细分类账

数量金额式明细分类账是既能提供货币指标，又能提供实物指标的明细分类账。数量金额式明细分类账分别设收入、发出和结存三大栏，每大栏下又分别设置数量、单价和金额三小栏。这种格式的明细分类账主要适用于既要进行金额核算，又要进行数量核算的各种实物资产的账户，如“原材料”、“库存商品”等存货类账户的明细核算。由于在明细账中有了“甲式账”，所以把数量金额式明细账称为“乙式账”。其格式如表 6-11 所示。

表 6-11　____________明细分类账（乙式）

类别：　　　　　　品名：　　　　　　规格：　　　　　　计量单位：　　　　第　　页

年		凭证		摘要	收入			发出			结存		
月	日	字	号		数量	单价	金额	数量	单价	金额	数量	单价	金额

乙式账可以由会计人员根据原始凭证按照经济业务发生的时间先后顺序逐日逐笔进行登记，也可以由仓库保管员根据原始凭证按照时间先后顺序逐日逐笔进行登记。在经济业务量很多的情况下，也可以逐日汇总登记。

(3) 多栏式明细分类账

多栏式明细分类账同以上两种明细分类账不同，它不是按照有关的明细科目分设账页，而是根据经济业务的特点和提供资料的要求，在一张账页内的“借方”、“贷方”按有关明细科目或明细项目分设若干专栏，以在同一张账页上集中反映某一总账账户或某一明细账户全部明细项目信息的账簿。它适用于登记的明细项目较多、借贷方向单一的经济业务。根据经济业务的特点和经营管理的需要，多栏式明细账又可分为借方多栏式、贷方多栏式和借贷方多栏式三种。

借方多栏式明细账是在账页中设有借方、贷方和余额三个金额栏，并在借方按照明细项目分设若干栏目，或者单独开设借方金额分析栏。这种格式的账页适用于借方需要设置多个明细项目的成本或费用类明细账，如“生产成本明细账”、“制造费用明细账”、“管理费用明细账”等。其格式如表 6-12 所示。

表 6-12　生产成本明细账（借方多栏式）

产品名称：　　　　　　　　　　　　　　　　　　　　　　　　　　　　第　　页

年		凭证		摘要	借方				贷方	借或贷	余额
月	日	字	号		直接材料	直接人工	制造费用	合计			

借方多栏式明细账依据审核后的记账凭证和原始凭证，按照业务发生的先后顺序进行登记。如有需要冲减的经济业务事项，以红字记入借方相关专栏内，表示冲销。贷方只登记期末转出的金额。

贷方多栏式明细分类账是在账页中设置借方、贷方和余额三个金额栏，并在贷方按照明细科目或明细项目分设若干专栏，或者单独开设贷方金额分析栏。它适用于贷方需要设多个明细项目进行登记的账户，如“主营业务收入”和“营业外收入”明细账等。贷方金额分析多栏式明细账格式如表 6-13 所示。

表 6-13　营业外收入明细账（贷方多栏式）

年		凭证		摘要	借方	贷方	借或贷	余额	贷方金额分析		
月	日	字	号								

贷方多栏式明细账是根据审核后的记账凭证和原始凭证，按照业务发生的先后顺序逐笔进行登记的。一般平时只登记贷方项目的发生额，借方只在月末发生一次且与贷方金额相同。如果有需要冲减的经济业务，以红字记入贷方相应栏目内，以表示对该金额的减少数。

借贷方多栏式明细账是在账页中设置借方、贷方和余额三个金额栏，并同时在借方和贷方栏下设置若干明细项目的专栏进行登记的账簿。它适用于借贷方均需要设置多个栏目进行登记的账户，如“本年利润”明细账、“应交税费——应交增值税”明细账等。

6.3　期末账项调整、对账与结账

6.3.1　期末账项调整

在企业日常的经营活动中，由于收入和费用等经济业务的发生与现金收付行为的发生在时间上往往不一致，现金收付行为有的早于收入和费用等经济业务的发生，有的则晚于收入和费用等经济业务的发生。在确定本期的收入和费用时，首先应该分清两个概念，即收入和费用的“收支期间”和“应归属期间”。

收入和费用的“收支期间”是指收入收到了现款（现金、银行存款）和费用使用了现款（现金、银行存款）支付的会计期间。收入和费用“应归属期间”，则是指应获得收入和应负担费用的会计期间。收入和费用的收支期间和应归属期间之间关系有三种可能情况。

第一种情况是本期内收到的收入就是本期已获得的收入，本期已支付的费用就是本期应当负担的费用。收入和费用的收支期间和应归属期间相一致。

第二种情况是本期内收到但尚未实现的收入，本期内支付但不应当由本期负担的费用。例如，某企业在 1 月份把全年的保险费一次付讫，则 1 月份应当负担的保险费，仅为整笔支出的 1/12，其余部分应由以后 11 个月份分别负担。这部分已经支付但应由以后月份负担的费用，在 1 月份来看，就成为“预付费用”。

第三种情况是本期应获得的但尚未收到的收入，本期应当负担而尚未支付的费用。例如，每个季度的银行存款利息收入一般是在季末结算的，第一季度的利息收入须在 3 月末才能收到，1 月和 2 月份的存款应得的利息收入，该月内虽然未收到，但明显的是属于 1、2 月份的收入。这部分已经获得但尚未收到的利息收入，在 1、2 月末就成为“应计收入”。

在第二种和第三种情况下，收入和费用是否应为本期的收入和费用，有两种方法来加以确定，即“收付实现制”和“权责发生制”。

收付实现制又称为实收实付制、现金收付制。收付实现制确定本期的收入和费用，是以款项的实际收付为标准，即凡是本期收到现金的收入和支付现金的费用，不管其是否应归属本期，都作为本期的收入和费用；反之，凡本期未收到现金的收入和未支付现金的费用，即使应归属于本期，也不作为本期的收入和费用处理。收付实现制会计不考虑预收收入、预付费用，以及应计收入和应计费用的存在。

权责发生制又称应收应付制、应计制。权责发生制确定本期收入和费用，是以应收、应付为标准。即凡是本期已经实现的收入，不论其款项是否收到，都作为当期收入处理；凡是本期应当负担的费用，不论款项是否支付，都作为本期费用处理。反之，凡不应归属本期的收入，即使其款项已经收到并入账，都不作为本期的收入处理；凡不应归属本期的费用，即使其款项已经付出并入账，都不作为本期的费用。由于它不管款项的收付，而以收入和费用应否归属本期为准，所以称为应计制或应收应付制。

权责发生制下，归属本期的收入和费用不仅包括上述第一种和第三种情况的收入和费用，还包括以前会计期内收到而在本期实现的收入，以及在以前会计期内支付而应由本期负担的费用。所以，在会计期末，要确定本期的收入和费用，就要根据账簿记录，按照归属原则进行账项调整。

我国《企业会计准则——基本准则》要求企业会计确认、计量和报告以权责发生制为基础，因此，账簿的日常记录还不能确切地反映本期的收入和费用，在期末结账前，必须对账簿里已记的账项进行必要的调整。

企业期末需要进行调整的事项主要有三类：应计项目（应计收入、应计费用）、递延项目（预收收入、预付费用）和估计项目。

1．应计项目

应计项目是指本会计期间已实现的收入和已发生的费用，因尚未收付现金而平时未予以记录，在本会计期末应予以调整入账。应计项目主要包括应计收入和应计费用。

（1）应计费用

应计费用是指本期已经发生而尚未支付款项的费用。如应计借款利息、应计水电费等。这些费用尚未支付款项时，平时未予记录，但期末必须查明，进行调整。应计费用的调整，一方面确认费用；另一方面增加负债。具体的调整因应计费用的内容而异，常见的有“其他应付款”、“应付利息”、“应交税费”等项目。

【例 6-1】诚信公司 1 月 3 日向银行借款 500 000 元，用于生产经营周转资金，期限 6 个月。1、2 月末估算应计入当月的银行借款利息皆为 5 000 元，3 月末收到银行借款利息通知书，实际支付第一季度利息 15 200 元。

根据上述资料，一季度各月份应作的调整分录如下：

1 月份应计利息支出的分录：

借：财务费用　　　　5 000
　贷：应付利息　　　　5 000

2 月份应计利息支出的分录：

借：财务费用　　　　5 000
　贷：应付利息　　　　5 000

3 月份实际支付银行借款利息的分录：

借：应付利息　　　　10 000
　　财务费用　　　　5 200
　贷：银行存款　　　　15 200

（2）应计收入

应计收入，是指本期已经实现而尚未收到款项的各项收入，如应计出租包装物租金收入、应计银行存款利息收入等。这些收入因尚未收到款项，平时未予以记录，但期末必须查明，予以调整。应计收入的调整，一方面确认一项收入，一方面增加一项应收款项，通常是在“其他应收款”账户核算。

【例 6-2】诚信公司于 1 月 1 日出租一座闲置的仓库，租赁合同约定每月 1 500 元的租金，于年底一次收取。

根据上述资料，各月调整分录如下：

1 月至 11 月份，每月末应确认收入的分录：

借：其他应收款　　　　1 500
　贷：其他业务收入　　　　1 500

12 月末收到租金 18 000 元的分录：

借：银行存款　　　　18 000
　贷：其他应收款　　　　16 500
　　　其他业务收入　　　　1 500

2. 递延项目

递延项目，是指推迟确认已收到款项的收入或已经支付款项的费用，即预收收入和预付费用。这种预收收入和预付费用，会随着营业的继续，逐渐成为已实现的收入或已发生的费用，这样，原记录的事项性质，因实际情况的变动而有所变化，因此应在期末将已实现的收入从预收收入账户（负债类）转入收入账户，将已发生的费用从预付费用账户（资产类账户）转入费用类账户。

（1）预付费用

预付费用是指本期已经支付款项，但本期不受益而是后续会计期间受益，因而应归属后续会计期间负担的费用，如预付财产保险费、预付报刊订阅费、预付租金等。预付费用应在后续会计期间分期摊销，但分摊期应在 12 个月之内。分摊期限超过一年的称为“长期待摊费用”。会计上对预付费用的调整，可以通过“其他应付款”账户进行。

【例 6-3】诚信公司 9 月 30 日支付第四季度厂房和机器设备的保险费 3 600 元。这项费用支付是在 9 月份，但其收益期却是 10 月份、11 月份和 12 月份，因此在支付时应全部作预付费用处理，然后于第四季度再按月进行摊销。

9 月 30 日支付第四季度保险费 3 600 元的分录：

借：其他应付款　　　　　　　　　　3 600

　贷：银行存款　　　　　　　　　　　　3 600

10 月份、11 月份和 12 月份每月末摊销应负担的财产保险费分录：

借：制造费用　　　　　　　　　　　1 200

　贷：其他应付款　　　　　　　　　　　1 200

（2）预收收入

预收收入是指尚未提供产品或劳务之前，企业先行收取的款项，这些款项所代表的收入，在后续会计期间随着产品或劳务的提供而实现。企业的预收收入主要是预收货款。企业对预收货款业务应在“预收账款”账户核算。

【例 6-4】诚信公司根据合同约定于 10 月 10 日预收 M 公司货款 50 000 元，会计分录如下：

借：银行存款　　　　　　　　　　　50 000

　贷：预收账款　　　　　　　　　　　　50 000

假设诚信公司于 12 月 3 日交付产品，价款 30 000 元，增值税 5 100 元，成本 24 000 元。此时商品销售收入才实现，应予以确认，分录如下：

借：预收账款　　　　　　　　　　　35 100

　贷：主营业务收入　　　　　　　　　　30 000

　　　应交税费——应交增值税（销项税额）　5 100

借：主营业务成本　　　　　　　　　24 000

　贷：库存商品　　　　　　　　　　　　24 000

3. 估计项目

除上述预收收入、应计收入、预付费用、应计费用期末需要进行账项调整外，为使成本与收入更能密切配合，以正确计算利润，还有一些账项需要调整。这些账项调整与前述调整不同之处在于调整的金额具有不确定性。在计算此类金额时，常需考虑未来的事项作为计算依据，比如坏账准备的计提、固定资产折旧的提取等。

（1）固定资产折旧

企业购买固定资产的支出也是一种支付在先、受益在后的巨额预付费用。因此，折旧费用年末调整入账类似于预付项目的年末调整，它也是将已耗用的价值从资产账户转入费用账户，所不同的是固定资产价值的减少并不是实物数量的减少。所以，为了在固定资产账上完整清晰地反映固定资产购入或取得时的原始成本，就要求对折旧的计提，另设“累计折旧”账户予以反映。这样，调整时应借记“管理费用”或“制造费用”账户，贷记“累计折旧”账户。

（2）计提坏账准备

企业因赊销产品或劳务而应向客户所取的款项，称为应收账款。这类资产可能因债务人无力偿还欠款，从而使债权人因全部或部分收不回账款而发生坏账，构成一项损失。应收项目通常由赊销引起，赊销业务必然伴有坏账发生的可能，如果某项账款最后无法收回，那么如不考虑坏账因素，则必然高估应收账款这类资产，也虚增赊销期的净利润。因为赊销发生时无法确知哪笔账款不能收回，所以必须在期末（通常是年末）估计可能的坏账损失，并在销货发生的相同期间以费用列账，从而与销售收入配比，以正确地计算各个会计期间的损益。计提坏账准备应借记“资产减值损失”账户，贷记“坏账准备”账户，待坏账实际发生时，冲销坏账准备。

6.3.2 对账

所谓对账，就是核对账目。为了保证各种账簿记录的完整和准确，为会计报表的编制提供真实可靠的资料，在经济业务入账以后，平时或月末、季末和年末结账之前，应对各种账簿记录进行核对，做到账证相符、账账相符、账实相符。

1．账证核对

账证核对是指日记账、分类账同记账凭证及其所附的原始凭证核对，应着重核对会计凭证所记载的经济业务事项的内容、数量、金额，会计凭证上的会计分录与账簿记录是否一致。这种核对应在日常记账过程中进行，以便及时发现错账进行更正。

2．账账核对

账账核对是指各种账簿记录的相互核对，保证账簿之间有关数字相符。核对的内容包括：

（1）总账记录的相互核对。根据借贷记账法的记账规则，所有账户的借方发生额之和等于所有账户的贷方发生额之和；期初或期末的借方余额之和等于贷方余额之和。因此，可以通过编制总分类账户本期发生额及余额核对表来检查总账记录是否正确、完整。

（2）总账与明细账核对。根据总账和明细账的关系，总分类账户的发生额和余额应当等于它所属明细分类账的发生额和余额之和。通过总账和所属明细账发生额及余额相互核对，可以检查各个总账和所属明细账的记录是否正确、完整。

（3）日记账与分类账核对。核对现金、银行存款日记账的本期发生额及期末余额同总分类账中有关账户的余额是否相等。如果日记账和分类账都是根据记账凭证登记的，通过核对，可以检查记账过程中有无差错；如果分类账是根据多栏式日记账登记的，通过核对，可以检查记账过程中的重记、漏记、错记情况。

（4）会计账与业务账核对。对于固定资产、存货等财产物资的增减变化，除会计部门进行综合核算要设置账簿外，有关财产物资的使用和保管部门也要设置账卡进行记录。因此，会计账簿与业务部门账、卡记录进行核对，可以加强财产物资的管理，保证会计核算的正确进行。

3. 账实核对

账实核对是指将会计账簿记录与财产物资、款项等的实际结存数核对，做到账实相符，以保证财产物资的安全完整。账实核对一般要结合财产清查进行。内容包括：

（1）库存现金日记账的账面余额与现金实际库存数相核对，并保证日清月结。

（2）银行存款日记账账面余额定期与银行对账单相核对，每月最少一次，并保证相符。

（3）各种应收款、应付款明细账余额与有关债务、债权单位的账目相核对，并保证相符。

（4）各项固定资产、存货、有价证券等财产物资明细账的账面余额与实物实存数量相互核对相符。

6.3.3 结账

所谓结账，是指在把一定时期内发生的经济业务全部登记入账的基础上，在期末计算出各账户的本期发生额和期末余额，并将期末余额转入下期的一项会计工作。结账的目的是分清上、下期的会计记录，结出本期损益，最终为编制利润表和资产负债表提供必要的数据。结账包括两方面的工作：第一，通过结账，结清损益类账户，各收入和费用类账户的余额都变为零，以便计量下一会计期间的净损益；第二，通过结账，将资产、负债和所有者权益类账户的期末余额结转至下期，作为下一会计期间相应账户的期初余额。上述两种结账也就是会计实务中所讲的虚账户结清和实账户结转。

1. 虚账户的结清

虚账户又称临时性账户，指收入及费用两类账户，这类账户的本期发生额，期末都要结转入“本年利润”账户，会计期间终了这类账户的余额应结平，故名虚账户。结清虚账户时，应该先开设“本年利润”账户，用以核算企业本年度实现利润情况。该账户借方归集当期所有具有借方余额的虚账户余额（费用），贷方归集当期所有具有贷方余额的虚账户余额（收入）。到期末（年度内），如果“本年利润”账户出现借方余额，说明企业发生了亏损；若为贷方余额，则说明企业本年度累计实现的净利润。年度终了，应将本年实现的净利润或亏损转入“利润分配”账户，结转后“本年利润”账户应无余额。

虚账户的结账程序一般如下：

（1）计算虚账户余额。结账的第一步是计算调整后的各账户的期末余额。正常情况下，收入类账户的贷方发生额必然大于借方发生额，正常余额在贷方；费用类账户的借方发生额必大于贷方发生额，正常余额在借方。

（2）编制结账分录。收入类账户余额在贷方，结账分录应借记各项收入账户，贷记“本年利润”账户；费用类账户余额在借方，结账分录应借记“本年利润”，贷记各费用账户。年度终了时，将“本年利润”结转到“利润分配——未分配利润”账户，从而增加所有者权益。

（3）结账。根据结账分录，记入有关账户，然后在最后一笔业务，即转入“本年利润”账户下，划一条单红线，在单红线下的“摘要”栏内注明“本期发生额及期末余额”，或“月结”，或“本月合计”等字样，再加计借贷方发生额，显示双方金额相等后，在“借或贷”栏内写“平”，在“余额”栏写上“0”，再在其下面划通栏单红线，以示本月记录结束，下月份可在单红线下连续登记。

2. 实账户的结转

实账户又称永久性账户，指资产、负债及所有者权益账户，企业在会计期间终了后，其拥有的财产物资及各项权利义务并不随之消失，所以这类账户期末结账后，一般都会有余额，这些账户的余额逐年递转延续，故名实账户。

这些资产、负债、所有者权益类账户月度结账时，应在最后一笔经济业务下划单红线。然后，在单红线下的“摘要”栏内注明“本期发生额及期末余额”或“本月合计”字样，在结出本期借贷方发生额和期末余额后，再在其下一行划一条单红线，以表示本月的账簿记录已经结束。紧接下一行，在“日期”栏填写下月的 1 日，在“摘要”栏注明“期初余额”，并在“余额”栏将上期期末余额转为本期的期初余额。此后即可连续登记下月份的经济业务。

年度结账同月度结账一样，需要首先结出 12 月份的本期发生额和期末余额。然后再结出全年发生额和年末余额，在“摘要”栏内注明“本年合计”字样，并在合计数下通栏划双红线封账。

除此以外，还要将资产、负债、所有者权益类账户的余额结转下年，即将有余额的账户的余额计入新账第一页第一行的“余额”栏内，并在新账第一页第一行的“摘要”栏内注明“上年结转”字样，上年为借方余额的，结转至下年仍为借方余额；贷方余额也一样。本过程不需要编制会计分录和记账凭证，也不必将某账户的借方（或贷方）余额再计入本年该账户的贷方（或借方），使本年余额为零，因为既然年末是有余额的账户，其余额应当如实地在账户中加以反映，否则，容易混淆有余额的账户和没有余额的账户的区别。对于有余额的总账，需在“本年合计”行的下一行的“摘要”栏内注明“结转下年”字样，并将余额计入同一行的“余额”栏内，然后在其下一行划两条通栏红线，封账即可。

画龙点睛

结账应在月末、季末和年末进行，不得为赶编财务报表而提前结账，更不能先编制财务报表后结账。

6.4 错账更正

记账是会计核算的一个重要环节，会计人员应尽最大努力把账记准确，减少差错，保证账簿资料的正确可靠。由于种种原因出现错账时，要根据记账错误发生的具体情况和时间不同，按照规定的方法进行更正。常用的更正方法主要有以下三种。

知识链接

由于在借贷记账法下，账簿记录的结果存在着一种自动平衡的机制，所以就可以采用试算平衡的方法，在结账前和结账后通过编制总分类账本期发生额及余额试算平衡表，来检查账簿记录是否有差错。如果试算不平衡的话，根据借贷方的差额，分别采用差数法、除二法和除九法，找出错误所在。

6.4.1 划线更正法

划线更正法，又称为红线更正法。在结账之前，如果发现账簿记录中的数字或文字有错误，而其所依据的记账凭证没有错误，即过账时发生数字或文字上的笔误或数字计算有错误，应采用划线更正法进行更正。

具体做法是先将错误的数字或文字上划一条红线表示注销，但必须保证原有数字或文字清晰可认，以备查阅；然后在划线数字或文字的上方用蓝黑字填写正确的数字或文字，并由更正人员在更正处加盖印章，以明确责任。

画龙点睛

采用这种方法更正错账时应注意，对于文字差错，只需划去错误的文字，并相应地予以更正；对于数字差错，应将错误的数额整笔划掉，而不能只划去错误数额中的个别数字。

6.4.2 红字更正法

红字更正法，又称为红字冲销法，是用红字冲销原有记录后再予以更正的方法，主要适用于以下两种情况：

第一种情况：记账之后，发现记账凭证上所用的会计科目有误或借贷方向记错，而且账簿记录与错误的记账凭证是相吻合的。其更正方法是：首先用红字金额填制一张内容与错误记账凭证完全相同的记账凭证，并在摘要栏中写明“更正×年×月×号凭证的错误”，并据以用红字金额登记入账，以冲销原有的错误记录；然后，再用蓝字金额填制一张正确的记账凭证，并据以登记入账。

【例 6-5】2012 年 3 月 10 日生产车间生产产品领用材料一批，直接用于产品生产，材料成本 2 000 元，填制记账凭证时误记为“制造费用”并据以登记入账。

原错误的会计分录如下：

借：制造费用　　　　　　　　　　2 000

　贷：原材料　　　　　　　　　　　　2 000

发现错误并进行更正时，应首先用红字金额填制一张与原错误记账凭证内容完全相同的记账凭证，并据以用红字登记入账，冲销错账。同时在“摘要”栏内注明“更正 2012 年 3 月 10 日转字××号凭证”。

借：制造费用　　　　　　　　　　[2 000]

　贷：原材料　　　　　　　　　　　　[2 000]

然后，再用蓝字填制一张正确的记账凭证，并登记入账。

借：生产成本　　　　　　　　　　　　　　　2 000

　贷：原材料　　　　　　　　　　　　　　　　　2 000

根据以上三张记账凭证登记有关总账账户后，其记录用 T 形账户表示如下。

生产成本

借方	贷方
2 000	

原材料

借方	贷方
	2 000
	2 000
	2 000

制造费用

借方	贷方
2 000	
2 000	

第二种情况：记账以后，发现记账凭证中应借、应贷会计科目和记账方向都正确，只是所记金额大于应记金额并据以登记账簿。其更正方法是：将多记的金额用红字填制一张与原错误记账凭证的会计科目、记账方向相同的记账凭证，据以用红字登记入账，以冲销多记金额。

【例 6-6】 职工预借差旅费 2 000 元，以库存现金支付。填制记账凭证时，将金额误记为 20 000 元，并已登记入账。

原错误的会计分录：

借：其他应收款　　　　　　　　　　　　　　20 000

　贷：库存现金　　　　　　　　　　　　　　　　20 000

发现错误以后，应将多记的金额 18 000 元，填制一张与上述分录应借应贷科目一致但金额是红字的记账凭证，并据以登记入账，从而将多记的金额予以冲销。

即编制如下会计分录并登记入账：

借：其他应收款　　　　　　　　　　　　　　18 000

　贷：库存现金　　　　　　　　　　　　　　　　18 000

根据以上两张记账凭证登记总账后，有关总账账户的记录情况在 T 型账户中表示如下。

库存现金

借方	贷方
	20 000
	18 000

其他应收款

借方	贷方
20 000	
18 000	

画龙点睛

采用红字更正法更正金额多记错误时应注意：不得以蓝字金额填制与原错误记账凭证记账方向相反的记账凭证去冲销原错误金额，因为蓝字记账凭证反方向记录的会计分录反映某类经济业务，而不能反映更正错账的内容。例如，借记“库存现金”，贷记“其他应收款”，如用蓝字填制，则反映的是企业收取某职工的欠款的业务，并不能反映对错误账簿记录的更正内容，而这样的业务在企业也是经常发生的。因此必须采用红字更正法予以更正。

6.4.3 补充登记法

补充登记法也称蓝字补记法。记账以后，发现记账凭证中应借、应贷的会计科目和记账方向都正确，只是所记金额小于应记金额并据以登记入账，应该采用补充登记法予以更正。更正的方法是：将少记的金额用蓝字填制一张与原错误记账凭证科目名称和方向一致的蓝字记账凭证，并据以登记入账，以补足少记的金额。

【例 6-7】购买价值 3 200 元的办公用品，以库存现金支付。填制记账凭证时，将金额误记为 2 300 元，并已登记入账。

原错误凭证为：

借：管理费用　　　　2 300

　贷：库存现金　　　　2 300

发现错误后，将少记金额 900 元，用蓝字编制一张与上述会计分录中的科目名称和方向一致的记账凭证，并据以登记入账：

借：管理费用　　　　900

　贷：库存现金　　　　900

根据以上两张记账凭证登记总账后，有关总账账户的记录情况用 T 型账户表示如下。

借方	库存现金 贷方
	2 300
	900

借方	管理费用 贷方
2 300	
900	

画龙点睛

对于上述错账更正时需要编制的记账凭证，其摘要应填写“更正×字×号凭证”字样，而不应该再填写原业务内容。

勤学好问

以上介绍的红字更正法和补充登记法都属于账簿记录与其所据以登账的记账凭证内容完全一致时出现的错账更正方法，请思考，如果账簿记录与其所依据的记账凭证不一致，并且记账凭证本身也有错误时，应如何更正？

6.5 会计账簿的更换与保管

6.5.1 会计账簿的更换

账簿的更换，是指在年度结账完毕后，以新账代替旧账。为了便于账簿的使用和管理，一般情况下，总账、库存现金日记账、银行存款日记账和大部分明细账都应每年更换一次；

一小部分明细账如固定资产明细账或固定资产卡片，可以继续使用，不用每年更换，各种备查账也可以连续使用。更换新账时，因为总账采用订本式账簿，所以应根据各账户经济业务的多少，合理估计各账户在新账中所需要的账页，并填写账户目录，然后据以设立账户。

年度结账时，在本年有余额的账户“摘要”栏内注明“结转下年”字样。在更换新账时，注明各账户的年份，在第一行“日期”栏内写明 1 月 1 日；“记账凭证”栏空置不填；在“摘要”栏内注明“上年结转”字样；然后根据上年账簿的账户余额直接抄入新账“余额”栏内，并注明余额的借贷方向。在此基础上，再登记新年度发生的经济业务。

6.5.2 会计账簿的保管

会计账簿是各单位重要的会计档案资料，必须妥善地加以保管。考虑到账簿的特点，账簿管理主要包括日常管理和旧账归档保管两部分。

1. 会计账簿的日常管理

会计账簿的日常管理要分工明确，并指定专人管理，一般是谁负责登记，谁负责管理；各种会计账簿未经本单位领导或会计部门负责人允许，非经管人员不得翻阅查看会计账簿；会计账簿除需要与外单位核对账目外，一律不准携带外出。对需要携带外出的账簿，必须经本单位领导或会计部门负责人批准，并指定专人负责，不准交给其他人员管理，以保证账簿安全和防止任意涂改账簿等现象的发生。

2. 会计账簿的归档保管

年度结账后，对需要更换新账的账簿，应将旧账按规定程序整理并装订成册，归档保管。对于订本式账簿，要将剩余的空白账页予以注销；对于活页式账簿，抽出空白账页以后，按顺序将已用账页装订成册。装订时应注意以下事项：（1）活页账装订时，一般按账户分类装订成册，一个账户装订成一册或数册；某些账户账页较少，也可以几个账户合并装订成一册，但应按资产、负债及所有者权益类账户分别装订；（2）装订时应检查账簿扉页的内容是否填写齐全，要将账簿经管人员一览表及账户目录附在账页前面，并加具封面、封底；（3）装订时，应将账页整齐牢固地装订在一起，并将装订线用纸封口，由经办人员及装订人员、会计主管人员在封口处签章。

旧账装订完毕后，交由会计档案保管人员造册归档。造册归档时，应在各种账簿的封面上注明单位名称、账簿种类、会计年度、账簿册数、册次及本账簿总页数，并由会计主管人员和经办人员签章；然后，将全部账簿按册数顺序或保管期限统一编写“会计账簿归档登记表”，如表 6-14 所示。保管期满、需要销毁时，应造册上报上级批准，在指定的专人监督下，方可销毁。

知识链接

会计账簿作为非常重要的会计档案。对其保管期限均有明确规定。其中：库存现金日记账和银行存款日记账保管 25 年，总账和明细账及备查账簿保管 15 年，固定资产卡片在固定资产报废清理后保管 5 年。

表 6-14 会计账簿归档登记表

账簿名称	册数	页数	经管人	批准销毁			备注
				批准人	批准日期	销毁日期	

重要概念

会计账簿、序时账、分类账、库存现金日记账、银行存款日记账、总账、明细账、划线更正法、红字更正法、补充登记法、账项调整、对账、结账

要点回顾

（1）会计账簿是按照会计科目开设账户，并由具有一定格式、相互联系的若干账页组成，用来序时、分类地记录各项经济业务的簿籍。簿籍是账簿的外表形式，账户记录则是账簿的内容。设置和登记账簿是会计核算的一种专门方法，也是会计核算的中心环节。会计账簿按其用途不同，可以分为序时账簿和分类账簿、备查账簿三种。会计账簿按其外表形式不同，可以分为订本式账簿、活页式账簿和卡片式账簿。会计账簿按账页格式不同，可以分为三栏式账簿、多栏式账簿和数量金额式账簿。

（2）账簿一般都应具备以下基本内容：（1）封面；（2）扉页；（3）账页。账页一般包括下列基本内容：账户的名称、账页的总页次和分户页次、记账日期栏、记账凭证的种类和号数栏、摘要栏和金额栏。启用新的会计账簿时，应当在账簿封面上写明单位名称和账簿名称。在账簿扉页上应当附会计账簿启用和经管人员一览表。会计人员应根据审核无误的会计凭证及时地登记会计账簿。登记账簿时要遵循记账规则，发现错误后不得刮擦、挖补、涂改或用药水消除字迹等手段改正错误，也不允许重抄，应该根据错误类型采用正确的错账更正方法予以更正。

（3）在企业日常的经营活动中，由于收入和费用等经济业务的发生与现金收付行为的发生在时间上往往不一致，现金收付行为有的早于收入和费用等经济业务的发生，有的则晚于收入和费用等经济业务的发生。因此在会计期末，要确定本期的收入和费用，就要根据账簿记录，按照归属原则进行账项调整。企业期末需要进行调整的事项主要有三类：应计项目（应计收入、应计费用）、递延项目（预收收入、预付费用）和估计项目。

（4）对账，就是核对账目。对账的目的是为了保证各种账簿记录的完整和准确，做到账证相符、账账相符、账实相符。结账，是指在把一定时期内发生的经济业务全部登记入账的基础上，在期末计算出各账户的本期发生额和期末余额，并将期末余额转入下期的一项会计工作。结账包括两方面的工作：第一，结清虚账户，即结清损益类账户，使各损益类账户的余额都变为零，以便计量下一会计期间的净损益；第二，结转实账户，即将资产、负债和所有者权益类账户的期末余额结转至下期，作为下一会计期间相应账户的期初余额。

（5）错账更正方法包括划线更正法、红字冲销法、补充登记法。结账前如发现记账凭证填制无误而账簿记录的文字或数字出现错误，应采用划线更正法。记账后发现记账凭证上的会计科目用错、借贷方向记错或者所记金额大于应记金额时，应当采用红字冲销法。记账后发现记账凭证中使用的会计科目、借贷方向没有错误，只是所记金额小于应记金额，造成账簿记录有误，则采用补充登记法进行更正。

（6）账簿的更换，是指在年度结账完毕后，以新账代替旧账。一般情况下，总账、库存现金日记账、银行存款日记账和大部分明细账都应每年更换一次；对于在年度内业务发生量较少、账簿变动不大的部分明细账如固定资产明细账或固定资产卡片，可以继续使用，不用每年更换，各种备查账也可以连续使用。年度结账后，对需要更换新账的账簿，应将旧账按规定装订成册，归档保管。保管期满、需要销毁时，应造册上报上级批准，在指定的专人监督下，方可销毁。

复习思考题

1. 会计账簿如何进行分类？
2. 会计账簿的基本内容包括什么？
3. 登记会计账簿时应遵循哪些原则？
4. 明细分类的格式有哪几种？分别适用于哪些科目的明细核算？
5. 为什么要进行期末账项调整？通常需要进行账项调整的业务有哪些？
6. 对账包括哪些内容？
7. 简述结账的内容与方法。
8. 错账的更正方法有哪几种？各种方法的适用范围是什么？
9. 各种账簿的保管年限有何规定？

练习题

一、单项选择题

1. 在我国，总分类账要选用（　　）。

A. 活页式账簿　　B. 卡片式账簿
C. 订本式账簿　　D. 活页式或订本式都可以

2. 登记会计账簿的依据是（　　）。

A. 经济业务　　B. 会计凭证　　C. 会计分录　　D. 会计科目

3. 日记账又称序时账，是根据经济业务发生的时间先后顺序，（　　）登记经济业务的账簿。

A. 定期逐笔　　B. 逐日逐笔　　C. 顺序　　D. 汇总

4. 在我国，单位一般只对（　　）的核算采取卡片账形式。

A. 库存现金　　B. 应收账款　　C. 库存商品　　D. 固定资产

5. 下列账户中，适合采用多栏式明细账格式核算的是（　　）。

A. 原材料　　B. 制造费用　　C. 应付账款　　D. 库存商品

二、多项选择题

1. 下列账簿可采用三栏式帐页的有（　　）。
   A. 原材料明细账　　B. 库存商品明细账
   C. 银行存款日记账　　D. 资本公积明细账
2. 下列符合登记会计账簿基本要求的是（　　）。
   A. 文字和数字的书写应占格距的 1/3　　B. 不得使用圆珠笔书写
   C. 应连续登记，不得跳行、隔页　　D. 无余额的账户，在“借或贷”栏内写“0”
3. 库存现金日记账应根据（　　）登记。
   A. 库存现金收款凭证　　B. 库存现金付款凭证
   C. 部分银行存款收款凭证　　D. 部分银行存款付款凭证
4. 数量金额式账簿的收入、发出和结存三大栏内，都分设（　　）三个小栏。
   A. 数量　　B. 种类　　C. 单价　　D. 金额
5. 下列账簿中，一般采用数量金额式的有（　　）。
   A. 原材料明细账　　B. 库存商品明细账
   C. 生产成本明细账　　D. 管理费用明细账
6. 对于划线更正法，下列说法中正确的是（　　）。
   A. 划线注销时必须使原有字迹仍可辨认
   B. 对于错误的数字，应当全部划红线更正，不得只更正其中错误数字
   C. 对于文字错误，可只划去错误的部分
   D. 对于错误的数字，可以只更正其中的错误数字
7. 下列说法中不正确的是（　　）。
   A. 所有的明细账，年末时都必须更换
   B. 现金日记账和银行存款日记账的保管期限为 15 年
   C. 固定资产卡片账应保存 5 年
   D. 总账、明细账和备查账应该保存 15 年

三、判断题

1. 登记账簿时，发生的空行、空页一定要补充书写，不得注销。（　　）

2. 由于编制的记账凭证会计科目错误导致账簿记录错误，更正时，可以将错误的会计科目划红线注销，然后，在红线上方填写正确的会计科目。（　　）

3. 更换账簿时，如果有余额，则在新账簿的第一行摘要栏内注明“上年结转”。（　　）

4. 为了保证账簿记录的合法性和完整性，明确责任，在账簿启用时，应填写“账簿启用和经管人员一览表”。（　　）

5. 补充登记法就是把原来未登记完的业务登记完毕的方法。（　　）

四、业务题

目的：掌握会计账簿的登记方法。

资料：

（1）长城公司 2013 年 5 月 1 日相关总账的余额分别为：

总账余额表

单位：元

会计科目	借方余额	贷方余额
库存现金	1000	
银行存款	780000	
应收账款	180000	
原材料	50000	
应付职工薪酬		90000

注：因本期交易而发生变化的会计账户，若相关资料中没有列出其期初余额，则表明其期初余额为0。

（2）相关明细账的期初余额分别为：

应收账款——东方公司：借方余额160000元；原材料——乙材料：3000公斤，单位成本10元。

（3）2013年5月长城公司发生如下几笔经济交易：

① 5月2日，从东方公司处收到4月份的赊销商品款120000元，存入银行。

② 5月3日，从银行提取现金90000元，并将其用于发放上月职工工资。

③ 5月6日，为生产A产品领用乙材料2600公斤，单位成本10元。

要求：（1）对上述经济交易与事项进行确认和计量，并编制相关的记账凭证。

（4）根据记账凭证，登记相关的分类账和日记账。

案例分析

长城公司会计人员在对账的过程中发现了如下几项错误：

（1）2日，长城公司以现金支付生产车间设备修理费600元，针对该项经济交易编制的会计分录如下（已过账）：

借：销售费用　　　　600

　贷：库存现金　　　　600

（2）3日，长城公司以银行存款250000元购买了一台机器设备。根据该项购货交易编制的记账凭证是正确的，但在登记“固定资产”账户的时候，却将金额错写为520000元。

（3）6日，生产产品领用原材料20000元，针对该项经济交易编制的会计分录如下（已过账）：

借：生产成本　　　　2000

　贷：原材料　　　　2000

（4）15日，企业支付广告费15000元，款项已用银行存款支付。针对该项经济交易编制的会计分录如下（已过账）：

借：销售费用　　　　150000

　贷：银行存款　　　　150000

要求：（1）判断上述账簿记录错误的原因及应采用的更正方法。

（5）对上述账簿记录错误进行更正。

第7章

财 产 清 查

学习目标

通过本章内容的学习，理解财产清查的意义和作用，掌握存货的两种盘存制度：永续盘存制与实地盘存制，明确财产清查的内容和方法，掌握财产清查结果的账务处理方法。

7.1 财产清查概述

7.1.1 财产清查的含义

财产清查是通过对实物、现金的实地盘点和对银行存款、往来款项的核对，来确定各项财产物资、货币资金和往来款项的实际存量数，以查明账面结存数与实存数是否相符，并查明账实不符的原因的一种会计核算方法。

企业单位各种财产物资的增减变动和结存情况，通过凭证的填制与审核、账簿的登记与核对，已经在账簿体系中得到了正确反映，但账簿记录的正确性并不足以说明各种财产物资实际结存情况的真实性。在具体会计工作中，即使是账证相符，财产物资的账面数与实际结存数仍然可能不相一致。根据资产管理制度以及为编制会计报表提供正确可靠的核算资料的要求，必须使账簿中所反映的有关财产物资和债权债务的结存数与其实际数额保持一致，做到账实相符。因此，必须运用财产清查这一会计核算的专门方法。

造成账实不符的原因主要有以下几个方面：

（1）财产物资在保管过程中发生自然损耗，如干耗、升重等自然现象造成的质量或数量的变化。

（2）在收发财产物资的过程中，由于计量、计算、查验不准而造成的品种、数量或质量上的误差。

（3）因企业规章制度不严、管理不善或管理人员失职而发生的财产损坏、变质或短缺，如财产失窃、被贪污等。

（4）自然灾害造成的财产物资损失。

（5）在财产物资收发过程中出现的漏记、重记、错记。

（6）结算过程中发生的未达账项，造成某些财产物资的账面数与实存数不相符。

由于以上原因，必须对各项财产物资定期或不定期地进行盘点或核对，对实存数与账存数不相符的差异，则要调整账簿记录，并查明原因和责任，按有关规定做出处理。

7.1.2 财产清查的作用

财产清查既是会计核算的一种方法，又是单位内部实施会计控制和会计监督的一种活动。其作用主要表现在：

1．提高会计信息的质量，保证会计资料的真实、完整

通过财产清查，可以查明财产物资有无短缺或盈余以及发生盈亏的原因，确定财产物资的实有数，并通过账项的调整达到账实相符，保证会计核算资料的真实性，为编制会计报表奠定基础。

2．健全财产物资的管理制度，保证财产物资的安全完整

通过财产清查，可以发现财产管理工作中存在的各种问题，诸如收发手续不健全、保管措施不得力、控制手续不严密等，以便采取对策加以改进，健全内部控制制度，保护资产的安全与完整。

3．挖掘财产物资的潜力，提高经济效益

通过财产清查，可以查明财产物资的利用情况，发现其有无超储积压或储备不足以及不配套等现象，以便采取措施，对储备不足的设法补足，对呆滞积压和不配套的及时处理，充分挖掘财产物资潜力，提高财产使用效果。

4．完善财产管理的岗位责任制

通过财产清查，可以促使保管人员总结经验，吸取教训，不断学习先进的管理技术，增强敬业精神，提高业务素质。

7.1.3　财产清查的种类

1．按财产清查的范围划分，可分为全面清查和局部清查

（1）全面清查

全面清查是指对一个单位的全部财产物资，包括实物资产、现金资产以及债权债务等进行的全面彻底的盘点与核对。其特点是：清查范围大、投入人力多、耗费时间长。一般只在下述情况下实施全面清查：

① 年终编制决算会计报表前；

② 企业撤销、合并或改变隶属关系时；

③ 企业更换主要负责人时；

④ 企业改制等需要进行资产评估时。

（2）局部清查

局部清查是指对一个单位的部分实物资产或现金资产或债权债务进行的盘点或核对。其特点是清查范围小、专业性强、人力与时间的耗费较少。其清查对象主要是流动性较强、易发生损耗以及比较贵重的财产。在企业的日常管理中，局部清查比较常见，主要包括以下情况：

① 材料、商品、在产品、产成品等存货在年中进行的轮流盘点或重点清查；

② 对贵重物资进行的经常性盘点；

③ 对库存现金于每日营业终了进行的实地盘点；

④ 企业与银行之间进行的账项核对；

⑤ 企业与有关单位进行的债权和债务查询。

2．按财产清查的时间间隔不同，可分为定期清查和不定期清查

（1）定期清查

定期清查就是根据事先计划安排的时间，对一个单位的全部或者部分财产进行的清查，常在月末、季末和年末结账时进行。定期清查可以是全面清查，如年终决算前的清查；也可以是局部清查，如对一些贵重物资的清查。

（2）不定期清查

不定期清查是指事前未规定清查时间，而根据某种特殊需要进行的临时清查。这主要有以下情况：

① 更换财产物资经管人员（出纳员、仓库保管员）时；

② 财产物资遭受自然或其他损失时；

③ 单位合并、迁移、改制或改变隶属关系时；

④ 财政、审计、税务等部门进行会计检查时；

⑤ 按规定开展临时性清产核资工作时。

发生上述情况时，可以根据不同需求进行全面清查或局部清查。

7.1.4 财产清查前的准备工作

财产清查是一项既复杂又细致的工作，必须有计划有组织地进行。不同的财产清查，其程序也不尽相同。但就其一般程序而言，它主要包括以下几个步骤。

1．组织准备

组织准备是指要成立以由会计部门牵头，包括业务、保管等各职能部门和职工代表人员参加的专门清查小组，具体负责财产清查的计划组织和管理。它包括：制订具体的清查计划、合理安排工作制度、检查和督促工作、清查结果及处理意见的上报等。

2．业务准备

业务准备是指各资产管理、使用部门和财会部门应做好与清查有关的具体工作。主要包括：

（1）会计部门各资产保管部门应做好所有账簿的登记工作，正确结账和对账，做到账账相符、账证相符，为账实核对提供正确的账簿资料；

（2）资产使用和保管部门应将其使用和保管的各项资产按自然属性予以整理，有序排列、整齐堆放、挂上标签，标明品种、规格及结存数量，以便盘点核对；

（3）清查人员准备好必要的计量器具、有关清查需用的各种表册等。

7.2 财产物资的盘存制度

财产物资的盘存制度有两种，即“永续盘存制”和“实地盘存制”。单位可根据经营管理的需要，分别采用不同的盘存制度。

7.2.1 永续盘存制

永续盘存制又称“账面盘存制”，是指平时对各项财产物资分别设立明细账，根据会计凭证连续记载其增加和减少数，并随时结出其余额的一种管理制度。其计算公式如下：

账面期末余额=账面期初余额+本期增加额−本期减少额

永续盘存制的优点：这种盘存制度，能从账簿资料中及时反映出各项财产物资的结存数，为及时掌握单位财产增减变动情况和余额结存情况提供可靠依据，便于加强会计监督，随时掌握财产物资的占用情况及其动态，有利于加强对财产物资的管理。因此，大多数的单位在财产物资的盘存制度中采用永续盘存制。

永续盘存制的不足：账簿记录的财产物资增减变动及结存情况都是根据有关会计凭证登记的，可能发生账实不符的情况，同时，登记明细账的工作量也比较大。

画龙点睛

采用永续盘存制计算的期末结存数与实物资产的实存数并不一定相符，因此，仍需定期对各种资产进行实地盘点。

7.2.2 实地盘存制

实地盘存制又称定期盘存制，是指以实际盘点所取得的实际盘存数作为账面的结存数额的一种管理制度。在实地盘存制下，平时只登记财产物资的增加数，不登记财产物资的减少数，期末根据实地盘点的结存数作为账面余额，倒挤出财产物资的减少数。其计算公式如下：

期末结存金额=库存数量（实地盘点数）×单价

本期资产减少金额=期初账面结存金额+本期增加金额−期末资产结存金额

实地盘存制的优点：每月末各项财产物资进行实地盘点的结果，是计算、确定本月财产物资减少数的依据。采用这种方法，平时工作简单，工作量少。

实地盘存制的不足：在这种方法下，企业各项财产物资的减少是根据实际盘点出的本期数倒挤出来的，财产物资的出库没有严格的手续，不便于实行会计监督。倒挤出的各项财产物资的减少数中成分比较复杂，除了正常耗用外，可能还有非正常的损失或丢失，从而使非正常销售的损失、差错，甚至偷盗等原因所引起的短缺，全部计入销货成本之内，掩盖了仓库管理中存在的问题，削弱了对存货的控制。

7.3 财产清查的内容和方法

财产清查的内容很多，主要包括货币资产的清查、实物资产的清查、往来款项的清查等。不同的财产物资，其清查方法也不一样。

7.3.1 货币资产的清查

货币资产的清查主要包括对库存现金、银行存款和其他货币资金的清查。货币资金的收支十分频繁，容易出现差错，因此货币资金的清查往往是财产清查的重点。

1. 库存现金的清查

库存现金的清查是采用实地盘点的方法。库存现金的清查步骤和要求如下：

（1）清查前，出纳人员将截至清查时的全部现金收、付款凭证登记入账，结出库存现金日记账余额。

（2）清查时，出纳人员必须在场，将库存现金逐张清点。盘点时，除查明账实是否相符外，还要查明有无违反现金管理制度规定的现象，如以“白条”、“收据”等抵充现金；库存现金是否超过规定的库存限额；是否有挪用公款的现象等。

（3）库存现金清查结束后，清查人员应根据盘点记录，填制“库存现金盘点报告表”。如表 7-1 所示。“库存现金盘点报告表”是一张重要的财产清查原始凭证，它起到“盘存单”和“实存账存对比表”的双重作用。

知识链接

库存现金盘点应在事先不通知被审计单位相关人员的情况下突击进行；实施盘点的最佳时间应选择在营业前（上午上班）或营业终了（下午下班）后；组织安排库存现金的清点工作前，先要求出纳人员取出保险柜中混入的属于私人的钱，然后要求出纳将保险柜外所有单位公款全部放入保险柜，最后封存保险柜；当库存现金存放在单位不同地点的保险柜时，应安排几个盘点小组同时对单位每个存放处的保险柜现金展开盘点，或将每个存放处保险柜先做封存，然后逐一盘点；审计人员应邀请被审计单位会计主管、会计、出纳等一同到盘点现场参与盘点及监督工作。

表 7-1　现金盘点报告表

名称：　　　　　　　　　　　　　　　　　　　　年　月　日

实存金额	账存金额	对比结果		备注
		盘盈	盘亏	

盘点人：（签章）　　　　　　　　　　　　　　　　出纳员：（签章）

2．银行存款的清查

（1）银行存款的清查方法

对银行存款的清查主要采用账项核对的方法，即根据银行存款日记账与开户银行转来的“银行对账单”进行核对。一般情况下，开户银行会定期将单位一定时期内在该行存款的变化和结存情况，以“对账单”的形式转给存款单位，供其核对。单位接到“银行对账单”后，应与银行存款日记账逐笔核对其发生额及余额，如果两者金额相符，一般说明无错误；如果双方账目的结存余额不一致，原因主要有两个：一是某方（尤其是存款单位）账簿本身登记发生差错，对于这种情况应查明原因，及时予以更正；二是大多数此类情况是由“未达账项”所造成。

知识链接

“银行对账单”是开户银行在记录开户单位的存款时登记的明细账，在过去手工记账的情况下，银行要复写一式两份，一份作为银行账簿，另一份要定期送给开户单位。

（2）未达账项的类型及其调整方法

所谓未达账项，是指单位与开户银行之间因结算凭证传递时间的差别，发生的一方已经记账，而另一方尚未接到有关凭证没有记账的款项。未达账项一般有四种情况：

第一，单位已收、银行未收。本单位送存银行的款项，已作为存款增加记入银行存款日记账，但银行尚未入账。

第二，单位已付、银行未付。本单位开出支票或其他支款凭证后，已作为存款减少记入银行存款日记账，但持票人尚未到银行办理转账，故银行未作为减少入账。

第三，银行已收、单位未收。银行代单位收进的款项已作为单位存款增加记账，而单位因未接到收款通知单尚未入账。

第四，银行已付、单位未付。银行代单位支付的款项已作为单位存款减少记账，而单位因未接到付款通知单尚未入账。

上述第一、四两种情况下，会使单位的银行存款日记账余额大于对账单余额，而在第二、第三两种情况下，则会使单位的银行存款日记账余额小于对账单余额。

对未达账项所造成的单位与开户银行的存款余额不一致的情况，一般在清查银行存款时，通过编制"银行存款余额调节表"的方法加以揭示和进行调整，并以此来确定单位与开户银行的账目是否正确。

银行存款余额调节表的常用编制方法是：以单位、银行双方调整前（银行存款日记账和银行对账单）的账面余额为基础，各自补记对方已入账而本方尚未入账的未达账项，计算出双方各自调整后的余额。其计算公式如下：

银行存款日记账余额+银行已收单位未收数额−银行已付单位未付金额=银行对账单金额+单位已收银行未收数额−单位已付银行未付数额

若双方调整后的余额相等，一般表明双方记账正确，反之则说明某一方或双方记账有误。此种情况下，则应由某一方或双方按规定的错账更正方法予以更正。

（3）未达账项调整方法举例

现举例说明未达账项的调整方法。

【例 7-1】ABC 公司 2012 年 10 月 31 日银行存款日记账余额为 87 000 元，开户银行转来的银行对账单余额为 76 000 元。经逐笔核对，发现有以下未达账项：

① 企业 29 日送存银行转账支票一张，金额为 15 000 元，银行尚未入账；

② 企业委托银行代收的销货款 9 200 元，银行已于 29 日收妥入账，企业未接到收款通知单；

③ 企业 30 日开出支票一张计 2 300 元支付广告费用，银行尚未收到支票；

④ 银行于 31 日代企业支付水电费 7 500 元已登记入账，企业未接到付款通知单。

根据上述未达账项，编制银行存款余额调节表如表 7-2 所示。

表 7-2　银行存款余额调节表

2012 年 10 月 31 日　　　　单位：元

项　目	金　额	项　目	金　额
企业银行存款日记账余额	87 000	银行对账单余额	76 000
加：银行已收，企业未收款项	9 200	加：企业已收，银行未收款项	15 000
减：银行已付，企业未付款项	7 500	减：企业已付，银行未付款项	2 300
调节后的存款余额	88 700	调节后的存款余额	88 700

除上述调整方法外，还可以以单位银行存款日记账余额为标准，对银行对账单独立调整，使其在调整了所有应调整的账项后，与银行存款日记账余额保持一致。其计算公式如下：

银行对账单余额+单位已收银行未收款项+银行已付单位未付款项−单位已付银行未付款项−银行已收单位未收款项=单位银行存款日记账余额

承上例资料，银行存款日记账余额计算如下：

76 000+15 000+7 500−2 300−9 200=87 000（元）

画龙点睛

必须注意，未达账项不是错账、漏账，因此，不能根据银行存款余额调节表做任何账务处理。对于其中所涉及的全部未达账项，都必须在收到有关结算凭证后方可登记入账。

7.3.2 实物资产的清查

实物资产的清查主要包括：固定资产、原材料、在成品、产成品、低值易耗品及库存商品等，清查的具体方法有对实地盘点法、技术推算法、抽样盘点法和查询核实法四种。

1．实地盘点法

实地盘点法是通过点数、过磅和量尺等方式，确定财产物资的实有数量。该方法适用范围较广且易于操作，大部分实物资产均可采用。例如：机器设备、原材料、产成品和库存商品等的清查。

2．技术推算盘点法

技术推算盘点法是指通过技术推算（如量方、计尺等）测定财产物资实有数量的方法。该方法适用于大堆存放、物体笨重、价值低廉、不便逐一盘点的实物资产。例如：化肥、水泥、沙石等数量大、价值低廉物资的清查。从本质上讲，它是实地盘点法的一种补充方法。

3．抽样盘点法

抽样盘点法是对于数量多、价值小、重量均匀的财产物资，采用从中抽取少量样品，以确定其数量的一种方法。

4．查询核实法

对实物资产进行盘点时，实物保管人员必须在场，并与有关人员要认真核实，及时记录，对清查中发现的异常情况如腐烂、破损、过期失效等，致使不能使用或销售的实物资产，应详细注明并提出处理意见。盘点结果应由有关人员如实填制“盘存单”。并由盘点人和实物保管人员签字或盖章。

盘存单是用来记录实物盘点结果、反映实物资产实存数额的原始凭证。其格式如表 7-3 所示。

表 7-3 盘存单

财产类别： 存放地点： 盘点日期： 年 月 日 编号：

编号	名称	规格	计量单位	盘点数量	单价	金额	备注

盘点人签章： 保管人签章：

盘点完毕，发现某些实物资产账实不符时，应根据“盘存单”和有关账簿记录，填制“实存账存对比表”，以便确定各种账实不符资产的具体盈亏数额。“实存账存对比表”是用来反映实物资产实存数与账存数之间的差异并作为调整账簿记录的原始凭证。其格式如表 7-4 所示。

表 7-4 实存账存对比表

部门名称： 年 月 日 编号：

编号	名称	规格型号	计量单位	单价	实存		账存		对比结果				备注
									盘盈		盘亏		
					数量	金额	数量	金额	数量	金额	数量	金额	

主管： 会计： 制表：

“实存账存对比表”又称“盘点盈亏报告单”，清查人员应以该表为基础核准各种实物资产的盈亏情况，分析查明账实不符的性质和原因，划清经济责任，按规定程序报请有关部门领导予以审批处理，并针对清查中发现的资产管理方面存在的问题，提出改进措施，促使各项资产管理制度的健全和完善。

7.3.3 往来款项的清查

往来款项是指单位的应收账款、应付账款、其他应收款、其他应付款等债权债务。对应收款项和应付款项等往来账项的清查，采用的主要方法是通过函询与债权债务单位核对账目。单位应将清查日截止时的有关结算凭证全部登记入账，在确保本单位应收应付款项余额正确的基础上，编制一式两联的对账单，送交对方单位进行核对。“往来款项对账单”的一般格式如表 7-5 所示。

表 7-5 往来款项对账单

往来款项对账单

×××单位：

你单位 2012 年 7 月 26 日购我公司 A 产品 200 件，已付货款 60 000 元，尚欠 50 000 元，请核对后将回联单寄回。

清查单位（盖章）

2012 年 12 月 24 日

沿此虚线裁下，将以下回联单寄回！

- - - - - - - - - - - - - - - - - - - -

回联单

×××清查单位：

你单位寄来的“往来款项对账单”已收到，经核对相符无误。

×××单位（盖章）

2012 年 12 月 28 日

对方单位核对后，应将核对结果在对账单上注明，加盖公章后退回清查单位。清查人员应据此编制“往来款项清查结果报告表”。若发现未达账项，也可采用前述调节方法予以调整相符。对于清查过程中有争议或确实无法收回以及不需支付的款项，应及时采取措施加以处理，以便减少坏账损失，避免呆滞款项长期挂账。按规定为个人垫付的各种款项，也应定期列示清单与本人核对，并督促其及时归还。“往来款项清查结果报告表”如表 7-6 所示。

表 7-6　往来款项清查结果报告表

年　　月　　日

总分类账户		明细分类账户		发生日期	对方结存	对比结果及差异额	差异原因及金额			备注
名称	金额	名称	金额				未达账项	有争议的款项	无法收回款项	

清查人员：（签章）　　　　　　　　　　　　　　　　　　　　　　经管人员：（签章）

7.4　财产清查结果的处理

7.4.1　财产清查结果的处理程序

1．财产清查结果的处理步骤

为了保证会计核算资料的准确性，对财产清查中发现的盘盈、盘亏及毁损的财产，应及时在账簿中予以反映，做到账实相符。从账务处理的程序看，一般分成以下两步：

第一步，根据实存账存对比表、现金盘点报告表等反映的各项财产物资的盘盈、盘亏及毁损数额，编制记账凭证并登记入账，使通过调整后的账面结存数与财产物资的实存数趋于一致，并将盈亏数额记入“待处理财产损益”账户。同时，将盈亏情况、查明的原因及处理建议向单位领导或有关部门办理报批手续。

第二步，接到单位领导及有关部门的批复意见后，根据财产物资盘盈、盘亏的性质及原因，分别编制向责任人索赔、转入管理费用、营业外支出、营业外收入等的记账凭证，并记入有关账簿，同时核销“待处理财产损益”账户的记录。

2．财产清查结果的处理原则

企业在财产清查中对发生的盘盈、盘亏及毁损会计事项，一般的处理原则如下：

（1）对发生的除现金资产以外的流动资产盈亏，应根据企业管理当局的意见进行处理：由责任人失职造成的盘亏损失，应责成责任人赔偿，作为“其他应收款”处理；因管理制度不健全、计量器具不准、定额内自然损耗造成的盘亏损失，作为增加“管理费用”处理；因自然灾害、意外事故导致的非常损失，应由保险公司赔偿的部分作为“其他应收款”处理，其余部分，列作“营业外支出”处理。

（2）对发生的除现金资产以外的流动资产盘盈，当原因不明时，作为冲销企业的“管理费用”处理。

（3）对发生的现金短缺金额，应由责任人赔偿的，应责成责任人（出纳员）赔偿，作为“其他应收款”处理；在原因不明时，作为“管理费用”处理；因非常事故（如抢劫等）

造成的损失，列作“营业外支出”处理。

（4）对发生的现金长款金额，在确定少支付的情况下，作为“其他应付款”处理；如果原因不明，应列作“营业外收入”处理。

（5）对发生的固定资产盘亏金额，如属于自然灾害造成，应由保险公司赔偿的部分作为“其他应收款”处理，残料评估作价作为增加，记入“原材料”账户，扣除保险公司赔偿和残料评估值后的部分，列作“营业外支出”处理；责任事故造成的固定资产毁损以及丢失的固定资产，应由责任人酌情赔偿损失，其余部分列作“营业外支出”处理。

（6）对出现的固定资产盘盈，大多是企业自制设备交付使用后未及时入账造成的，应以其净值列作“营业外收入”处理。

7.4.2 财产清查结果的会计处理

1. 账户的设置

财产清查的结果不外乎以下三种情况：第一，实存数等于账存数，账实相符；第二，实存数大于账存数，即盘盈；第三，实存数小于账存数，即盘亏。第二、第三种情况为账实不符，对财产清查结果的处理，也就是对这两种情况进行处理，同时也要对清查过程中发现的物资变质霉烂等情况进行处理。在处理时应设置“待处理财产损益”账户，这个账户属于暂记账户，也称过渡账户或调整账户，用以专门核算已经发生需经批准转销的财产物资的损益，其借方登记各种财产物资的盘亏、毁损数或经批准各种财产物资盘盈的转销数；贷方登记经批准、转销的财产物资盘亏、亏损数或各种财产物资的盘盈；月末借方或贷方余额，反映尚未转销的财产物资的盘亏、毁损或盘盈数。该账户下设“待处理流动资产损溢”和“待处理固定资产损溢”两个明细账户。“待处理财产损溢”账户的结构如图 7-1 所示。

借方　　　　待处理财产损溢　　　　贷方

发生额：发生的待处理财产盘亏和毁损数以及批准转销的待处理之盘盈数	发生额：发生的待处理财产盘盈数以及批准转销的待处理之毁损数
结余额：尚未批准处理的盘亏和毁损数与盘盈数的差额	结余额：尚未批准处理的盘盈数与盘亏或毁损的差额

图 7-1 “待处理财产损溢”T 型账户结构

按照现行财务制度和会计制度的规定，对清查中发现的各种清查损益，应于月末前查明原因并根据企业的管理权限，经股东大会或董事会，或经理（厂长）会议或类似机构批准后，在期末结账前处理完毕。如果在月末结账前尚未经批准的，应在对外提供财务报告时先按上述规定进行账务处理，待下月初，再用“红字”分录冲回。所以，“待处理财产损益”账户在月末无余额。

勤学好问

“待处理财产损溢”账户属于双重性质账户，可以分为两个什么账户？其账户结构如何？

2. 财产清查结果的会计处理举例

以下是 A B C 公司 2012 年 12 月份进行财产清查时发生的经济业务。

【例 7-2】财产清查中，发现账外设备一台，市场价值为 36 000 元，估算已提折旧 25%。确认该设备归企业拥有，经批准后作为营业外收入。

（1）盘盈时，应编制如下会计分录：

借：固定资产　　36 000
　贷：累计折旧　　9 000
　　　待处理财产损溢——待处理固定财产损溢　　27 000

（2）批准处理时，编制如下会计分录：

借：待处理财产损溢——待处理固定资产损溢　　27 000
　贷：营业外收入——固定资产盘盈利得　　27 000

【例 7-3】财产清查中，盘亏小型运输车辆一部，账面原价为 42 000 元，已提折旧 16 000 元。

（1）盘亏时，应注销车辆原值及已提折旧，编制如下会计分录：

借：待处理财产损溢——待处理固定资产损溢　　26 000
　　累计折旧　　16 000
　贷：固定资产　　42 000

（2）经查，原因为管理不善丢失，责任不清，经批准作为营业外支出处理，应编制如下会计分录：

借：营业外支出　　26 000
　贷：待处理财产损溢——待处理固定资产损溢　　26 000

【例 7-4】财产清查中，发现库存甲材料盈余 160 千克，单价为 7 元。

（1）盘盈时，编制如下会计分录：

借：原材料　　1 260
　贷：待处理财产损溢——待处理流动资产损溢　　1 260

（2）原因查明，为发出材料时计量不准而少发，按规定报经批准后，冲减管理费用。批准处理时编制如下会计分录：

借：待处理财产损溢——待处理流动资产损溢　　1 260
　贷：管理费用——存货盘盈　　1 260

【例 7-5】财产清查中，发现库存乙材料短缺 23 00 千克，单价为 4 元。

（1）盘亏时，编制如下会计分录：

借：待处理财产损溢——待处理流动资产损溢　　9 200
　贷：原材料——乙材料　　9 200

（2）分析其原因：一是由于计量器具不准造成材料领用时多发 700 千克，增加“管理费用”账户；二是定额内自然损耗 200 千克，计入“管理费用”账户；三是保管员常石枝造成 100 千克丢失，按照规定应责令其赔偿，从下个月工资中扣除；四是火灾造成毁损 1 300 千克按照规定由平安保险公司赔偿 80%，其余列入营业外支出。批准处理时，编制如下会计分录：

借：其他应收款——常石枝　　400
　　　　　　——平安保险公司　　4 160

管理费用——存货盘亏　　3 600

营业外支出——存货盘亏　　1 040

贷：待处理财产损溢——待处理流动资产损溢　　9 200

【例 7-6】现金清查结束后，发现短缺 140 元。

（1）盘亏时，按规定调整“库存现金”账户，编制如下会计分录：

借：待处理财产损溢——待处理流动资产损溢　　140

贷：库存现金　　140

（2）经分析，其中 50 元应由出纳员承担责任，另 90 元无法查明原因，列入管理费用。批准处理时，编制如下会计分录：

借：其他应收款——出纳员　　50

管理费用——现金短缺　　90

贷：待处理财产损溢——待处理流动资产损溢　　140

【例 7-7】现金清查结束后，发现库存现金较账面余额长款 100 元。

（1）盘盈时，按规定调整“库存现金”账户记录，编制如下会计分录：

借：库存现金　　100

贷：待处理财产损溢——待处理流动资产损溢　　100

（2）现金长款原因不明，报经领导审批后，转作营业外收入处理，应编制如下会计分录：

借：待处理财产损溢——待处理流动资产损溢　　100

贷：营业外收入　　100

重要概念

财产清查、定期清查、不定期清查、全面清查、局部清查、永续盘存制、实地盘存制、未达账项、实地盘点法、待处理财产损益

要点回顾

（1）财产清查是通过对实物、现金的实地盘点和对银行存款、往来款项的核对，来确定各项财产物资、货币资金和往来款项的实际存量数，以查明账面结存数与实存数是否相符，并查明账实不符的原因的一种会计核算方法。

（2）财产清查的种类按财产清查的范围划分，可分为全面清查和局部清查；按财产清查的时间间隔的不同，可分为定期清查和不定期清查。

（3）永续盘存制又称“账面盘存制”，是指平时对各项财产物资分别设立明细账，根据会计凭证连续记载其增加和减少数，并随时结出其余额的一种管理制度。实地盘存制又称定期盘存制，是指以实际盘点所取得的实际盘存数作为账面的结存数额的一种管理制度。在实地盘存

制下，平时只登记财产物资的增加数，不登记财产物资的减少数，期末根据实地盘点的结存数作为账面余额，倒挤出财产物资的减少数。

（4）所谓未达账项，是指单位与开户银行之间因结算凭证传递时间的差别，发生的一方已经记账，而另一方尚未接到有关凭证没有记账的款项。未达账项一般有四种情况：第一，单位已收、银行未收款；第二，单位已付、银行未付款；第三，银行已收、单位未收款；第四，银行已付、单位未付款。

（5）对财产清查结果的会计处理应设置“待处理财产损益”账户，用以专门核算已经发生需经批准转销的财产物资的损益，其借方登记各种财产物资的盘亏、毁损数或经批准各种财产物资盘盈的转销数；贷方登记经批准、转销的财产物资盘亏、亏损数或各种财产物资的盘盈；月末借方或贷方余额，反映尚未转销的财产物资的盘亏、毁损或盘盈数。

复习思考题

1. 简述财产清查的意义。
2. 财产清查如何分类？
3. 永续盘存制与实地盘存制有何异同？
4. 简述各类财产物资的清查方法。
5. 如何编制银行存款余额调节表？
6. 如何进行财产清查结果的账务处理？

练习题

一、单项选择题

1. 对应收账款进行清查时，应采用的方法是（　　）。
   A. 与记账凭证核对　　B. 函证法
   C. 实地盘点法　　D. 技术推算法
2. 一般来说，单位撤销、合并或改变隶属关系时，要进行（　　）。
   A. 全面清查　　B. 局部清查　　C. 实地盘点　　D. 定期清查
3. 按照财产清查对象的范围不同，财产清查分为（　　）。
   A. 定期清查和不定期清查　　B. 全面清查和局部清查
   C. 实物清查、现金清查　　D. 银行存款清查和往来款项清查
4. 财产清查按照（　　），可以分为定期和不定期清查。
   A. 清查范围　　B. 清查人员
   C. 清查时间是否固定　　D. 清查地点是否固定
5. 财产清查是对（　　）进行盘点和核对，确定其实存数，并查明其账存数与实存数是否相符的一种专门方法。
   A. 存货　　B. 固定资产　　C. 货币资金　　D. 各项财产

二、多项选择题

1. 下列项目中，属于不定期并且全面清查的是（　　）。

A. 单位合并、撤销以及改变隶属关系　　B. 年终决算之前

C. 企业股份制改制前　　D. 单位主要领导调离时

2. 造成账实不符的原因主要有（　　）。

A. 财产物资的自然损耗　　B. 财产物资收发计量错误

C. 财产物资的毁损、被盗　　D. 会计账簿漏记、重记、错记

E. 未达账项

3. 下列各项适用不定期局部清查的情况是（　　）。

A. 更换现金保管人员　　B. 开展全面清产核资、资产评估等活动

C. 发生自然灾害或意外损失　　D. 单位主要负责人调离工作

4. 在财产清查的过程中，应编制并据以调整账面记录的原始凭证有（　　）。

A. 现金盘点报告单　　B. 银行存款余额调节表

C. 财产清查盘存单　　D. 财产清查盈亏明细表

5. 在财产清查中，可以使用实地盘点法清查的项目有（　　）。

A. 存货　　B. 往来款项　　C. 固定资产

D. 银行存款　　E. 库存现金

三、判断题

1. 银行存款余额调节表既起到对账作用，又可以作为调节银行存款日记账账面余额的凭证。（　　）

2. 企业定期清查一般在期末，可以是全面清查也可以是局部清查。（　　）

3. 在进行库存现金和存货清查时，出纳人员和实物保管人员不得在场。（　　）

4. 技术推算法是指利用技术方法推算财产物资实存数的方法。适用于煤炭、砂石等大宗物资的清查。（　　）

5. 财产盘亏一般是定额内损耗、偷盗损失、自然灾害等，对于定额内合理损耗计入营业外支出。（　　）

四、业务题

某企业2011年9月30日银行存款日记账账面余额51300元，银行对账单余额为53000元。经查发现有以下未达账项。

（1）29日企业存入银行一张转账支票，金额3900元，银行尚未入账。

（2）29日银行收取企业借款利息400元，企业尚未收到付款通知。

（3）30日企业委托银行收款4100元，银行已入账，企业尚未收到收款通知。

（4）30日企业开出转账支票一张，金额1900元，持票单位尚未到银行办理手续。

根据以上未达账项，编制银行存款余额调节表。

案例分析

资料：东方公司在财产清查中，发现以下问题：

（1）盘亏设备一台，账面原值60000元，已提折旧20000元。

（2）基本生产车间盘盈设备一台，同类设备的市价为40000元，估计已损耗价值为9000元。

（3）甲材料盘盈3000元。

（4）乙材料盘亏2000元。

（5）应付外单位购料款5000元，该单位已撤销。

要求：根据上述各项盘盈、盘亏及损失，结合财产清查结果的会计处理规定，提出处理意见，并编制会计分录。

第 8 章

会 计 报 表

学习目标

通过本章内容的学习，能够了解财务报告的概念及其构成；熟悉会计报表的分类；掌握会计报表的编制要求；掌握资产负债表的格式、结构及其编制方法；掌握利润表的格式、结构及其编制方法；了解现金流量表的作用、结构及其编制；了解所有者权益变动表的结构。

8.1 会计报表概述

8.1.1 财务报告及其构成

1. 财务报告的概念

财务报告又称财务会计报告，是根据日常会计核算资料定期编制的、总括反映企业在某一特定日期的财务状况和某一会计期间经营成果、现金流量等情况的书面文件。编制财务会计报告是会计核算工作的一种专门方法，也是会计核算工作的结果。

企业在日常的会计核算中，对发生的经济业务进行了确认和计量，并通过设置账户、复式记账、填制会计凭证和登记账簿等一系列会计核算方法，将各项经济业务分门别类、全面系统地反映在账簿中。但账簿中的核算资料是分散记录在各账户中的，不能集中、概括、全面地为企业的投资者、债权人和其他会计信息使用者反映企业某一特定日期的财务状况和某一期间的经营成果和现金流量的信息。而要做到这一点，就必须在日常会计核算的基础上定期进行汇总整理，编制财务会计报告，以一定的表格形式向信息使用者提供全面反映企业财务状况、经营成果和现金流量的信息。会计信息使用者通过全面阅读和综合分析财务报告，可以了解和掌握企业过去和当前的状况，预测企业的未来发展趋势，并据以作出相关决策。

2. 财务报告的构成

企业的财务报告由会计报表、会计报表附注和财务情况说明书三部分组成。

会计报表是企业财务报告的主要组成部分，是企业向外传递会计信息的主要手段。会计报表是根据日常会计核算资料定期编制的，综合反映企业某一特定日期财务状况和某一会计期间经营成果、现金流量的总结性书面文件。会计报表包括资产负债表、利润表、现金流量表和所有者权益变动表及相关附表。

会计报表附注是为便于会计报表使用者理解会计报表内容而对会计报表的编制基础、编制依据、编制原则和方法及主要项目等所作的解释，另外还包括未能在会计报表中列示的项目的说明等。会计报表附注是财务报告的重要组成部分，应当按照一定的方式披露，有关信息应当与会计报表项目相互参照。会计报表附注一般应当按照下列顺序披露相关内容：

（1）会计报表的编制基础；

（2）遵循企业会计准则的声明；

（3）重要会计政策和会计估计；

（4）会计政策和会计估计变更以及会计差错更正的说明；

（5）对已在会计报表中列示的重要项目的进一步说明；

（6）其他需要说明的重要事项，包括或有或承诺事项、资产负债表日后非调整事项、关联方关系及其交易等。

另外，如果下列各项没有在与会计报表一起公布的其他信息中披露的，企业还应当在会计报表附注中披露：企业注册地、组织形式和总部地址；企业的业务性质和主要经营活动；母公司及集团最终母公司的名称。

财务情况说明书是对企业一定会计期间内生产经营情况、资金周转情况和利润实现及分配情况等，以书面文字的形式所作的综合性说明，是财务报告的重要组成部分。财务情况说明书全面扼要地提供企业生产经营、财务活动情况，分析总结经营业绩和存在的不足，是会计信息使用者了解和考核企业生产经营和业务活动开展情况的重要资料。财务情况说明书一般包括以下内容：企业生产经营的基本情况；利润实现和分配情况；资金增减和周转情况；税金交纳情况；各项财产物资的变动情况；对本期或者下期财务状况、经营成果和现金流量具有重大影响的事项。

8.1.2 会计报表的分类

会计报表按照不同的标准可以分为不同的类别，比较常见的分类标准有以下六种。

1．按照反映的经济内容分类

（1）反映企业财务状况的报表。即用来总括反映企业在某一特定日期的资产、负债、所有者权益及其结构的变动情况的会计报表，如资产负债表和所有者权益变动表。

（2）反映企业经营成果的报表。即总括反映企业在一定时期的经营成果的报表，如利润表。

（3）反映企业现金流量的报表。即反映企业在一定时期内的经营活动、投资活动和筹资活动产生的现金流入和流出的报表，如现金流量表。

2．按照编报的时间分类

（1）月度报表，简称月报。月报是每月份终了编制，用以反映企业某一月末的财务状况及其一个月的经营成果，主要包括资产负债表和利润表。

（2）季度报表，简称季报。是在每季度终了时编制的，用以总括反映企业季末的财务状况和一个季度的经营成果。季报至少应该包括资产负债表和利润表。

（3）半年度报表，简称半年报。半年报是在每个会计年度的前 6 个月结束后编制的，用以反映企业会计年度中期的财务状况和经营成果情况。

（4）年度报表，简称年报，又称年终决算报表。是在会计年度终了时编制的，用以反映企业年终财务状况和全年的经营成果情况，包括资产负债表、利润表、现金流量表和所有者权益变动表。

以上月报、季报和半年报都属于中期报表。半年报和年报至少应当反映两个会计年度或者相关会计期间的比较数据。

3．按照服务的主要对象分类

（1）内部报表。内部报表是指为企业内部经营管理服务而编制的不对外公开的会计报表，它不要求统一格式，没有统一指标体系，编制方法及编制时间均由各单位根据经营管理特点和管理的要求自行规定，如成本费用表就属于对内报表。

（2）外部报表。外部报表是指企业为满足国家宏观经济管理部门、投资者、债权人及其他有关会计信息使用者对会计信息的需求而编制的对外提供服务的会计报表，它要求有统一的报表格式、指标体系和编制时间等，资产负债表、利润表、现金流量表及所有者权益变动表均属于对外报表。

4．按照编制的单位分类

（1）单位报表。单位报表是指企业在自身会计核算的基础上，对账簿记录进行加工而编制的会计报表，以反映企业本身的财务状况、经营成果和现金流量情况。

（2）汇总报表。汇总报表是指由上级主管部门根据所属各基层经济单位报送的会计报表，连同本单位会计报表汇总编制的会计报表，以反映总公司或一个部门、系统的财务状况、经营成果和现金流量情况。

5．按照编制的主体分类

（1）个别报表。个别报表是指不对外投资的单位编制的仅仅反映本单位财务状况、经营成果和现金流量情况的报表。

（2）合并报表。合并报表是将多个具有控股关系的会计主体的财务状况、经营成果和现金流量情况合并编制的会计报表，该报表由母公司进行编制，包括所有控股公司会计报表的数字。合并报表一般只编制外部报表。

知识链接

合并报表的编制并不是把母公司和子公司报表的各个项目简单相加，而是以母公司及其子公司组成会计主体，以母公司及其子公司单独编制的个别财务报表为基础，由母公司编制的反映抵消集团内部往来账项、股权投资和关联交易后的集团合并财务状况和经营成果的财务报表。

6．按反映的资金运动状态分类

（1）静态报表。静态报表是指反映企业资金运动处于某一相对静止状态的财务报表。一般情况下，反映企业某一特定日期的财务状况的报表为静态报表，如“资产负债表”。

（2）动态报表。动态报表是指反映资金处于运动状态的财务报表。一般情况下，反映企业某一特定时期内的经营成果的“利润表”和反映企业在一定时期内现金流量情况的“现金流量表”均为动态报表。

8.1.3　会计报表的编制要求

为保证会计报表的质量，充分发挥其在经营管理和决策中的作用，各单位在编制会计报表时应当根据真实的交易、事项及完整、准确的账簿记录等资料进行编制。

1．内容完整

会计报表应当反映企业生产经营活动的全貌，全面反映企业的财务状况、经营成果和现金流量。因此，企业在编制会计报表时，必须按照规定的会计报表的格式和内容进行填报，不得漏填漏报。每份会计报表应填列的内容，无论是表内项目，还是报表附注资料，都应一一填列齐全，不得有遗漏，更不能任意取舍或故意隐瞒、不报或漏报。

2．数字真实

会计报表提供的会计信息必须真实可靠。第一，企业必须依据真实可靠的原始凭证，按照国家统一的会计制度的规定进行会计核算，保证核算内容真实可靠，不能弄虚作假；第二，企业编制会计报表之前，应做到有关凭证和账簿核对相符、有关账簿之间核对相符、账簿记录与实物核对相符；第三，企业应以审核无误的账簿记录为依据编制报表，数字计算准确，报表中各项目数字必须以报告期的实际数字填列，不能使用计划数、估计数代替实际数，更不允许弄虚作假、篡改伪造数字。

3．计算准确

各种会计报表项目的金额主要来自于日常的账簿记录，但并非完全是账簿数字的简单转抄。有很多项目需要进行专门计算才能加以填列，而且这些项目之间存在一定的数量勾稽关系，必须根据规定的计算方法和计算公式进行计算，不得任意删减或增加，以使提供的各项指标具有可比性，包括同一企业在不同会计期间的纵向比较和不同企业在同一会计期间的横向比较。

4．编报及时

会计信息具有很强的时效性，企业必须按规定的时间和程序及时编报会计报表并及时逐级汇总上报，以便报表的使用者能够及时、有效地利用财务资料。因此，企业应该科学地组织好会计的日常核算工作，选择适合本企业具体情况的会计核算组织形式，认真做好记账、算账和按期结账工作。

知识链接

会计报表的报送期限，由国家统一加以规定。月报应于月度终了后 6 天内（节假日顺延，下同）对外提供；季报应于季度终了后 15 天内对外提供；半年度报应于年度中期结束后 60 天内（相当于两个连续的月份）对外提供；年报应于年度终了后 4 个月内对外提供。另外，上市公司不要求披露月度报告，季度报告应当在每个会计年度的第 3 个月、第 9 个月结束后的 1 个月内披露，半年报应当在每个会计年度的上半年结束之日起 2 个月内披露，年度报告应当在每个会计年度结束之日起 4 个月内披露。

8.2 资产负债表

8.2.1 资产负债表的作用

资产负债表是总括反映企业在某一特定日期（月末、季末或年末）全部资产、负债和所有者权益情况的会计报表。资产负债表是以“资产=负债+所有者权益”这一会计恒等式为理论依据设计的，根据资产、负债和所有者权益之间的相互关系，按照一定的分类标准和一定的排列顺序，把企业某一特定日期的资产、负债和所有者权益项目予以适当排列，对日常核算中形成的大量数据进行高度浓缩整理后编制而成。资产负债表是最基本的会计报表，任何企业单位都必须定期编制并向有关部门报送资产负债表。其作用可以概括为如下4个。

1．反映企业拥有或控制的经济资源总量及其分布情况

通过资产负债表所列示的资产项目，可以向会计信息使用者提供企业当前所拥有或控制的经济资源总量及各种资产的分布与构成情况的信息，从而报表使用者可以衡量企业的综合经济实力，分析企业的生产经营能力，评价企业经济资源的构成是否合理。

2．反映企业的负债总额、结构及偿债能力

通过资产负债表列示的负债项目，可以向会计信息使用者提供企业当前的负债总额、长期债务和短期债务的比例等信息。信息使用者可以了解企业承担的现时义务和债务的清偿时间。并且通过资产与负债的对比分析，计算企业的流动比率、速动比率和资产负债率，判断企业的偿债能力。

知识链接

流动比率指流动资产总额和流动负债总额之比。用来衡量企业流动资产在短期债务到期以前，可以变为现金用于偿还负债的能力。流动比率越高，企业资产的流动性越大，但是，比率太大表明流动资产占用较多，会影响经营资金周转效率和获利能力。一般认为合理的最低流动比率为2。但流动比率高的企业并不一定偿还短期债务的能力就很强，因为流动资产之中，虽然现金、有价证券、应收账款变现能力很强，但是存货等流动资产项目则变现时间较长，特别是存货很可能发生积压、滞销、残次、冷背等情况，流动性较差。而速动比率（速动资产总额与流动负债总额之比）则能避免这种情况的发生，因为速动资产就是指流动资产中容易变现的那部分资产，如货币资金、交易性金融资产、应收账款、应收票据及预付账款等。

3．反映所有者权益的总额及其构成

通过资产负债表所列示的所有者权益项目，信息使用者可以了解企业所有者权益的总额及其构成情况，从而判断企业资本保值、增值的情况。将所有者权益与负债进行对比，可以了解企业财务结构的合理性以及负债经营的合理程度，判断企业面临的财务风险。

4．分析企业的财务现状和发展趋势

通过对年初和本期末资产负债表各项目数字的对比分析，可以使信息使用者了解企业资金结构的变化情况、财务状况的变动情况和变动趋势，以便判断和评价企业的发展前景。

8.2.2 资产负债表的结构与内容

资产负债表在形式上分为表头和正表两部分。表头主要包括报表的名称、编制单位、编制日期和货币单位；正表包括资产、负债和所有者权益各项目金额，是资产负债表主要部分。

资产负债表的格式有报告式和账户式两种。

报告式资产负债表是依据“资产−负债=所有者权益”的顺序将资产、负债、所有者权益项目上下依次排列，全部资产项目合计数减去全部负债项目合计数的差额为所有者权益项目的合计数。其简易格式如表 8-1 所示。

表 8-1　资产负债表（报告式）

编制单位：　　　　年　月　日　　　　单位：元

项　目	行　次	年初余额	期末余额
资产：			
流动资产			
非流动资产			
资产合计			
负债：			
流动负债			
非流动负债			
负债合计			
所有者权益：			
实收资本			
资本公积			
盈余公积			
未分配利润			
所有者权益合计			
负债及所有者权益总计			

账户式资产负债表的基本结构是分为左右两方，左方列示资产，反映资产分布情况；右方列示负债和所有者权益，反映资产形成来源的情况。

根据《企业会计准则第 30 号——财务报表列报》的规定，我国各单位的资产负债表采用账户式结构，即左侧列报资产各项目，右侧列报负债和所有者权益各项目。资产负债表中资产项目按其流动性强弱排列，即先流动资产，后非流动资产；负债项目按清偿时间的长短排列，即先列示偿还时间短的流动负债，再列示偿还时间长的非流动负债；所有者权益根据其永久性程度的顺序排列，即按实收资本、资本公积、盈余公积、未分配利润的顺序依次排列。

勤学好问

所有者权益类各项目的排列顺序与负债的排序正好相反，请大家思考其相反之处是什么？为什么？

资产负债表要求提供比较数据。因此资产负债表各项目需要列报“年初余额”和“期末余额”两栏。一般企业资产负债表的具体格式如表 8-2 所示。

表 8-2　资产负债表（账户式）

编制单位：　　　　　　　　　　　　　年　　月　　日　　　　　　　　　　　　单位：元

资　产	年初余额	期末余额	负债和所有者权益	年初余额	期末余额
流动资产：			**流动负债：**		
货币资金			短期借款		
交易性金融资产			交易性金融负债		
应收票据			应付票据		
应收款账			应付账款		
预付款账			预收账款		
应收利息			应付职工薪酬		
应收股利			应交税费		
其他应收款			应付利息		
存货			应付股利		
一年内到期的非流动资产			其他应付款		
其他流动资产			一年内到期的非流动负债		
流动资产合计			其他流动负债		
非流动资产：			**流动负债合计**		
可供出售金融资产			**非流动负债：**		
持有至到期投资			长期借款		
投资性房地产			应付债券		
长期股权投资			长期应付款		
长期应收款			专项应付款		
固定资产			预计负债		
在建工程			递延所得税负债		
工程物资			其他非流动负债		
固定资产清理			**非流动负债合计**		
生产性生物资产			**负债合计**		
油气资产			所有者权益：		
无形资产			实收资本（股本）		
开发支出			资本公积		
商誉			盈余公积		
长期待摊费用			未分配利润		
递延所得税资产			**所有者权益合计**		
其他非流动资产					
非流动资产合计					
资产总计			**负债和所有者权益总计**		

8.2.3 资产负债表的编制

1.“年初余额”栏的填列方法

资产负债表“年初余额”栏内各项数字，应根据上年末资产负债表“期末余额”栏内所列示数字填列。如果上年度资产负债表规定的各个项目名称和内容同本年度不一致，应对上年末资产负债表各项目的名称和数字按本年度的规定进行调整，填入表中“年初余额”栏内。

2.“期末余额”栏的填列方法

资产负债表“期末余额”栏内各数字，一般应根据资产、负债和所有者权益类账户的期末余额填列。主要包括以下方式。

（1）根据总账科目余额填列

当资产负债表中的项目与总分类账户的名称及核算内容完全一致时，可直接根据有关总账科目的余额填列，如“交易性金融资产”、“递延所得税资产”、“短期借款”、“应付票据”、“应付职工薪酬”、“应交税费”、“应付利息”、“其他应付款”、“递延所得税负债”、“实收资本”、“资本公积”、“盈余公积”等项目。当资产负债表中的项目包括几个总分类账的核算内容时，应该根据几个总账科目的余额计算填列。如“货币资金”项目应该根据“库存现金”、“银行存款”和“其他货币资金”三个总账科目的期末余额合计填列。

（2）根据明细账科目余额计算填列

资产负债表中，有些项目不能根据总账科目的期末余额或几个总账科目的期末余额计算填列，而需要根据有关科目所属的相关明细账的期末余额来计算填列。如“预付账款”项目，需要根据“应付账款”和“预付账款”两个科目所属的相关明细科目的期末借方余额计算填列；“应付账款”项目，需要根据“应付账款”和“预付账款”两个科目所属的相关明细科目的期末贷方余额计算填列；“预收账款”项目，需要根据“应收账款”和“预收账款”两个科目所属的相关明细科目的期末贷方余额计算填列。

（3）根据总账科目和明细科目余额分析计算填列

资产负债表的“有些”项目，不能根据总账科目余额直接或计算填列，也不能根据明细账科目余额计算填列，而需要根据总账和明细科目两者的余额分析计算填列。如“长期借款”项目，需要根据“长期借款”总账科目余额扣除“长期借款”总账所属明细账中将在一年内到期的长期借款后的金额计算填列。资产负债表中一年内到期的长期借款则单独列示在流动负债下的“一年内到期的非流动负债”。与此类似的还有应付债券、长期应付款和持有至到期投资等项目。

（4）根据总账科目余额减去其备抵科目余额后的净额填列

如“固定资产”项目应根据“固定资产”总账的期末余额，减去“累计折旧”和“固定资产减值准备”账户余额后的净额填列；“无形资产”项目应根据“无形资产”总账的期末余额，减去“累计摊销”和“无形资产减值准备”账户余额后的净额填列。

知识链接

由于资产负债表是以历史成本为基础，除通货膨胀因素的影响外，经济环境的变化对它的影响也很大，所以在资产负债表的附注中增加了资产减值准备等项目的信息。

（5）综合运用上述方法分析填列

资产负债表中有些项目的填列需要综合运用上述方法进行分析计算。如资产负债表中的“存货”项目，需要根据“原材料”、“库存商品”、“委托加工物资”、“周转材料”、“材料采购”、“在途物资”、“发出商品”、“生产成本”、“材料成本差异”等总账科目期末余额的分析汇总数，再减去“存货跌价准备”科目余额后的净额填列；“应收账款”项目，需要根据“应收账款”和“预收账款”两个科目所属的相关明细科目的期末借方余额合计，再减去“坏账准备”科目余额后的净额填列。

画龙点睛

资产负债表中资产项目的余额大多是根据资产类账户的借方余额填列，如果出现贷方余额，则前面加“−”表示；负债项目余额大多是根据负债类账户的贷方余额填列，如果出现借方余额，也在前面加“−”表示。

3．资产负债表各项目的具体填列方法

现行的资产负债表在制造企业中涉及的项目有50多项，由于本书阐述的是会计学的基本原理，很多内容和项目都未涉及，所以，资产负债表各项目的具体填列方法，只介绍本书中涉及的内容和项目，其他内容和项目的填列方法将在《财务会计学》中进行阐述。

（1）“货币资金”项目，反映企业报告期末现金资产的数额。本项目应根据“库存现金”、“银行存款”、“其他货币资金”账户的期末借方余额合计数填列。

知识链接

其他货币资金是指企业、单位除库存现金、银行存款以外的其他各种货币资金，包括外埠存款、银行汇票存款、银行本票存款、信用卡存款、信用证存款和存出投资款等。

（2）“交易性金融资产”项目，反映企业为交易目的而持有的债券投资、股票投资等交易性金融资产的公允价值，应根据“交易性金融资产”账户的期末借方余额填列。

（3）“应收票据”项目，反映企业持有的未到期也未向银行贴现的商业汇票的余额。本项目应根据“应收票据”账户的期末借方余额填列。

（4）“应收账款”项目，反映企业因销售商品、提供劳务等而应向购买单位或接受劳务单位收取的各种款项。本项目应根据“应收账款”和“预收账款”账户所属各明细账户的期末借方余额合计，减去“坏账准备”科目中有关应收账款计提的坏账准备期末余额后的金额填列。

（5）“预付账款”项目，反映企业预付给供应单位的款项。本项目应根据“预付账款”和“应付账款”账户所属各明细账户的期末借方余额合计数填列。

（6）“其他应收款”项目，反映企业对供货单位以外的单位和个人的各项应收和暂付的款项。本项目应根据“其他应收款”账户的期末借方余额减去“坏账准备”账户中有关其他应收款计提的坏账准备后的净额填列。

（7）“存货”项目，反映企业报告期末在库、在途、在用和在加工中的各项存货的实际成本，包括各种库存材料和在途物资、产成品、在产品和周转材料等。本项目应根据“原材料”、“库存商品”、“材料采购”、“在途物资”、“生产成本”、“材料成本差异”等总账科目期末余额的分析汇总数，再减去“存货跌价准备”科目余额后的净额填列。

勤学好问

请各位同学思考，“材料成本差异”账户期末如果有借方余额，应该如何处理？如果有贷方余额，又该如何处理？

（8）“固定资产”项目，反映企业报告期末持有的固定资产的净值。本项目应根据“固定资产”账户的期末借方余额，减去“累计折旧”账户的期末贷方余额后填列。

（9）“无形资产”项目，反映企业报告期末持有的无形资产的原价扣除摊销后的净额。本项目应根据“无形资产”账户的期末借方余额，减去“累计摊销”账户的期末贷方余额后填列。

（10）“短期借款”项目，反映企业已借入但尚未归还的一年期以下（含一年）的借款。本项目应根据“短期借款”账户的期末贷方余额直接填列。

（11）“应付票据”项目，反映企业报告期末为了抵付货款等而开出的商业汇票。本项目应根据“应付票据”账户的期末贷方余额直接填列。

（12）“应付账款”项目，反映企业因购买材料、接受劳务供应等而应付给供应单位的款项。本项目应根据“应付账款”和“预付账款”两个账户所属的各明细账户的期末贷方余额计算填列。

（13）“预收账款”项目，反映企业预收购货单位的账款。本项目应根据“应收账款”和“预收账款”两个账户所属的相关明细账户的期末贷方余额计算填列。

（14）“应付职工薪酬”项目，反映企业应付未付职工工资及各种薪酬。本项目应根据“应付职工薪酬”账户的期末贷方余额直接填列。

（15）“应交税费”项目，反映企业期末未交、多交或未扣除的各种税金及附加。本项目应根据“应交税费”账户的期末贷方余额直接填列。

画龙点睛

“应付职工薪酬”和“应交税费”账户期末如果是借方有余额，则前面加“–”号填列。

（16）“应付股利”项目，反映企业已宣告发放但尚未付给投资者的股利或利润。本项目应根据“应付股利”账户期末贷方余额直接填列。

（17）“其他应付款”项目，反映企业所有应付和暂收的其他单位和个人的款项。本项目应根据“其他应付款”账户的期末贷方余额直接填列。

（18）“长期借款”项目，反映企业报告期末借入的但尚未归还的一年期以上（不含一年）的借款。本项目应根据“长期借款”账户的期末贷方余额减去所属明细账户中将于一年内到期的部分后填列。

画龙点睛

“长期借款”账户所属明细账中将于一年内到期的部分作为一项流动负债，单独列示在流动负债下的“一年内到期的非流动负债”项目内。

（19）“实收资本”项目，反映企业报告期末各所有者实际投入的资本总额。本项目根据“实收资本”账户的期末贷方余额直接填列。

（20）“资本公积”项目，反映企业资本公积的期末余额。本项目应根据“资本公积”账户的期末贷方余额直接填列。

（21）“盈余公积”项目，反映企业盈余公积的期末余额。本项目应根据“盈余公积”账户的期末贷方余额直接填列。

（22）“未分配利润”项目，反映企业尚未分配的利润。在月（季）报中，本项目应根据“本年利润”账户期末余额和“利润分配”账户期末余额分析计算填列；在年报中，因为“本年利润”账户的余额已结转入“利润分配”账户，本项目则可根据“利润分配”账户的年末余额直接填列，如为未弥补亏损，应以负数填列。

4．资产负债表编制实例

【例 8-1】 诚信公司 2012 年 12 月 31 日有关总分类账户及明细分类账户的期末余额如表 8-3 所示。根据上述资料，编制诚信公司 2012 年 12 月 31 日资产负债表，如表 8-4 所示（年初余额略）。

表 8-3 总账及明细账余额表

单位：元

账户名称	借方余额	贷方余额	账户名称	借方余额	贷方余额
库存现金	2 000		短期借款		80 000
银行存款	176 135		应付票据		60 000
其他货币资金	7 300		应付账款		85 000
应收票据	66 000		——D 公司		125 000
应收账款	65 000		——E 公司	40 000	
——A 公司	75 000		预收账款		20 000
——B 公司		10 000	——F 公司		20 000
坏账准备		4 000	其他应付款		10 500
预付账款	25 000		应付职工薪酬		18 000
——C 公司	25 000		应交税费		226 731
其他应收款	7 500		应付股利		28 500
材料采购	27 000		长期借款		195 000
原材料	45 000		其中：1 年内到期的长期借款		70 000
库存商品	80 400		实收资本		715 000
材料成本差异	4 250		资本公积		15 000
生产成本	40 000		盈余公积		275 000
长期股权投资	250 000		利润分配		178 000
固定资产	980 000				
累计折旧		170 000			
在建工程	251 146				
无形资产	60 000				
累计摊销		6 000			

表 8-4　资产负债表

会企 01 表

编制单位：诚信公司　　　　2012 年 12 月 31 日　　　　单位：元

资产	年初余额	期末余额	负债和所有者权益	年初余额	期末余额
流动资产：			**流动负债：**		
货币资金		185 435	短期借款		80 000
交易性金融资产			交易性金融负债		
应收票据		66 000	应付票据		60 000
应收账款		71 000	应付账款		125 000
预付款账		65 000	预收账款		30 000
应收利息			应付职工薪酬		18 000
应收股利			应交税费		226 731
其他应收款		7 500	应付利息		
存货		196 650	应付股利		28 500
一年内到期的非流动资产			其他应付款		10 500
其他流动资产			一年内到期的非流动负债		70 000
流动资产合计		591 585	其他流动负债		
非流动资产：			**流动负债合计**		648 731
可供出售金融资产			**非流动负债：**		
持有至到期投资			长期借款		125 000
投资性房地产			应付债券		
长期股权投资		250 000	长期应付款		
长期应收款			专项应付款		
固定资产		810 000	预计负债		
在建工程		251 146	递延所得税负债		
工程物资			其他非流动负债		
固定资产清理			**非流动负债合计**		125 000
生产性生物资产			**负债合计**		773 731
油气资产			**所有者权益：**		
无形资产		54 000	实收资本（股本）		715 000
开发支出			资本公积		15 000
商誉			盈余公积		275 000
长期待摊费用			未分配利润		178 000
递延所得税资产			**所有者权益合计**		1 183 000
其他非流动资产					
非流动资产合计					
资产总计		1 956 731	**负债和所有者权益总计**		1 956 731

8.3 利润表

8.3.1 利润表的作用

利润表是反映企业在一定会计期间经营成果的报表。利润表把一定期间的营业收入与其同一会计期间相关的营业费用进行配比，以计算出企业一定期间的净利润或亏损。由于利润表是企业经营业绩的综合体现，又是进行利润分配的主要依据，因此利润表也是会计报表中的主要报表，每个企业都必须按要求编制利润表。利润表具有以下作用。

1．可以反映企业一定会计期间利润的来源和构成情况

利润表不仅能提供企业一定期间经营成果的总括信息，而且可以具体反映企业某一期间收入的实现情况和费用的发生情况。如企业某一期间实现的营业收入、投资收益及营业外收入分别是多少；发生的营业成本、营业税金及附加、期间费用以及营业外支出分别是多少等，从而可以分析企业利润的构成情况，并对企业的经营成果作出评价。有助于报表使用者判断企业净利润的质量和风险，也有助于报表使用者预测企业净利润的持续性和增长性，从而作出正确的决策。

2．可以提供进行财务分析的基本资料

将利润表与资产负债表相关项目进行比较，可以据以评价企业资本保值、增值情况、获利能力以及企业的运营效率。如将营业收入与平均总资产进行比较，计算总资产周转率；将赊销收入净额与应收账款平均余额进行比较，计算出应收账款周转率；将销货成本与存货平均余额进行比较，计算出存货周转率；将净利润与资产总额进行比较，计算出资产收益率等，可以评价企业资金周转情况以及企业的获利能力和水平，便于报表使用者判断企业未来的发展趋势，作出经济决策。

8.3.2 利润表的结构与内容

利润表分为表头和正表两部分。其中表头说明报表的名称、编制单位、编制日期、报表编号和货币单位等；正表是利润表的主体部分，反映企业形成利润的各个项目和计算过程。正表部分按是否反映利润总额的构成内容和主次，分为单步式和多步式两种。

单步式利润表完全体现了“收入−费用=利润”的计算公式，是将本期各项收入的合计数与本期各项费用的合计数相减后，一步就可以计算出本期净利润的报表结构。单步式利润表的基本结构如表 8-5 所示。

表 8-5 利润表（单步式）

编制单位：　　　　年　　月　　　　单位：元

项目	本期金额	上期金额
一、收益		
营业收入		
公允价值变动收益		
投资收益		
营业外收入		
收益合计		

（续表）

项目	本期金额	上期金额
二、费用		
营业成本		
营业税金及附加		
销售费用		
管理费用		
财务费用		
营业外支出		
资产减值损失		
所得税费用		
费用支出合计		
三、净利润		

单步式利润表的优点在于步骤简化，结构简单，编制方便。但由于这种结构的利润表，营业收入和营业费用的配比是一次性完成的，利润的计算过程缺乏层次性，不能反映各项收入和费用在利润总额中所处的地位和净利润的形成过程，不利于报表使用者进行经营分析和获利能力的评价。

多步式利润表是把利润的计算按照不同业务类型分解为多个步骤，即把当期的收入、费用、支出项目按性质加以归类，按利润形成的主要环节列示一些中间性利润指标，分步计算当期净利润。

我国企业利润表采用多步式格式。通过将不同性质的收入和费用分类进行配比，以详细反映企业利润的形成过程，便于报表使用者理解企业经营成果的不同来源。企业可以分以下几个步骤编制利润表。

第一步：计算营业利润；

营业利润=营业收入−营业成本−营业税金及附加−销售费用−管理费用−财务费用−资产减值损失±公允价值变动损益±投资损益

第二步：计算利润总额；

利润总额=营业利润+营业外收入−营业外支出

第三步：计算净利润；

净利润=利润总额−所得税费用

第四步：如果是股份有限公司，还需要列示每股收益；

第五步：计算综合收益总额。

综合收益总额=净利润+其他综合收益

另外，为了使报表使用者通过比较不同期间利润的实现情况，判断企业经营成果的未来发展趋势，企业需要提供比较利润表，利润表还就各项目再分为“本期金额”和“上期金额”两栏分别填列。利润表具体格式如表 8-7 所示。

8.3.3 利润表的编制

1.“上期金额”栏的填列

利润表“上期金额”栏内各项数字，应根据上年该期利润表的“本期金额”栏内所列数字填列。如果上年该期利润表各项目的名称和内容与本期规定不一致，应对上年该期利润表各项目的名称和数字按本期的规定进行调整，将调整后的金额填入利润表“上期金额”栏内。

2.“本期金额”栏的填列

利润表中“本期金额”栏的各项目，应根据期末结转至“本年利润”账户的各损益类账户的发生额分析计算填列。

画龙点睛

在编制利润表时，对“上期金额”和“本期金额”的归属期间存在很多误解，经常会把它理解为“上月金额”和“本月金额”，其实这种理解是错误的。按照《企业会计准则第 32 号——中期财务报告》的规定，如果是中期报表的话，“本期金额”是指本年 1 月 1 日至本中期期末的各对应项目累计数，如果是年报的话，“本期金额”是指本年 1 月 1 日至 12 月 31 日的各对应项目累计数；“上期金额”应当填列企业上年 1 月 1 日至上年同期期末各对应项目的累计数，“上期金额”即上年同期金额。

我国一般企业利润表各项目的内容及填列方法如下：

（1）“营业收入”项目，反映企业经营主要业务和其他业务所确认的收入总额。本项目应根据“主营业务收入”和“其他业务收入”账户的发生额分析计算填列。

知识链接

当年发生销货退回应冲减本期的销售收入，在登账时一般不用蓝字记入“主营业务收入”账户的借方，而是用红字记入“主营业务收入”账户的贷方。

（2）“营业成本”项目，反映企业经营主要业务和其他业务所发生的成本总额。本项目应根据“主营业务成本”和“其他业务成本”账户的发生额分析计算填列。

知识链接

当年发生销货退回应冲减本期的营业成本，在登账时一般不用蓝字记入“主营业务成本”账户的贷方，而是用红字记入“主营业务成本”账户的借方。

（3）“营业税金及附加”项目，反映企业经营业务应负担的消费税、营业税、城市维护建设税、资源税、土地增值税和教育费附加等。本项目应根据“营业税金及附加”账户的发生额分析填列。

（4）“销售费用”项目，反映企业在销售商品过程中发生的包装费、广告费等费用和为销售本企业商品而专设的销售机构的职工薪酬、业务费等经营费用。本项目应根据“销售费用”账户的发生额分析填列。

（5）“管理费用”项目，反映企业为组织和管理生产经营发生的管理费用。本项目应根据“管理费用”账户的发生额分析填列。

（6）“财务费用”项目，反映企业筹集生产经营所需资金而发生的筹资费用。本项目应根据“财务费用”账户的发生额分析填列。

（7）“资产减值损失”项目，反映企业各项资产发生的减值损失。本项目应根据“资产减值损失”账户的发生额分析填列。

（8）“公允价值变动收益”项目，反映企业为应当计入当期损益的资产或负债公允价值变动收益。本项目应根据“公允价值变动损益”账户的发生额分析填列。如为净损失，本项目以“–”填列。

（9）“投资收益”项目，反映企业以各种方式对外投资所取得的收益。本项目应根据“投资收益”账户的发生额分析填列。如为投资损失，本项目以“–”填列。

（10）“营业利润”项目，反映企业日常经营业务所实现的利润。如为亏损，本项目以“–”填列。

（11）“营业外收入”项目，反映企业发生的与经营业务无直接关系的各项收入。本项目应根据“营业外收入”账户的发生额分析填列。

（12）“营业外支出”项目，反映企业发生的与经营业务无直接关系的各项支出。本项目应根据“营业外支出”账户的发生额分析填列。

（13）“利润总额”项目，反映企业实现的利润总额。如为亏损，本项目以“–”填列。

（14）“所得税费用”项目，反映企业应当从当期利润总额中扣除的所得税费用。本项目应根据“所得税费用”账户的发生额分析填列。

（15）“净利润”项目，反映企业实现的净利润。如为亏损，本项目以“–”号填列。

（16）“基本每股收益”项目，按照归属于普通股股东的当期净利润除以当期实际发行在外的普通股加权平均数计算确定。

（17）“稀释每股收益”项目，以基本每股收益为基础，假定企业所有发行在外的稀释性潜在普通股均已转换为普通股，从而分别调整归属于普通股股东的当期净利润以及发行在外的普通股加权平均数计算而得的每股收益。

知识链接

对于上市公司，还要求其列报“其他综合收益”和“综合收益总额”两个项目，其他综合收益反映企业根据企业会计准则规定直接计入所有者权益的各项利得和损失扣除所得税影响后的净额；综合收益总额反映企业净利润与其他综合收益的合计金额。

3．利润表编制实例

【例 8-2】诚信公司 2012 年度有关损益类科目本年累计发生净额如表 8-7 所示。

表 8-6　诚信公司损益类科目 2012 年度累计发生净额

单位：元

科目名称	借方发生额	贷方发生额
主营业务收入		850 000
其他业务收入		525 000
主营业务成本	650 000	
营业税金及附加	2 000	
其他业务成本	300 000	
销售费用	20 000	
管理费用	157 100	
财务费用	41 500	
投资收益		31 500
营业外收入		50 000
营业外支出	19 700	
所得税费用	91 870	

根据上述资料，编制诚信公司 2012 年度利润表，如表 8-7 所示。

表 8-7　利润表（多步式）

编制单位：诚信公司　　　　2012 年　　　　单位：元

项　目	本期金额	上期金额（略）
一、营业收入	1 375 000	
减：营业成本	950 000	
营业税金及附加	2 000	
销售费用	20 000	
管理费用	157 100	
财务费用	41 500	
资产减值损失		
加：公允价值变动收益（损失以“-”填列）		
投资收益（损失以“-”填列）	31 500	
其中：对联营企业和合营企业的投资收益		
二、营业利润（亏损以“-”填列）	235 900	
加：营业外收入	50 000	
减：营业外支出	19 700	
三、利润总额（亏损总额以“-”填列）	266 200	
减：所得税费用	91 870	
四、净利润（净亏损以“-”填列）	174 330	
五、每股收益		
（一）基本每股收益		
（二）稀释每股收益		

8.4 现金流量表

8.4.1 现金流量表的作用

现金流量表是反映企业一定会计期间现金和现金等价物流入和流出的报表。现金是指企业库存现金以及可以随时用于支付的存款，包括库存现金、银行存款和其他货币资金等。不能随时用于支付的存款，不属于现金。现金等价物是指企业持有的期限短、流动性强、易于转换为已知金额现金、价值变动风险很小的投资。期限短，一般指从购买日起 3 个月内到期。现金等价物通常包括 3 个月内到期的债券投资。权益性投资变现的金额通常不确定且价值变动风险较大，因此不属于现金等价物。

画龙点睛

在现金流量表中，现金及现金等价物被视为一个整体，企业现金形式的转换不会产生现金流量。如企业从银行提取现金、用银行存款购买 3 个月到期的国库券等都不产生现金的流入和流出。

从编制原则上看，现金流量表按照收付实现制的原则编制，将权责发生制下的赢利信息调整为收付实现制下的现金流量信息，便于信息使用者了解企业净利润的质量。

从内容上看，现金流量表被划分为经营活动、投资活动和筹资活动三个部分，每类活动又分为各具体项目。这些项目从不同角度反映企业业务活动的现金流入和现金流出，弥补了资产负债表和利润表提供信息的不足，以便于报表使用者了解和评价企业获取现金和现金等价物的能力，并据以预测企业未来现金流量。现金流量表的作用主要有以下几方面。

1．现金流量表可以提供企业的现金流量信息

现金流量表按照经营活动、投资活动和筹资活动分别流入和流出项目反映企业一定期间所产生的现金流量。通过现金流量表，可以清晰地了解企业现金流入和流出的原因，即现金从哪里来，又用到哪里去，并能反映企业产生现金流量的能力。现金流量表有助于报表使用者对企业整体财务状况作出客观评价。通过现金流量表的分析，可以大致判断其经营周转是否顺畅。

2．现金流量表可以反映企业的偿债能力和支付能力

由于收入和费用的确认和计量依据是权责发生制，企业实现的利润并不一定都能产生现金流量，而且在确认收入和费用时存在很多会计估计的因素，这就为人为调节利润提供了很多可能。因此，企业一定期间所获得的利润并不代表企业真正具有的偿债能力或支付能力。现金流量表以收付实现制为基础，消除了人为操作等原因所产生的获利能力和支付能力。报表使用者通过分析现金流量表，可以更客观地评价企业的偿债能力和支付能力。

3．通过现金流量表可以预测企业未来获取现金的能力和发展情况

现金流量表反映了企业一定期间的经营活动、投资活动和筹资活动现金流入和流出情况。一般来说，企业现金流量表中各部分现金流量结构合理，现金流入和流出无重大异常波动，表明企业财务状况基本良好。

4．现金流量表对资产负债表和利润表中未反映的内容进行补充

资产负债表是对某一时点财务状况的反映，但不能反映财务状况的变动情况及变动的原因；利润表是按权责发生制反映企业的经营成果，与现金变化存在差异。现金流量表较好地解决了这些问题，它不仅可以反映一定期间内现金的变化，而且能够说明现金变化的原因，对资产负债表和利润表起到补充作用。并且，通过某一期间利润和现金流量的比较，可以判断利润的质量。所以说，现金流量表弥补了资产负债表和利润表的不足，是连接资产负债表和利润表的纽带。

8.4.2　现金流量表的结构与内容

我国现金流量表包括正表和补充资料两部分。

1．现金流量表正表

正表部分主要是根据经营业务活动的性质和现金流量的来源，将企业一定期间产生的现金流量分为三类：经营活动产生的现金流量、投资活动产生的现金流量和筹资活动产生的现金流量。

（1）经营活动产生的现金流量

经营活动是指企业投资活动和筹资活动以外的所有交易和事项。各类企业由于行业特点不同，对经营活动的认定存在一定差异。对于工业企业而言，经营活动主要包括销售商品、提供劳务、购买商品、接受劳务、支付税费等。

（2）投资活动产生的现金流量

投资活动是指企业长期资产的购建和不包括在现金等价物范围内的投资及其处置活动。长期资产是指固定资产、无形资产、在建工程、投资性房地产等持有期限在一年或一个营业周期以上的资产。这里所讲的投资，既包括实物资产的投资，也包括金融资产投资。

（3）筹资活动产生的现金流量

筹资活动是指导致企业资本及债务规模和构成发生变化的活动。这里所说的资本，既包括实收资本（股本），也包括资本溢价（或股本溢价）；这里所说的债务主要指短期借款、长期借款、应付债券、长期应付款、应付利息和应付股利等。

2．现金流量表补充资料

补充资料中主要包括以下三项内容。

（1）按间接法重新计算列示经营活动产生的现金流量，即以净利润为起点，通过对一些项目的调整，计算出经营活动产生的现金流量净额。

知识链接

经营活动产生的现金流量净额=净利润+不影响经营活动现金流量但减少利润的项目（未支付现金的费用、营业外支出、投资损失等）−不影响经营活动现金流量但增加利润的项目（未收到现金的收入、营业外收入、投资收益等）+与净利润无关但增加经营活动现金流量的项目（经营性应收项目的减少）−与净利润无关但减少经营活动现金流量的项目（经营性应付项目的增加）。现金流量表补充资料中将净利润调节为经营活动现金流量净额就是按照这个思路进行的。

（2）不涉及现金的重大投资和筹资活动，包括以固定资产偿还债务、以对外投资偿还债务、以固定资产进行投资、以存货偿还债务及融资租入固定资产等业务。

（3）现金及现金等价物净变动情况，本项目计算方法很简单，就是通过对库存现金、银行存款、其他货币资金账户以及现金等价物的期末余额与期初余额比较得来的。

现金流量表的格式如表 8-8 和表 8-9 所示。

表 8-8　现金流量表

编制单位：　　　　　　　　　　　年　　月　　　　　　　　　　　单位：元

项　目	本期金额	上期金额
一、经营活动产生的现金流量：		
销售商品、提供劳务收到的现金		
收到的税费返还		
收到的其他与经营活动有关的现金		
经营活动现金流入小计		
购买商品、接受劳务支付的现金		
支付给职工以及为职工支付的现金		
支付的各项税费		
支付的其他与经营活动有关的现金		
经营活动现金流出小计		
经营活动产生的现金流量净额		
二、投资活动产生的现金流量：		
收回投资收到的现金		
取得投资收益收到的现金		
处置固定资产、无形资产和其他长期资产收回的现金净额		
处置子公司及其他营业单位收到的现金净额		
收到其他与投资活动有关的现金		
投资活动现金流入小计		
购建固定资产、无形资产和其他长期资产支付的现金		
投资支付的现金		
取得子公司及其他营业单位支付的现金净额		
支付其他与投资活动有关的现金		

（续表）

项　目	本期金额	上期金额
投资活动现金流出小计		
投资活动产生的现金流量净额		
三、筹资活动产生的现金流量：		
吸收投资收到的现金		
取得借款收到的现金		
收到其他与筹资活动有关的现金		
筹资活动现金流入小计		
偿还债务支付的现金		
分配股利、利润或偿付利息支付的现金		
支付其他与筹资活动有关的现金		
筹资活动现金流出小计		
筹资活动产生的现金流量净额		
四、汇率变动对现金及现金等价物的影响		
五、现金及现金等价物净增加额		
加：期初现金及现金等价物余额		
六、期末现金及现金等价物余额		

表 8-9　现金流量表补充资料

补充资料	本期金额	上期金额
1．将净利润调节为经营活动现金流量：		
净利润		
加：资产减值准备		
固定资产折旧、油气资产折耗、生产性生物资产折旧		
无形资产摊销		
长期待摊费用摊销		
处置固定资产、无形资产和其他长期资产的损失（收益以“–”填列）		
固定资产报废损失（收益以“–”填列）		
公允价值变动损失（收益以“–”填列）		
财务费用（收益以“–”填列）		
投资损失（收益以“–”填列）		
递延所得税资产减少（增加以“–”填列）		
递延所得税负债增加（减少以“–”填列）		
存货的减少（增加以“–”填列）		
经营性应收项目的减少（增加以“–”填列）		
经营性应付项目的增加（减少以“–”填列）		
其他		
经营活动产生的现金流量净额		
2．不涉及现金收支的重大投资和筹资活动：		
债务转为资本		

（续表）

补充资料	本期金额	上期金额
一年内到期的可转换公司债券		
融资租入固定资产		
3. 现金及现金等价物净变动情况：		
现金的期末余额		
减：现金的期初余额		
加：现金等价物的期末余额		
减：现金等价物的期初余额		
现金及现金等价物净增加额		

8.4.3 现金流量表的编制

编制现金流量表时，列报经营活动现金流量的方法有两种：一种是直接法，另一种是间接法。

所谓直接法，是指按现金收入和现金支出的主要类别直接反映企业经营活动产生的现金流量的方法。如直接列报"销售商品、提供劳务收到的现金"、"购买商品、接受劳务支付的现金"等。在直接法下，一般是以利润表中的营业收入为起点，通过调节与经营活动有关的项目的增减变动，然后计算出经营活动产生的现金流量。

所谓间接法，是指以净利润为起点，通过调整不涉及现金的收入、费用、营业外收支项目，剔除投资活动、筹资活动对现金流量的影响，据此计算出经营活动产生的现金流量。实际上就是将按权责发生制为基础确认的净利润调整为现金净流入，并剔除投资活动和筹资活动对现金流量的影响。

采用直接法编报的现金流量表，便于分析企业经营活动产生的现金流量的来源和用途，预测企业现金流量的未来前景；采用间接法编制现金流量表，便于将净利润与经营活动产生的现金流量净额进行比较，了解净利润与经营活动现金流量差异的原因，从现金流量的角度分析净利润的质量。因此，我国企业会计准则规定，企业应当采用直接法编报现金流量表，同时要求在补充资料里提供以净利润为基础调节到经营活动现金流量的信息。

企业在编制现金流量表时，可根据企业规模和业务量的大小，采用工作底稿法、T 形账户法或分析填列法等不同的程序。其中，对于规模较小、业务量较少的企业，可以直接从会计记录中获得有关现金流入和流出的信息；对于规模较大、业务量较多的企业，可在利润表有关项目数据的基础上，通过分析调整资产负债表有关项目获得现金流量表有关项目的数字。

8.5 所有者权益变动表

8.5.1 所有者权益变动表的作用

所有者权益变动表是指反映所有者权益各组成部分当期增减变动情况的报表。所有者权益变动表能够全面反映企业在一定时期所有者权益变动的情况。不仅包括所有者权益总量的增减变动，还包括所有者权益增减变动的重要结构性信息，特别是要反映直接计入所有者权益的利得和损失，让报表使用者准确理解所有者权益增减变动的根源。所有者权益变动表的作用主要有以下两方面。

1．可以更全面、更真实地反映企业的收益情况

所有者权益变动表在一定程度上体现了企业综合收益。综合收益包括净利润和直接计入所有者权益的利得和损失。其中，净利润是企业已经实现并已确认的收益，直接计入所有者权益的利得和损失是企业尚未实现但根据会计准则的规定已确认的收益。我国目前已有不少项目如外币折算差额、资产评估增值、金融工具的确认等未实现利得是绕过利润表，直接进入资产负债表所有者权益项目的。通过所有者权益变动表，可以将未实现的利得和损失列示出来，全面、真实地反映企业的业绩，提高会计信息的质量。

2．可以有效遏制上市公司操纵利润的行为

利润操纵的典型手法是对已经出现的利得和损失，通过选择确认时间和金额来控制报告期间的净收益。如为了提高本期报告收益，将公允价值超过购买成本的股票先行出售，以确认出售利得，而将公允价值低于购买成本的股票继续持有，以避免确认出售损失。但通过所有者权益变动表，对全部未实现的利得和损失予以列示，可以防止企业操纵利润的行为。

8.5.2 所有者权益变动表的结构与内容

我国会计准则规定，所有者权益变动表应当反映所有者权益的各组成部分当期的增减变动情况。为了清楚地表明构成所有者权益的各组成部分当期的增减变动，所有者权益变动表应当以矩阵形式列示。

一方面，列示导致所有者权益变动的交易和事项，至少应当单独列示反映下列信息的项目：（1）净利润；（2）直接计入所有者权益的利得和损失项目及其总额；（3）会计政策变更和差错更正的累计影响金额；（4）所有者投入资本和向所有者分配利润等；（5）按照规定提取的盈余公积；（6）所有者权益内部结转等。

另一方面，按照所有者权益各组成部分（包括实收资本或股本、资本公积、盈余公积、未分配利润和库存股）及其总额列示交易或事项对所有者权益的影响。所有者权益变动表的具体格式如表 8-10 所示。

表 8-10 所有者权益变动表

编制单位： 年 单位：元

项目	本年金额						上年金额					
	实收资本（或股本）	资本公积	减：库存股	盈余公积	未分配利润	所有者权益合计	实收资本（或股本）	资本公积	减：库存股	盈余公积	未分配利润	所有者权益合计
一、上年年末余额												
加：会计政策变更												
前期差错更正												
二、本年年初余额												
三、本年增减变动金额（减少以“–”填列）												
（一）净利润												

（续表）

项　目	本年金额						上年金额					
	实收资本（或股本）	资本公积	减：库存股	盈余公积	未分配利润	所有者权益合计	实收资本（或股本）	资本公积	减：库存股	盈余公积	未分配利润	所有者权益合计
（二）直接计入所有者权益的利得和损失												
1. 可供出售金融资产公允价值变动净额												
2. 权益法下被投资单位其他所有者权益变动的影响												
3. 与计入所有者权益项目相关的所得税影响												
4. 其他												
上述（一）和（二）小计												
（三）所有者投入和减少资本												
1. 所有者投入资本												
2. 股份支付计入所有者权益的金额												
3. 其他												
（四）利润分配												
1. 提取盈余公积												
2. 对所有者（股东）的分配												
3. 其他												
（五）所有者权益内部结转												
1. 资本公积转增资本（或股本）												
2. 盈余公积转增资本（或股本）												
3. 盈余公积弥补亏损												
4. 其他												
四、本年年末余额												

8.5.3　所有者权益变动表的编制

1. 所有者权益变动表“本年金额”和“上年金额”的填写方法

所有者权益变动表中栏内的各项数字，应根据资产负债表、利润表中期初和期末的相关数据和上年度所有者权益变动表中的相关数据计算填列。如果本年度所有者权益变动表规定的各项目的名称和内容同上年度不相一致，应对上年度所有者权益变动表各个项目的名称和内容按照本年度的规定进行调整，以保持其列报的一致性。

2. 所有者权益变动表“本年金额”各项目的内容和填写说明

本表各项目应根据当期净利润项目、直接计入所有者权益的利得和损失项目、所有者投入资本和减少资本项目、利润分配项目和所有者权益内部结转等情况分析填列。各项目变动的影响应分别在所有者权益下的“实收资本”、“资本公积”、“盈余公积”和“未分配利润”予以反映。

(1)“上年年末余额”项目，反映企业上年资产负债表中实收资本（股本）、资本公积、盈余公积和未分配利润的年末余额。

（2）“会计政策变更”和“前期差错更正”项目，分别反映企业采用追溯调整法处理的会计政策变更的累积影响数和采用追溯调整法处理的会计差错更正的累积影响数。

（3）“本年增减变动额”项目反映如下内容：

①“净利润”项目，反映企业当年实现的净利润或净亏损，并对应列在“未分配利润”栏。

②“直接计入所有者权益的利得和损失”项目，反映企业当年直接计入所有者权益的利得和损失金额。其中：

“可供出售金融资产公允价值变动净额”项目，反映企业持有的可供出售金融资产当年公允价值变动的金额，并对应列在“资本公积”栏；

“权益法下被投资单位其他所有者权益变动的影响”项目，反映企业对按照权益法核算的长期股权投资，在被投资单位除当年实现的净损益以外其他所有者权益当年变动中应享有的份额，并对应列在“资本公积”栏；

“与计入所有者权益项目相关的所得税影响”项目，反映企业根据《企业会计准则第18号——所得税》的规定应计入所有者权益项目的当年所得税影响金额，并对应列在“资本公积”栏。

③“净利润”和“直接计入所有者权益的利得和损失”小计项目，反映企业当年实现的净利润或净亏损金额和当年直接计入所有者权益的利得和损失金额的合计额。

④“所有者投入和减少资本”项目，反映企业当年所有者投入和减少的资本。其中：

“所有者投入资本”项目，反映企业接受投资者投入形成的实收资本（或股本）和资本溢价或股本溢价，并对应列在“实收资本（或股本）”和“资本公积”栏；

“股份支付计入所有者权益的金额”项目，反映企业处于等待期中的权益结算的股份支付当年计入资本公积的金额，并对应列在“资本公积”栏。

⑤“利润分配”项目，反映当年对所有者分配的利润金额和按规定提取的盈余公积金额，并对应列在“未分配利润”和“盈余公积”栏内。其中：

“提取盈余公积”项目，反映企业按照规定提取的盈余公积；

“对所有者（股东）的分配”项目，反映企业对所有者（股东）分配的利润（或股利）金额。

⑥“所有者权益内部结转”项目，反映不影响当年所有者权益总额的所有者权益内部各组成部分之间当年的增减变动，包括资本公积转增资本、盈余公积转增资本、盈余公积弥补亏损等。为了全面反映所有者权益各组成部分的增减变动情况，所有者权益内部结转也是所有者权益变动表的重要组成部分。

重要概念

财务报告、会计报表、会计报表附注、财务情况说明书、资产负债表、利润表、现金流量表、所有者权益变动表

要点回顾

（1）财务报告又称财务会计报告，是根据日常会计核算资料定期编制的、总括反映企业在某一特定日期的财务状况和某一会计期间经营成果、现金流量等情况的书面文件。企业的财务报告由会计报表、会计报表附注和财务情况说明书三部分组成。

（2）会计报表按照不同的标准可以分为不同的类别，比较常见的分类标准有六种：按照反映的经济内容分类、按照编报的时间分类、按照服务的主要对象分类、按照编制的单位分类、按照编制的主体分类和按反映的资金运动状态分类。

（3）为保证会计报表的质量，充分发挥其在经营管理和决策中的作用，各单位在编制会计报表时应当根据真实的交易、事项以及完整、准确的账簿记录等资料进行编制。编制会计报表应保证内容完整、数字真实、计算准确、编报及时。

（4）资产负债表是总括反映企业在某一特定日期（月末、季末或年末）全部资产、负债和所有者权益情况的会计报表。我国会计准则要求企业资产负债表采用账户式结构：左侧列报资产各项目，右侧列报负债和所有者权益各项目。资产负债表中资产项目按其流动性强弱排列，即先流动资产，后非流动资产；负债项目按清偿时间的长短排列，即先列示偿还时间短的流动负债，再列示偿还时间长的非流动负债；所有者权益根据其永久性程度的顺序排列，即按实收资本、资本公积、盈余公积、未分配利润的顺序依次排列。资产负债表各项目分别列报“年初余额”和“期末余额”两栏。“年初余额”栏内各项数字，应根据上年末资产负债表“期末余额”栏内所列示数字填列；资产负债表“期末余额”栏内各数字，一般应根据资产、负债和所有者权益类账户的期末余额填列。

（5）利润表是反映企业在一定会计期间经营成果的报表。利润表按是否反映利润总额的构成内容和主次，分为单步式和多步式两种。我国企业利润表采用多步式格式。利润表各项目需要分别填列“本期金额”和“上期金额”两栏。“上期金额”栏内各项数字，应根据上年该利润表“本期金额”栏内所列数字填列；利润表中“本期金额”栏的各项目，应根据期末结转至“本年利润”账户的各损益类账户的发生额分析计算填列。

（6）现金流量表是反映企业一定会计期间现金和现金等价物流入和流出的报表。现金是指企业库存现金以及可以随时用于支付的存款，包括库存现金、银行存款和其他货币资金等。现金等价物是指企业持有的期限短、流动性强、易于转换为已知金额现金、价值变动风险很小的投资。我国现金流量表包括正表和补充资料两部分。其中，正表部分主要是根据经营业务活动的性质和现金流量的来源，将企业一定期间产生的现金流量分为三类：经营活动产生的现金流量、投资活动产生的现金流量和筹资活动产生的现金流量。补充资料中主要包括将净利润调节为经营活动产生的现金流量净额、不涉及现金的重大投资和筹资活动、现金及现金等价物净变动情况等。我国企业会计准则规定，企业应当采用直接法编报现金流量表（正表），同时要求在补充资料里采用间接法将净利润调节到经营活动产生的现金流量净额。

（7）所有者权益变动表是指反映所有者权益各组成部分当期增减变动情况的报表。所有者权益变动表能够全面反映企业在一定时期所有者权益变动的情况。不仅包括所有者权益总量的增减变动，还包括所有者权益增减变动的重要结构性信息，特别是要反映直接计入所有者权益的利得和损失，让报表使用者准确理解所有者权益增减变动的根源。我国会计准则规定，所有者权益变动表应当反映所有者权益的各组成部分当期的增减变动情况。为了清楚地表明构成所有者权益的各组成部分当期的增减变动，所有者权益变动表应当以矩阵形式列示。一方面，列示导致所有者权益变动的交易和事项，至少应当单独列示反映下列信息的项目：①净利润；②直接计入所有者权益的利得和损失项目及其总额；③会计政策变更和差错更正的累计影响金额；④所有者投入资本和向所有者分配利润等；⑤按照规定提取的盈余公积；⑥所有者权益内部结转等。另一方面，按照所有者权益各组成部分（包括实收资本或股本、资本公积、盈余公积、未分配利润和库存股）及其总额列示交易或事项对所有者权益的影响。

复习思考题

1. 简述财务报告的内容。
2. 什么是资产负债表？通过资产负债表可以了解哪些信息？
3. 简述账户式资产负债表的结构及其内容。
4. 简述资产负债表“期末余额”的填列方法。
5. 什么是利润表？通过利润表可以了解哪些信息？
6. 试述利润表的构成及其编制方法。
7. 什么是现金流量表？现金流量如何进行分类？
8. 什么是所有者权益变动表？

练习题

一、单项选择题

1. 编制利润表主要是根据（　　）。

   A. 损益类各账户的本期发生额

   B. 损益类各账户的期末余额

   C. 资产、负债及所有者权益各账户的期末余额

   D. 资产、负债及所有者权益各账户的本期发生额

2. 以下项目中，不会影响企业营业利润的是（　　）。

   A. 营业税金及附加　B. 营业外收入　C. 营业成本　D. 销售费用

3. 利润表反映企业的（　　）。

   A. 财务状况　B. 经营成果　C. 财务状况变动　D. 现金流动

4. 会计报表编制的依据是（　　）。

   A. 原始凭证　B. 记账凭证　C. 账簿记录　D. 汇总记账凭证

5. 资产负债表中的“存货”项目，应根据（　　）。

   A. “原材料”、“在产品”和“库存商品”账户的期末借方余额之和填列

   B. “存货”账户的期末借方余额直接填列

   C. “原材料”、“生产成本”和“库存商品”等账户的期末借方余额之和填列

   D. “原材料”账户的期末借方余额直接填列

二、多项选择题

1. 下列各项中，属于资产负债表中流动资产项目的有（　　）。

A. 货币资金　　B. 存货　　C. 应收账款　　D. 预收款项

2. 资产负债表中“应收账款”项目应根据（　　）之和减去“坏账准备”账户中有关应收账款计提的坏账准备期末余额填列。

A. “预收账款”账户所属明细账户的借方余额

B. “应收账款”账户所属明细账户的贷方余额

C. “应收账款”账户所属明细账户的借方余额

D. “应付账款”账户所属明细账户的贷方余额

3. 资产负债表中的“预付账款”项目，应根据（　　）之和填列。

A. “预付账款”明细科目的借方余额　　B. “应付账款”明细科目的借方余额

C. “应付账款”明细科目的贷方余额　　D. “预付账款”明细科目的贷方余额

4. 利润表中的“营业成本”项目填列所依据的是（　　）。

A. “营业税金及附加”账户发生额　　B. “主营业务成本”账户发生额

C. “营业外支出”账户发生额　　D. “其他业务成本”账户发生额

5. 资产负债表的数据来源，可以根据（　　）取得。

A. 总账科目余额计算填列　　B. 记账凭证直接填列

C. 总账科目余额直接填列　　D. 明细科目余额计算填列

三、判断题

1. 资产负债表是总括反映企业特定日期资产、负债和所有者权益情况的动态报表，通过它可以了解企业的资产构成、资金的来源构成和企业债务的偿还能力。（　　）

2. 会计报表项目数据的直接来源是原始凭证和记账凭证。（　　）

3. 实际工作中，为使会计报表及时报送，企业可以提前结账。（　　）

4. 资产负债表中资产项目是按照资产流动性由小到大的顺序排列的。（　　）

5. 利润表中的各项目应根据有关损益账户的本期发生额或余额分析计算填列。（　　）

四、业务题

（一）某企业2012年3月有关账户的期末余额资料如下：

有关账户余额表　　单位：元

账户名称	余额（借方）	账户名称	余额（贷方）
库存现金	1 200	短期借款	30 000
银行存款	20 470	应付账款	53 700
应收账款	42 600	应交税费	18 000
原材料	67 000	长期借款	185 000
库存商品	75 000	实收资本	333 970
生产成本	9 000	本年利润	66 000
固定资产	560 000	累计折旧	140 000
利润分配	45 000		

要求：根据上述账户余额资料，填列资产负债表下列项目的金额：

（1）货币资金；

（2）存货；

（3）未分配利润；

（4）流动负债合计；

（5）资产总计。

（二）东方公司 2012 年 12 月 31 日有关账户余额如下：

账户余额表 单位：元

账户名称	借方金额	贷方金额
库存现金	5 000	
银行存款	41 300	
应收账款	298 400	
预付账款	10 000	
原材料	32 000	
库存商品	163 700	
生产成本	37 600	
固定资产	760 000	
累计折旧		60 000
无形资产	85 000	
短期借款		100 000
应付账款		295 000
长期借款		350 000
实收资本		570 000
盈余公积		58 000
利润分配		62 000

要求：根据上述资料编制资产负债表。

（三）康达公司 2013 年 1 月各损益类账户的发生额如下：

2013 年 1 月各损益类账户发生额 单位：元

账户名称	借方金额	贷方金额
主营业务收入		666 000
其他业务收入		34 000
营业外收入		12 030
主营业务成本	369 700	
其他业务成本	25 000	
营业税金及附加	3 230	
销售费用	17 067	
管理费用	45 900	
财务费用	6 000	
营业外支出	5 000	
所得税费用	63 000	

要求：根据上述资料，编制利润表。

案例分析

芳华公司 2013 年 1 月发生如下经济业务：

1. 接受投资者投入资本 800 000 元，存入银行。

2. 从银行取得短期借款 500 000 元。

3. 购入一台设备，价款 200 000 元，以银行存款支付。

4. 购入一批原材料，价款 10 000 元，货款暂欠。

5. 从银行提取现金 3 000 元备用。

6. 本月销售甲产品 300 件，价款共计 40 000 元，已全部收到存入银行。

7. 本月销售乙产品 500 件，价款共计 20 000 元，货款尚未收回。

8. 收到上月销货款 50 000 元。

9. 根据合同规定，预收 A 公司货款 30 000 元。

10. 以银行存款支付广告费 6 000 元。

11. 以库存现金购买办公用品 500 元。

12. 计提固定资产折旧 5 000 元，其中管理用固定资产折旧费 1 000 元，生产用设备折旧费 4 000 元。

13. 预提本月短期借款利息 2 500 元。

14. 对外捐赠现金 10 000 元。

要求：分析以上业务，哪些业务影响企业本月的利润？哪些业务影响企业本月的现金流量？分析净利润和经营活动现金流量净额不同的原因。

第9章

会计核算形式

学习目标

通过本章内容的学习，能够理解会计循环与会计核算形式的基本含义及其关系；掌握记账凭证会计核算形式、科目汇总表会计核算形式、汇总记账凭证会计核算形式的基本程序、凭证和账簿的设置及其优缺点；理解科目汇总表和汇总记账凭证的编制方法；了解普通日记账会计核算形式、多栏式日记账会计核算形式、日记总账会计核算形式的基本程序。

9.1 会计核算形式概述

9.1.1 会计循环及其基本流程

会计循环指一个会计主体在一定的会计期间内，从经济业务发生取得或填制会计凭证起，到登记账簿、编制会计报表为止的一系列处理过程。它是按照划分的会计期间，周而复始进行的会计核算工作的内容。

会计循环的流程包括：

（1）对于发生的经济业务进行初步的确认和记录，即填制和审核原始凭证；

（2）填制记账凭证，即在审核的原始凭证的基础上，通过编制会计分录填制记账凭证；

（3）登记账簿，包括日记账、总分类账和明细分类账；

（4）进行账项调整，即按照权责发生制的要求，会计期末编制调整分录并予以过账；

（5）结账，即将有关账户结算出本期总的发生额和期末余额；

（6）对账，即为保证账簿记录正确进行的核对工作，包括账证核对、账账核对和账实核对；

（7）试算平衡，即根据借贷记账法的基本原理进行全部总分类账户的借方与贷方发生额及余额的试算平衡；

（8）根据账户的数据资料，编制会计报表和其他财务报告。

以上八个环节全面地反映了一个会计主体在一定会计期间内的会计核算工作的全部内容，构成了一个完整的会计循环。其中，前三个环节属于会计主体日常的会计核算工作内容，后五个环节属于会计主体在会计期末的会计核算工作内容。

9.1.2 会计核算形式的概念及意义

1．会计核算形式的概念

在会计循环中，填制会计凭证是对日常经济业务的逐层加工、汇总、综合，是核算资料的收集及初步分类；登记账簿是核算资料的分类整理；编制财务报表是核算资料的再加工。

在资料的收集阶段，要求会计凭证的填制具有全面性、真实性，针对经济业务进行初步归类。为实现这一目的，各企业、事业等单位应根据经济业务的具体内容，根据登记账簿的需要，设计会计凭证的种类、格式。通常根据需要设计各种格式的原始凭证及收付款凭证和转账凭证等记账凭证。在核算资料的分类整理阶段，要求账簿的登记系统、连续地分类反映各项经济业务的内容，为此设置不同的账簿种类及格式，如序时账、总分类账和明细分类账等，各类账簿又有不同格式，如明细分类账有三栏式、多栏式和数量金额式等。通过账簿记录提供的核算资料虽然能系统地反映企业某一方面的经济业务内容，但不能反映全部经济业务。为了反映经济活动的全貌，需要对账簿提供的核算资料进行综合，使会计核算的过程进入再加工阶段。这个阶段要求编制的财务报表具有综合性、可比性、通用性，需要统一设计财务报表的种类、格式和内容，如资产负债表、利润表、现金流量表等。填制会计凭证、登记账簿、编制报表这三种最重要的会计核算方法，都有特定的目的、原则和手段。它们不是孤立的，而是相互联系的，也就是说编制报表的资料主要来源于账簿，报表的内容对账簿的种类、格式和记录内容又有制约作用；账簿的登记依据是会计凭证，账簿的种类、格式又决定着会计凭证的种类和格式。正是由于会计凭证、账簿、报表三者之间存在着相互联系、相互制约的关系，而且三者的相互关系以及各凭证之间、账簿之间、报表之间的配合，决定着会计核算资料的全面性、综合性、及时性。因此，每个单位都应根据实际情况，设计会计凭证、账簿、财务报表及其相应的编制程序，即会计核算形式。

会计核算形式又叫账务处理程序、会计核算组织程序，就是在会计循环中，会计主体采用的会计凭证、会计账簿、会计报表的种类和格式与记账程序有机结合的方法与步骤。由于会计凭证、账簿、报表的种类、格式、程序不同，尤其是登记总分类账簿的程序不同，形成了各种会计核算形式。

画龙点睛

会计循环、会计核算形式、会计核算方法三者之间具有密切的关系。会计循环是会计核算的工作程序，会计核算形式是会计核算的组织形式，会计核算方法具体通过会计循环与会计核算形式体现出来。会计核算形式与会计循环也有区别，所有会计主体在每个会计期间都体现出会计循环，所以会计循环概括了会计核算工作程序的共性；而不同的会计主体可以采用不同的会计核算形式，所以会计核算形式更强调个性。

2. 会计核算形式的意义

会计核算形式是否科学合理，会对整个会计核算工作产生诸多方面的影响。确定科学合理的会计核算形式，对于保证能够准确、及时提供系统而完整的会计信息，具有十分重要的意义，也是会计部门和会计人员的一项重要工作。

（1）有利于规范会计核算工作。会计核算工作需要会计部门和会计人员之间的密切配合，有了科学合理的会计核算形式，会计机构和会计人员在进行会计核算的过程中就能够做到有序可循，按照不同的责任分工，有条不紊地处理好各个环节上的会计核算工作内容。

（2）有利于保证会计核算工作质量。在进行会计核算的过程中，保证会计核算工作的质量是对会计工作的基本要求。建立起科学合理的会计核算形式，形成加工和整理会计信息的正常机制，是提高会计核算工作质量的重要保障，有利于提高会计核算工作质量。

（3）有利于提高会计核算工作效率。会计核算工作效率的高低，直接关系到提供会计信息的及时性和相关性。按照既定的会计核算形式进行会计信息的处理，将会大大提高会计核算工作效率，保证会计信息整理、加工和对外报告的顺利进行。

（4）有利于降低会计核算工作的成本。会计核算的过程也是对人力、物力和财务的消耗过程，因此，要求会计核算本身也要讲求经济效益，根据“效益大于成本”原则设计会计核算形式。会计核算形式安排的科学合理，选用的会计凭证、会计账簿和会计报表种类适当、格式适用、数量适中，在一定程度上也能够降低会计核算工作的成本，节约会计核算方面的支出。

（5）有利于发挥会计核算工作的作用。会计核算工作的重要作用是对企业发生的交易和事项进行记录，并保证记录的正确性、完整性和合理性，这种作用是通过会计核算和监督职能的发挥而体现出来的。在建立规范会计核算形式的基础上，保证了会计核算工作质量，提高了会计核算工作效率，就能够在经营管理等方面更好地发挥会计核算工作的作用。

企业在选用适合本单位的会计核算形式时，应考虑以下方面的因素：根据本单位经济活动的特点、规模的大小和业务的繁简等实际情况，选用会计核算形式；根据本单位经营管理和提高经济效益的需要，选用会计核算形式，以便正确、及时、全面、系统地提供本单位经济活动和财务状况的核算资料；根据简化核算手续的要求，选用会计核算形式。

我国会计核算工作在长期实践中，形成了六种会计核算形式：记账凭证会计核算形式；科目汇总表会计核算形式；汇总记账凭证会计核算形式；普通日记账会计核算形式、多栏式日记账会计核算形式、日记总账会计核算形式。各种会计核算形式既有共同点，又有各自的特点。其特点在以后各节分述，共同点如图 9-1 所示。

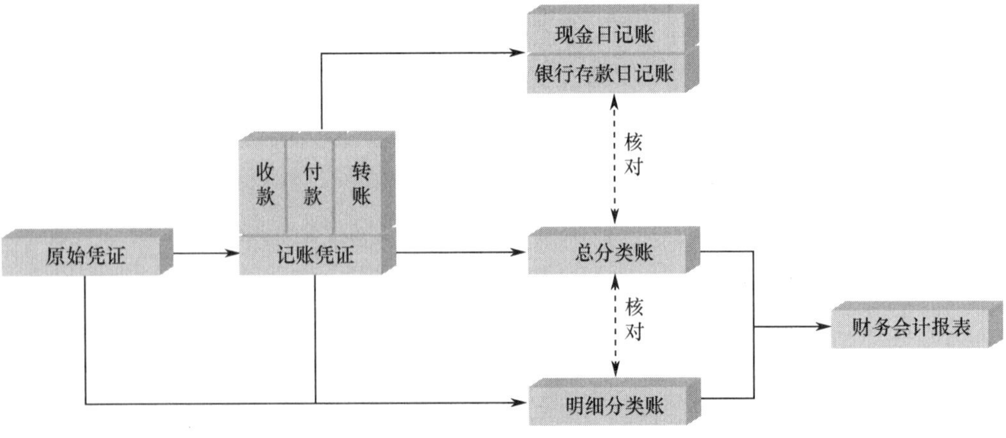

图 9-1　会计核算形式示意图

9.2 记账凭证会计核算形式

9.2.1 记账凭证会计核算形式的特点

记账凭证会计核算形式的特点是直接根据记账凭证逐笔登记总分类账。记账凭证会计核算形式体现了会计核算的基本原理和基本程序，是最基本的一种会计核算形式。从一定意义上说，其他各种会计核算形式都是在其基础上的延伸和发展，所以该形式又被称为“基本会计核算形式”。

9.2.2 记账凭证会计核算形式的凭证和账簿设置

记账凭证会计核算形式下的记账凭证可以采用通用记账凭证，也可以采用收款凭证、付款凭证和转账凭证三种格式的专用记账凭证。应设置的账簿一般有现金日记账、银行存款日记账、总分类账和明细分类账。日记账、总分类账一般采用三栏式账页，明细分类账可根据需要分别设置三栏式、数量金额式和多栏式账页。

9.2.3 记账凭证会计核算形式的账务处理基本程序

记账凭证会计核算形式的账务处理基本程序如图 9-2 所示。

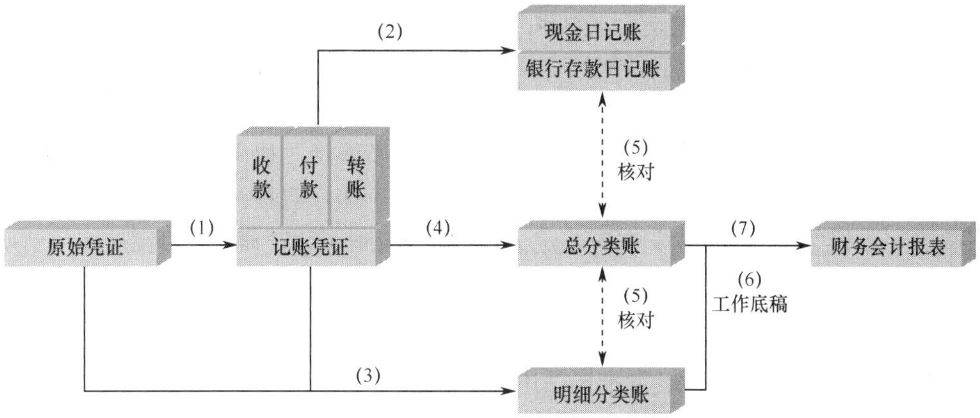

图 9-2 记账凭证会计核算形式示意图

程序说明：

（1）根据原始凭证编制记账凭证。记账凭证通常采用收款凭证、付款凭证和转账凭证的格式，也可以不区分经济业务的类型，采用转账凭证式的通用格式；

（2）根据收款凭证、付款凭证逐日逐笔地登记现金日记账和银行存款日记账。现金日记账和银行存款日记账一般采用收、付、余三栏式账簿；

（3）根据原始凭证和记账凭证登记各种明细分类账。明细账的格式可根据各单位的实际情况及管理的要求设置，分别采用三栏式、多栏式和数量金额式的账簿格式；

（4）根据各种记账凭证逐笔登记总分类账。总分类账的格式一般采用借、贷、余三栏式；

（5）月末，将现金日记账、银行存款日记账和明细分类账的余额与总分类账的有关账户余额核对。为正确地编制会计报表提供真实的资料，必须保证账账相符。保证账账相符的手段之一是账账之间的核对；

（6）月末，将总分类账和明细分类账的余额，过入工作底稿，在工作底稿中编制相关的调整分录，并进行试算平衡，作为编制报表的依据。企业也可以根据账簿资料直接编制报表，而不通过编制工作底稿这一程序；

（7）月末，根据总分类账和明细分类账编制报表。财会部门定期将日常核算资料进行再加工整理和归类汇总，形成整套反映经济活动及其经营成果的会计报表体系。

9.2.4 记账凭证会计核算形式的优缺点及适用范围

1. 记账凭证会计核算形式的优点

（1）简单明了，易于理解和掌握。如上所述，根据记账凭证直接逐笔登记总分类账，是记账凭证会计核算形式的特点，登记总分类账的方法与明细账的登记要求是一样的，因而也是一种最为易于理解和掌握的登记方法。

（2）由于是逐笔登记，总分类账可以详细清晰地反映经济业务的发生情况。

2. 记账凭证会计核算形式的缺点

（1）总分类账登记工作量过大。对发生的每笔经济业务都要根据记账凭证逐笔在总分类账中进行登记，实际上与登记日记账和明细账的做法一样，是一种简单的重复登记，势必增大登记总分类账的工作量，特别是在经济业务量比较多的情况下更是如此。

（2）账页耗用多，预留账页多少难以把握。由于总分类账对发生的所有经济业务要重复登记一遍，势必会耗用更多的账页，造成一定的账页浪费。如果是在一个账簿上设置多个账户，由于登记业务的多少很难预先确定，对于每个账户应预留多少账页很难把握，预留过多会形成浪费，预留过少又会影响账户登记上的连续性。在预留账页比较多的情况下，由于在新的会计年度要更换新账簿，所有旧账簿中预留未用的账页也会被废止不用，在一定程度上形成了浪费。

3. 记账凭证会计核算形式的适用范围

记账凭证会计核算形式一般只适用于规模较小、经济业务较少，从而编制的记账凭证不是很多的单位。而且在业务量过小的情况下，也可以使用通用记账凭证，以避免凭证种类的多元化而造成的凭证方面的过多支出。

9.2.5 记账凭证会计核算形式举例

刘关张公司2013年2月发生以下业务：

（1）2月5日销售A产品，价款13 000元（不考虑增值税），全部款项已收到并存入银行。

（2）2月6日结转上述产品的销售成本8 000元。

（3）2月10日采购原材料，原材料已验收入库，价款5 000元（不考虑增值税），款项未付。

（4）2 月 28 日经计算本月行政管理人员工资为 2 000 元，尚未支付。

（5）2 月 28 日从银行提取现金 2 000 元。

（6）2 月 28 日以库存现金支付上行政管理人员工资 2 000 元。

（7）2 月 28 日偿还短期借款 9 000 元。

（8）2 月 28 日计提办公楼折旧 1 200 元。

（9）2 月 28 日结转本月收入至“本年利润”账户。

（10）2 月 28 日结转本月费用至“本年利润”账户。

现以刘关张公司为例说明记账凭证会计核算形式的应用。

【例 9-1】刘关张公司 2013 年 2 月初各总账账户余额如表 9-1 所示。

表 9-1　总账账户余额表

会计科目	借方余额	会计科目	贷方余额
银行存款	12 000.00	累计折旧	19 800.00
应收账款	23 000.00	短期借款	24 500.00
原材料	9 000.00	应付账款	18 500.00
库存商品	13 500.00	实收资本	30 000.00
固定资产	56 300.00	本年利润	21 000.00
合计	113 800.00	合计	113 800.00

按照记账凭证会计核算形式处理的内容和步骤如下：

（1）假设刘关张公司采用专用记账凭证，根据上述业务填制记账凭证如表 9-2 至表 9-11 所示。

表 9-2　收款凭证

借方科目：银行存款　　2013 年 2 月 5 日　　收字第 1 号

摘要	贷方科目		金额	记账
	总账科目	明细科目		
销售 A 产品	主营业务收入	A 产品	13 000.00	
合计			¥ 13 000.00	

表 9-3　转账凭证

2013 年 2 月 6 日　　转字第 1 号

摘要	总账科目	明细科目	借方金额	贷方金额	记账
结转销售成本	主营业务成本	A 产品	8 000.00		
	库存商品	A 产品		8 000.00	
合计			¥ 8 000.00	¥ 8 000.00	

表 9-4 转账凭证

2013 年 2 月 10 日 转字第 2 号

摘要	总账科目	明细科目	借方金额	贷方金额	记账
采购原材料	原材料		5 000.00		
	应付账款			5 000.00	
合计			¥5 000.00	¥5 000.00	

表 9-5 转账凭证

2013 年 2 月 28 日 转字第 3 号

摘要	总账科目	明细科目	借方金额	贷方金额	记账
计算工资	管理费用		2 000.00		
	应付职工薪酬			2 000.00	
合计			¥2 000.00	¥2 000.00	

表 9-6 付款凭证

贷方科目：银行存款 2013 年 2 月 28 日 付字第 1 号

摘要	借方科目		金额	记账
	总账科目	明细科目		
提取现金	库存现金		2 000.00	
合计			¥2 000.00	

表 9-7 付款凭证

贷方科目：库存现金 2013 年 2 月 28 日 付字第 2 号

摘要	借方科目		金额	记账
	总账科目	明细科目		
发放工资	应付职工薪酬		2 000.00	
合计			¥2 000.00	

表 9-8 付款凭证

贷方科目：银行存款 2013 年 2 月 28 日 付字第 3 号

摘要	借方科目		金额	记账
	总账科目	明细科目		
偿还短期借款	短期借款		9 000.00	
合计			¥9 000.00	

表 9-9　转账凭证

2013 年 2 月 28 日　　　　转字第 4 号

摘要	总账科目	明细科目	借方金额	贷方金额	记账
计提折旧	管理费用		1 200.00		
	累计折旧			1 200.00	
合计			¥ 1 200.00	¥ 1 200.00	

表 9-10　转账凭证

2013 年 2 月 28 日　　　　转字第 5 号

摘要	总账科目	明细科目	借方金额	贷方金额	记账
结转收入	主营业务收入		13 000.00		
	本年利润			13 000.00	
合计			¥ 13 000.00	¥ 13 000.00	

表 9-11　转账凭证

2013 年 2 月 28 日　　　　转字第 6 号

摘要	总账科目	明细科目	借方金额	贷方金额	记账
结转收入	本年利润		11 200.00		
	主营业务成本			8 000.00	
	管理费用			3 200.00	
合计			¥ 11 200.00	¥ 11 200.00	

（2）根据记账凭证登记日记账如表 9-12 和表 9-13 所示。

表 9-12　库存现金日记账

2013 年		凭证号		摘要	对方账户	收入	支出	余额
月	日	种类	编号					
2	28	付	1	提取现金	银行存款	2 000.00		2 000.00
2	28	付	2	发放工资	应付职工薪酬		2 000.00	0.00
2	28			本月合计		2 000.00	2 000.00	0.00

表 9-13　银行存款日记账

2013 年		凭证号		摘要	对方账户	收入	支出	余额
月	日	种类	编号					
2	1			期初余额				12 000.00
2	5	收	1	销售产品	主营业务收入	13 000.00		25 000.00
2	28	付	1	提取现金	库存现金		2 000.00	23 000.00
2	28	付	3	偿还借款	短期借款		9 000.00	14 000.00
2	28			合计		13 000.00	11 000.00	14 000.00

（3）根据记账凭证和原始凭证登记明细账（略）。

（4）根据记账凭证登记总分类账，如表 9-14 至表 9-24 所示。

表 9-14　总分类账

账户名称：库存现金

2013 年		凭证号		摘要	借方	贷方	借或贷	余额
月	日	种类	编号					
2	28	付	1	提取现金	2 000.00		借	2 000.00
2	28	付	2	发放工资		2 000.00	平	0.00
2	28			本月合计	2 000.00	2 000.00	2 000.00	0.00

表 9-15　总分类账

账户名称：银行存款

2013 年		凭证号		摘要	借方	贷方	借或贷	余额
月	日	种类	编号					
2	1			期初余额			借	12 000.00
2	5	收	1	销售产品	13000.00		借	25 000.00
2	28	付	1	提取现金		2000.00	借	23 000.00
2	28	付	3	偿还借款		9000.00	借	14 000.00
2	28			合计	13000.00	11000.00	借	14 000.00

表 9-16　总分类账

账户名称：应收账款

2013 年		凭证号		摘要	借方	贷方	借或贷	余额
月	日	种类	编号					
2	1			期初余额			借	23 000.00
2	28			合计	0.00	0.00	借	23 000.00

表 9-17　总分类账

账户名称：原材料

2013 年		凭证号		摘要	借方	贷方	借或贷	余额
月	日	种类	编号					
2	1			期初余额			借	9 000.00
2	10			购原材料	5 000.00		借	14 000.00
2	28			合计	5 000.00	0.00	借	14 000.00

表 9-18　总分类账

账户名称：库存商品

2013 年		凭证号		摘要	借方	贷方	借或贷	余额
月	日	种类	编号					
2	1			期初余额			借	13 500.00
2	6			结转销售成本		8 000.00	借	5 500.00
2	28			合计	0.00	8 000.00	借	5 500.00

表 9-19　总分类账

账户名称：固定资产

2013 年		凭证号		摘要	借方	贷方	借或贷	余额
月	日	种类	编号					
2	1			期初余额			借	56 300.00
2	28			合计	0.00	0.00	借	56 300.00

表 9-20　总分类账

账户名称：累计折旧

2013 年		凭证号		摘要	借方	贷方	借或贷	余额
月	日	种类	编号					
2	1			期初余额			贷	19 800.00
2	28	转	4	计提折旧		1 200.00	贷	21 000.00
2	28			合计	0.00	1 200.00	贷	21 000.00

表 9-21　总分类账

账户名称：短期借款

2013 年		凭证号		摘要	借方	贷方	借或贷	余额
月	日	种类	编号					
2	1			期初余额			贷	24 500.00
2	28	付	3	偿还借款	9 000.00		贷	15 500.00
2	28			合计	9 000.00	0.00	贷	15 500.00

表 9-22　总分类账

账户名称：应付账款

2013 年		凭证号		摘要	借方	贷方	借或贷	余额
月	日	种类	编号					
2	1			期初余额			贷	18 500.00
2	10	转	2	购材料		5 000.00	贷	23 500.00
2	28			合计	0.00	5 000.00	贷	23 500.00

表 9-23　总分类账

账户名称：实收资本

2013 年		凭证号		摘要	借方	贷方	借或贷	余额
月	日	种类	编号					
2	1			期初余额			贷	30 000.00
2	28			合计	0.00	0.00	贷	30 000.00

表 9-24　总分类账

账户名称：本年利润

2013 年		凭证号		摘要	借方	贷方	借或贷	余额
月	日	种类	编号					
2	1			期初余额			贷	21 000.00
2	28	转	5	结转收入		13 000.00	贷	34 000.00
2	28	转	6	结转费用	11 200.00		贷	22 800.00
2	28			合计	11 200.00	13 000.00	贷	22 800.00

（5）月末，将现金日记账、银行存款日记账的余额及各种明细分类账余额的合计数与总分类账中有关账户的余额核对相符（将表 9-12 至表 9-13 分别与表 9-14 至表 9-24 核对，都相符）。

（6）期末，根据总分类账和明细分类账资料编制会计报表（略）。

9.3 科目汇总表会计核算形式

9.3.1 科目汇总表会计核算形式的特点

科目汇总表会计核算形式是指根据记账凭证先定期汇总编制科目汇总表，然后根据科目汇总表登记总分类账的一种会计核算形式。其特点是根据科目汇总表登记总分类账。

9.3.2 科目汇总表会计核算形式的凭证组织和账簿设置

科目汇总表会计核算形式下的记账凭证可以用通用记账凭证，也可以采用专用记账凭证（收款凭证、付款凭证、转账凭证），并定期汇总编制科目汇总表。应设置的账簿一般有现金日记账、银行存款日记账、总分类账和明细分类账。日记账、总分类账一般采用三栏式账页，明细分类账可根据需要分别设置三栏式、数量金额式和多栏式账页。

9.3.3 科目汇总表会计核算形式的财务处理基本程序

科目汇总表会计核算形式的记账程序如图 9-3 所示。

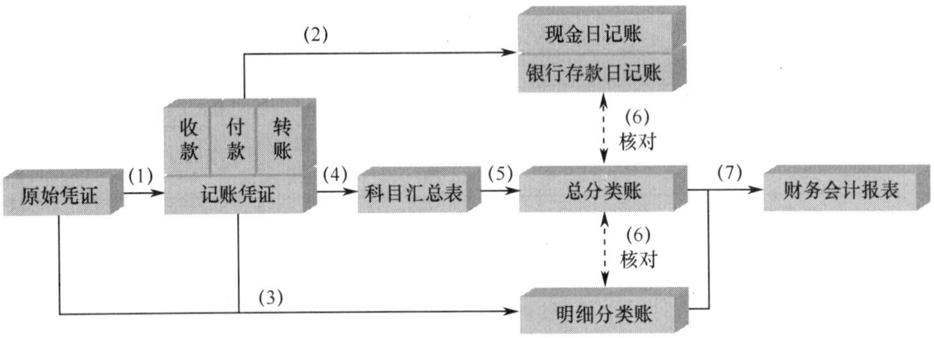

图 9-3 科目汇总表会计核算形式示意图

程序说明：

1．根据原始凭证或原始凭证汇总表填制收款凭证、付款凭证和转账凭证。

2．根据收款凭证和付款凭证登记现金日记账和银行存款日记账。

3．根据记账凭证和原始凭证或原始凭证汇总表登记各种明细分类账。

4．根据收款凭证、付款凭证和转账凭证定期汇总编制科目汇总表。

科目汇总表是根据一定时期内的全部记账凭证，按照相同账户的借方和贷方进行归类后编制的。在科目汇总表中，定期汇总计算出每个总账账户借方发生额和贷方发生额，并填入科目汇总表的相应栏内。在归类汇总每个账户的借贷发生额后，加计全部账户本期发生额，按照借贷记账法的原理，全部账户的借方发生额合计数与贷方发生额合计数应当相等。

如果经济业务的数量较大，科目汇总表可以按每 5 天或一旬定期汇总一次，每月编制若干张科目汇总表。9.2 小节的刘关张公司例中，若编制全月科目汇总表如表 9-25 所示。

表 9-25　科目汇总表

2013 年 2 月　　科汇 1 号

会计科目	账页	本期发生额		记账凭证起讫号
		借方	贷方	
库存现金		2 000.00	2 000.00	略
银行存款		13 000.00	11 000.00	
原材料		5 000.00	0.00	
库存商品		0.00	8 000.00	
累计折旧		0.00	1 200.00	
短期借款		9 000.00	0.00	
应付账款		0.00	5 000.00	
本年利润		11 200.00	13 000.00	
主营业务收入		13 000.00	13 000.00	
主营业务成本		8 000.00	8 000.00	
管理费用		3 200.00	3 200.00	
合计		64 400.00	64 400.00	

（5）根据科目汇总表登记总分类账。根据科目汇总表登记的银行存款总分类账如表 9-26 所示（其余账户略）。

表 9-26　总分类账

账户名称：银行存款

2013 年		凭证号		摘要	借方	贷方	借或贷	余额
月	日	种类	编号					
2	1			期初余额			借	12 000.00
2	28	科汇	1	1～28 日汇总	13 000.00	11 000.00	借	14 000.00
2	28			合计	13 000.00	11 000.00	借	14 000.00

（6）月终，将现金日记账、银行存款日记账的余额及各种明细分类账余额的合计数与总分类账中有关账户的余额进行核对。

（7）月终，根据总分类账和明细分类账的资料编制会计报表。

9.3.4　科目汇总表会计核算形式的优缺点及适用范围

1. 科目汇总表会计核算形式的优点

科目汇总表会计核算形式是应用比较广泛的一种会计核算形式。这种会计核算形式的优点有：

（1）可以利用科目汇总表的汇总结果进行账户发生额的试算平衡。在科目汇总表上的汇总结果体现了一定会计期间内所有账户的借方发生额和贷方发生额之间的相等关系，利用这种发生额的相等关系，可以进行全部账户记录的试算平衡。

（2）在试算平衡的基础上记账能保证总分类账登记的正确性。在科目汇总表会计核算形式下，总分类账是根据科目汇总表上的汇总数字登记的。由于在登记总分类账之前，能够通过科目汇总表的汇总结果检验所填制的记账凭证是否正确，就等于在记账前进行了一次试算平衡，对汇总过程中可能存在的错误也容易发现。在所有账户借、贷发生额相等的基础上再记账，在一定程度上能够保证总分类账登记的正确性。

（3）根据科目汇总表登记总分类账，大大减少了登记总账的工作量。在科目汇总表会计核算形式下，可根据科目汇总表上有关账户的汇总发生额，在月中定期或月末一次登记总分类账，可以使登记总分类账的工作量大为减轻。

（4）适用性比较强。与记账凭证会计核算形式和汇总记账凭证会计核算形式相比较，科目汇总表会计核算形式的适用性较强，任何规模的会计主体都可以采用。

2．科目汇总表会计核算形式的缺点

（1）编制科目汇总表的工作量比较大。

（2）科目汇总表及总账都不能反映账户的对应关系，不便于查对账目。科目汇总表是按各个会计科目归类汇总其发生额编制的，在表中不能清楚地显示出各个账户之间的对应关系，不能反映经济业务的来龙去脉。

3．科目汇总表会计核算形式的适用范围

科目汇总表会计核算形式适用于经营规模较大、经济业务较多、记账凭证量大的单位。

9.4 汇总记账凭证会计核算形式

9.4.1 汇总记账凭证会计核算形式的特点

汇总记账凭证会计核算形式是指根据记账凭证定期汇总编制汇总记账凭证，然后根据汇总记账凭证登记总分类账的一种会计核算形式。其特点就是根据汇总记账凭证登记总分类账。

9.4.2 汇总记账凭证会计核算形式的凭证与账簿设置

在汇总记账凭证会计核算形式下，采用的记账凭证包括收款凭证、付款凭证、转账凭证以及汇总收款凭证、汇总付款凭证和汇总转账凭证。使用的会计账簿与记账凭证会计核算形式基本相同。

9.4.3 汇总记账凭证会计核算形式的财务处理基本程序

汇总记账凭证会计核算形式的记账程序如图 9-4 所示。

程序说明：

（1）根据原始凭证或原始凭证汇总表填制专用记账凭证（收款凭证、付款凭证和转账凭证）；

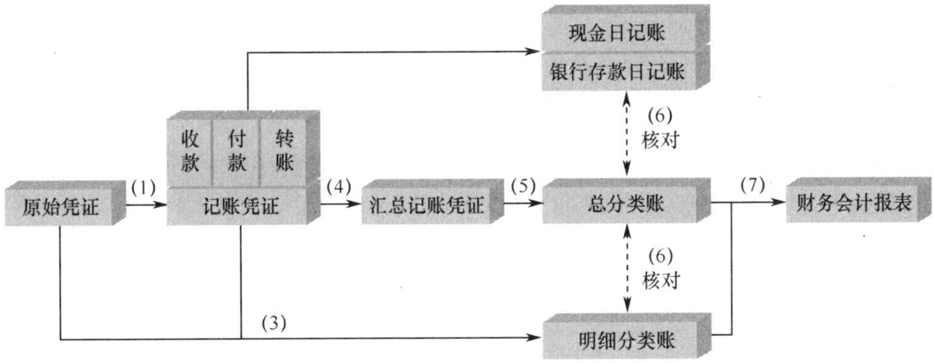

图 9-4　汇总记账凭证会计核算形式示意图

（2）根据收款凭证和付款凭证逐笔登记库存现金日记账和银行存款日记账；

（3）根据记账凭证并结合原始凭证或原始凭证汇总表，逐笔登记各种明细分类账；

（4）根据记账凭证分别编制汇总收款凭证、汇总付款凭证和汇总转账凭证；

（5）根据汇总记账凭证（汇总收款凭证、汇总付款凭证和汇总转账凭证）登记总分类账；

（6）月终，将现金日记账、银行存款日记账的余额及各种明细分类账余额的合计数与总分类账中有关账户的余额核对相符；

（7）月终，根据总分类账和明细分类账的资料编制会计报表。

9.4.4　汇总记账凭证的编制方法

1．汇总收款凭证的编制方法

汇总收款凭证是根据收款凭证汇总编制的。其编制方法是：按“库存现金”和“银行存款”科目的借方分别设置，根据汇总期内全部收款凭证及部分付款凭证，分别按与“库存现金”或与“银行存款”相对应的贷方科目归类汇总。定期（一般为 5 天或 10 天）填制一次，每个月填制一张。月末结算出每一张汇总收款凭证合计数及每一个贷方科目发生额合计数，分别登记到库存现金总账、银行存款总账的借方及各对应账户的贷方。前述刘关张公司按月填制的汇总收款凭证格式如表 9-27 所示。

表 9-27　汇总收款凭证

2013 年 2 月

借方科目：银行存款

贷方科目	金额	总账页数	
		借方	贷方
主营业务收入	13 000.00		
合计	13 000.00		

2．汇总付款凭证的编制方法

汇总付款凭证是根据付款凭证汇总编制的。其编制方法是：按“库存现金”和“银行存款”科目的贷方分别设置，根据汇总期内全部付款凭证，分别按与“库存现金”或与“银行存款”相对应的借方科目归类汇总。定期（一般为 5 天或 10 天）填制一次，每月填制一张。月末结算出每一张汇总付款凭证合计数及每个借方科目发生额合计数，分别登记到库存现金总账、银行存款总账的贷方及各对应账户的借方。前述刘关张公司按月填制的汇总收款凭证格式如表 9-28 和表 9-29 所示。

表 9-28　汇总付款凭证

2013 年 2 月

贷方科目：库存现金

借方科目	金额	总账页数	
		借方	贷方
应付职工薪酬	2 000.00		
合计	2 000.00		

表 9-29　汇总付款凭证

2013 年 2 月

贷方科目：银行存款

借方科目	金额	总账页数	
		借方	贷方
库存现金	2 000.00		
短期借款	9 000.00		
合计	11 000.00		

3．汇总转账凭证的编制方法

汇总转账凭证是根据转账凭证汇总编制的。其编制方法是：按一定时期内需要汇总的转账凭证所涉及的每一个贷方科目设置一张汇总转账凭证，再按该贷方科目的对应借方科目将一定时期内要汇总的转账凭证分别进行归类汇总，定期（一般 5 天或 10 天）填制一次，每月填制一张。月末计算出每张汇总转账凭证合计数及每一张汇总转账凭证中的每一个借方科目发生额合计数，据以登记有关的总分类账。前述刘关张公司管理费用和本年利润按月填制的汇总转账凭证格式如表 9-30 和表 9-31 所示。

表 9-30　汇总转账凭证

2013 年 2 月

贷方科目：管理费用

借方科目	金额	总账页数	
		借方	贷方
本年利润	3 200.00		
合计	3 200.00		

表 9-31　汇总转账凭证

2013 年 2 月

贷方科目：本年利润

借方科目	金额	总账页数	
		借方	贷方
主营业务收入	13 000.00		
合计	13 000.00		

9.4.5 汇总记账凭证会计核算形式的优缺点及适用范围

1．汇总记账凭证会计核算形式的优点

（1）在汇总记账凭证上能够清晰地反映账户之间的对应关系。汇总记账凭证是采用按会计科目对应关系进行分类汇总的办法，能够清晰地反映出有关会计账户之间的对应关系。

（2）可以大大减少登记总分类账的工作量。汇总记账凭证会计核算形式下，在月份当中定期或月末一次性登记总分类账，可以使登记总分类账的工作量大大减少。

2．汇总记账凭证会计核算形式的缺点

（1）定期编制汇总记账凭证的工作量比较大。

（2）编制汇总记账凭证容易产生汇总错误，而且错误难以发现。编制汇总记账凭证是一项比较复杂的工作，容易产生错误。而且汇总记账凭证本身又不能体现出有关数字之间的平衡关系，即使存在汇总错误也很难发现。

3．汇总记账凭证会计核算形式的适用范围

由于分类汇总比较复杂，若收付款业务不多，分类汇总的意义不大，所以汇总记账凭证会计核算形式一般适用于规模较大、经济业务量较多、尤其是收付款业务较多的单位。

勤学好问

企业单位、事业单位、行政单位、非营利组织应分别采用哪种会计核算形式？

9.5 其他会计核算形式

9.5.1 普通日记账会计核算形式

普通日记账又叫做分录日记账，是将所有的经济业务按所涉及的科目，以分录的形式记入日记账，再根据日记账的记录过入总分类账户的会计核算形式。普通日记账会计核算形式的基本程序如图 9-5 所示。

程序说明：

（1）根据原始凭证填制分录日记账。前述刘关张公司分录日记账格式如表 9-32 所示。

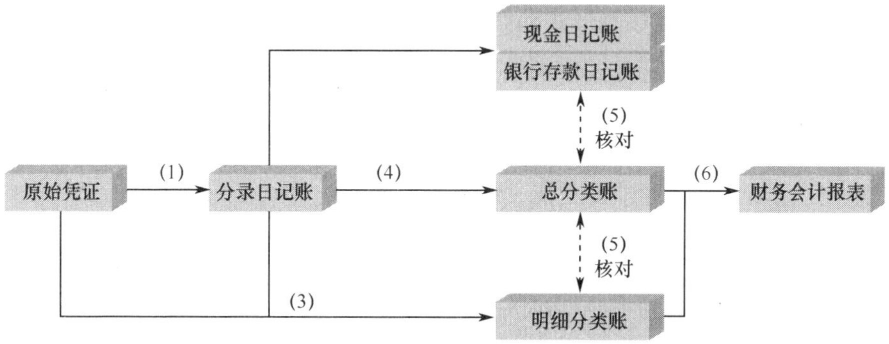

图 9-5 普通日记账会计核算形式示意图

（2）根据原始凭证和分录日记账登记现金日记账和银行存款日记账。

（3）根据原始凭证或分录日记账登记各种明细分类账。明细账的格式根据各单位的实际情况及管理要求，分别采用三栏式、数量金额式和多栏式等。

表 9-33　普通日记账

2013 年		摘要	账户名称	借方	贷方	过账符号
月	日					
2	5	销售产品	银行存款	13 000.00		
			主营业务收入		13 000.00	
2	6	结转销售成本	主营业务成本	8 000.00		
			库存商品		8 000.00	
以下略						

（4）根据分录日记账过入总分类账。总分类账可采用借、贷、余三栏式。此外，还须增设“过账符号”栏。日记账中的过账符号栏记录用以指明其借、贷方记录已过入的账户，总分类账中的过账符号则表明其有关记录是从日记账那里过来的。过账时，是把每笔分录的借方和贷方转抄到相应的总分类账户。

（5）月末，将总分类账的余额与明细分类账有关余额核对。

（6）月末，根据总分类账和明细分类账的资料编制会计报表。

分录日记账会计核算形式的特点是在将经济业务记入总分类账以前，对经济业务进行分析，并进行序时的列表式记录。这种会计核算形式可以通过一本普通日记账反映一定期间的全部经济业务，而且便于采用计算机操作。如果企事业单位采用手工操作，这种会计核算形式就不利于对经济业务进行分类、汇总，而且原始凭证与起记账凭证作用的分录日记账相分离。它只适用于采用计算机操作的企事业单位。

9.5.2　多栏式日记账会计核算形式

1．多栏式日记账会计核算形式的含义与特点

多栏式日记账会计核算形式是设置多栏式现金日记账和多栏式银行存款日记账，对于收、付款业务，月末根据多栏式现金日记账和多栏式银行存款日记账登记总分类账；对于转账业务，可以根据转账凭证直接登记总分类账，也可以根据转账凭证编制转账凭证汇总表登记总分类账的一种会计核算形式。

2．多栏式日记账会计核算形式的凭证与账簿设置

多栏式日记账会计核算形式下的记账凭证应采用收款凭证、付款凭证和转账凭证三种格式。应设置的账簿一般有现金日记账、银行存款日记账、总分类账和明细分类账。明细分类账可根据需要分别设置三栏式、数量金额式和多栏式账页，总分类账一般采用三栏式账页，现金日记账、银行存款日记账采用多栏式账页。

3．多栏式日记账会计核算形式的记账程序

多栏式日记账会计核算形式的记账程序如图 9-6 所示。

程序说明：

（1）根据原始凭证或原始凭证汇总表填制专用记账凭证。

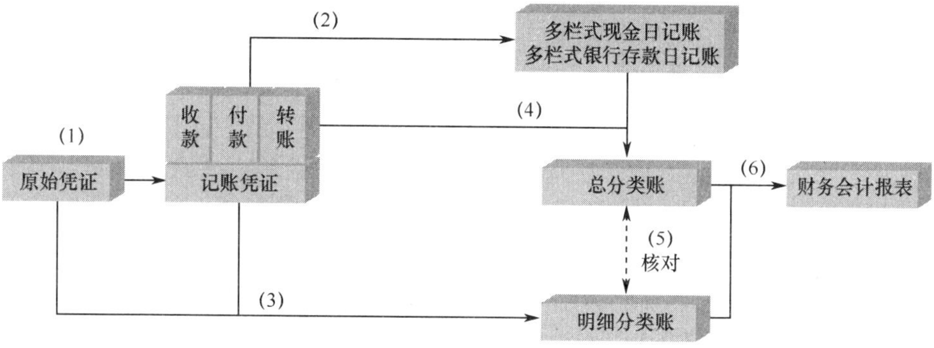

图 9-6 多栏式日记账会计核算形式示意图

（2）根据收款凭证和付款凭证逐笔登记多栏式现金日记账和银行存款日记账。

多栏式银行存款日记账的格式如表 9-33 所示。

表 9-33 多栏式银行存款日记账

2013 年		凭证号	摘要	对应账户（贷方）			银行存款收入合计	对应账户（借方）			银行存款支出合计	余额
月	日			库存现金	应收账款	主营业务收入		材料采购	管理费用	应交税费		

（3）根据记账凭证和原始凭证或原始凭证汇总表逐笔登记明细分类账。

（4）根据多栏式现金日记账、多栏式银行存款日记账、转账凭证或转账凭证汇总表登记总分类账。

（5）月末，将各种明细分类账的余额和总分类账的余额进行核对。

（6）月末，根据总分类账和明细分类账的资料编制会计报表。

4. 多栏式日记账会计核算形式优缺点及适用范围

多栏式日记账会计核算形式的优点是：根据多栏式现金日记账和多栏式银行存款日记账登记总分类账，可以简化登记总分类账的工作，而且能清晰地反映现金和银行存款收、付业务的来龙去脉。

多栏式日记账会计核算形式的缺点是：在使用会计科目较多的情况下，多栏式日记账的账页篇幅过大，不利于记账和查阅。

多栏式日记账会计核算形式只适用于规模较小、收付款业务较多、使用会计科目较少的单位。

9.5.3 日记总账会计核算形式

日记总账会计核算形式是设置日记总账，并以所有经济业务编制的记账凭证为依据直接登记日记总账的会计核算形式。其基本程序如图 9-7 所示。

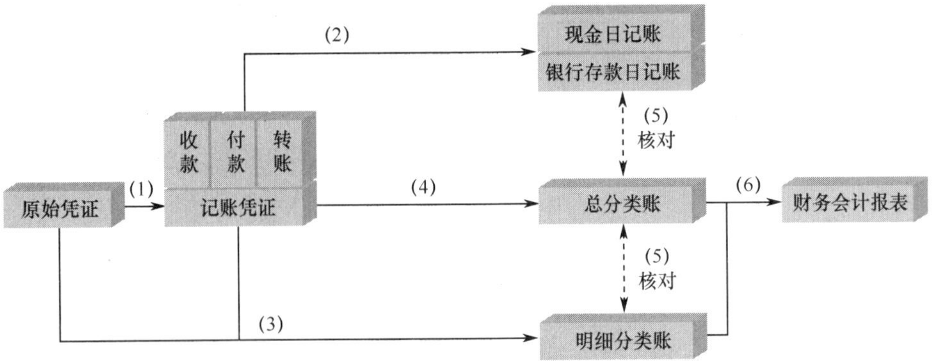

图 9-7　日记总账会计核算形式示意图

程序说明：

（1）根据原始凭证填制各种记账凭证。记账凭证多采用收款凭证、付款凭证、转账凭证的格式，也可以采用通用的格式。

（2）根据收、付款凭证登记现金日记账和银行存款日记账。现金、银行存款日记账，可以采用收、付、余三栏式日记账簿，也可以采用收付栏设有对方科目的多栏式日记账簿。

（3）根据原始凭证和各种记账凭证登记各种明细分类账。明细账的格式可根据各单位的实际情况及管理的要求，分别采用三栏式、多栏式和数量金额式等。

（4）根据各种记账凭证及现金日记账、银行存款日记账登记日记总账。日记总账的格式如表 9-34 所示。

表 9-34　日记总账

2013 年		凭证		摘要	发生额	库存现金		银行存款		应收账款		原材料		材料采购	
月	日	字	号			借方	贷方	借方	贷方	借方	贷方	借方	贷方	借方	贷方
				发生额合计及月末余额											

在采用三栏式现金日记账和银行存款日记账的情况下，根据收、付款凭证及转账凭证逐日逐笔登记日记总账；在采用多栏式现金日记账和银行存款日记账的情况下，平时根据收、付款凭证登记日记账，根据转账凭证逐笔登记日记总账。月末，将多栏式现金日记账和银行存款日记账各科目总的合计数一次登入日记总账。登记日记总账时，将每笔经济业务的发生额分别登记在同一行有关科目的借方栏和贷方栏内，将其发生额登记在“发生额”栏内。月末结出各栏的合计数，计算各账户的余额。

（5）月末，将现金日记账、银行存款日记账和各明细分类账的余额与总分类账的有关账户余额核对。核对的内容包括：采用三栏式日记账的情况下，日记账月末的合计数与日记总账核对，日记总账有关账户余额与其所属明细分类账余额的合计数核对，日记总账“发生额”栏的本月合计数与全部科目的借、贷方发生额合计数核对，日记总账中各账户的借方余额合计数与贷方余额合计数核对。采用多栏式日记账的情况下，日记账月末的合计数过入日记总账，不必将日记账与日记总账进行核对。

（6）根据日记总账和各种明细分类账编制会计报表。

日记总账会计核算形式的特点是根据记账凭证直接登记日记总账。日记账与分类账结合在一起，使记账手续简化，并且便于检查记账的正确性；日记总账把全部会计科目都集中在一张账页上。可以反映每个经济业务所记录的账户对应关系，为检查分析经济业务提供了方便，而且根据日记总账编制会计报表可以简化编制报表工作。但是，如果企事业单位的业务量较大、运用的会计科目较多时，账页过长，记账容易串行，也不便于会计人员分工。这种会计核算形式适用于规模小、业务简单、使用会计科目较少的单位。

重要概念

会计循环、会计核算形式、记账凭证会计核算形式、科目汇总表、科目汇总表会计核算形式、汇总记账凭证、汇总记账凭证会计核算形式、普通日记账、普通日记账会计核算形式、多栏式日记账会计核算形式、日记总账、日记总账会计核算形式。

要点回顾

（1）会计主体在每个会计期间内，都要进行从经济业务发生取得或填制会计凭证起，到登记账簿，编制会计报表为止的一系列处理过程，这个周而复始进行的会计核算工作即是会计循环。会计循环有八个流程，其中填制会计凭证、登记账簿、编制会计报表是会计循环的核心。

（2）会计核算形式又叫账务处理程序、会计核算组织程序，就是在会计循环中，会计主体采用的会计凭证、会计账簿、会计报表的各类和格式与记账程序有机结合的方法与步骤。由于会计凭证、账簿、报表的种类、格式、程序不同，尤其是登记总分类账簿的程序不同，形成了各种会计核算形式。

（3）我国会计核算工作在长期实践中，形成了六种会计核算形式：记账凭证会计核算形式；科目汇总表会计核算形式；汇总记账凭证会计核算形式；普通日记账会计核算形式、多栏式日记账会计核算形式、日记总账会计核算形式。各种核算形式的主要区别是登记总分类账的方法和程序不同。

（4）记账凭证会计核算形式的特点是直接根据记账凭证逐笔登记总分类账，是最基本的一种会计核算形式。其优点是：简单明了，易于理解和掌握；总分类账可以详细清晰地反映经济业务的发生情况。其缺点是：总分类账登记工作量过大；账页耗用多，预留账页多少难以把握。记账凭证会计核算形式一般只适用于规模较小、经济业务较少，从而编制的记账凭证不是很多的单位。

（5）科目汇总表会计核算形式的特点是根据科目汇总表登记总分类账。其优点是：可以利用科目汇总表的汇总结果进行账户发生额的试算平衡；在试算平衡的基础上记账能保证总分类账登记的正确性；大大减少了登记总账的工作量；适用性比较强，任何规模的会计主体都可以采用。其缺点是：编制科目汇总表的工作量比较大；科目汇总表及总账都不能反映账户的对应关系，不便于查对账目。科目汇总表会计核算形式一般应用于经营规模较大、经济业务较多、记账凭证量大的单位。

（6）汇总记账凭证会计核算形式是根据日常编制的专用记账凭证分类汇总编制汇总记账凭证，然后根据汇总记账凭证登记总分类账的核算形式。其优点是：在汇总记账凭证上能够清晰地反映账户之间的对应关系；可以大大减少登记总分类账的工作量。其缺点是：定期编制汇总记账凭证的工作量比较大；编制汇总记账凭证容易产生汇总错误，而且错误难以发现。汇总记账凭证会计核算形式一般适用于规模较大、经济业务量较多、尤其是收付款业务较多的单位。

复习思考题

1. 简述会计循环的基本流程。
2. 简述会计核算形式的含义与种类。
3. 简述各类会计核算形式下账务处理的基本步骤。
4. 分别说明记账凭证会计核算形式、科目汇总表会计核算形式和汇总记账凭证会计核算形式的特点、优缺点及其适用范围。

练习题

一、单项选择题

1. 各种会计核算形式的主要区别是（　　）。

A. 填制记账凭证的依据不同　　B. 登记明细账的依据不同

C. 登记总账的依据和方法不同　　D. 编制会计报表的依据和方法不同

2. 最基本的会计核算形式是（　　）。

A. 记账凭证会计核算形式　　B. 科目汇总表会计核算形式

C. 汇总记账凭证会计核算形式　　D. 日记总账会计核算形式

3.（　　）不属于记账凭证会计核算形式的步骤。

A. 根据原始凭证编制记账凭证

B. 根据记账凭证登记总账

C. 根据收款、付款、转账凭证登记日记账

D. 根据总分类账和明细分类账的资料，编制会计报表

4. 科目汇总表会计核算优点有（　　）。

A. 保持科目之间的对应关系　　B. 简化总分类账的登记工作

C. 进行发生额试算平衡　　D. 总括反映同类经济业务

5.（　　）会计核算形式适用于规模小、业务量不多的单位。

A. 记账凭证　　B. 科目汇总表　　C. 汇总记账凭证　　D. 日记总账

二、多项选择题

1. 各种会计核算形式主要相同点有（　　）。

A. 填制记账凭证的依据相同　　B. 登记明细账的依据相同

C. 登记总账的依据和方法相同　　D. 编制会计报表的依据和方法相同

2. 登记总分类账的依据可以是（　　）。

A. 记账凭证　　B. 科目汇总表

C. 现金、银行存款日记账　　D. 原始凭证

3. 登记明细账的依据可以是（　　）。

A. 记账凭证　　B. 科目汇总表　　C. 原始凭证汇总表　　D. 原始凭证

4. 下列属于汇总记账凭证会计核算形式的步骤的有（　　）。

A. 根据原始凭证编制记账凭证

B. 根据记账凭证分类汇总编制汇总记账凭证

C. 根据收款、付款凭证登记日记账

D. 根据总分类账和明细分类账的资料，编制会计报表

5. 下列属于会计核算形式的有（　　）。

A. 记账凭证会计核算形式　　B. 科目汇总表会计核算形式

C. 原始凭证会计核算形式　　D. 日记总账会计核算形式

三、判断题

1. 记账凭证会计核算形式是其他各种核算形式的基础。（　　）
2. 各种账簿都是根据记账凭证进行登记的。（　　）
3. 不同的会计核算形式下，登记现金日记账、银行存款日记账的依据不同。（　　）
4. 各种会计核算下，可能根据明细账登记总账。（　　）
5. 科目汇总表可以起试算平衡作用。（　　）

案例分析

1. 不同会计主体有不同的特征，请分析与讨论以下会计主体应采用何种会计核算形式：

（1）A 公司为工业企业，生产 5 个系列，100 多种化工产品，年销售额 5 亿，会计部门共 20 人，均具有会计学本科以上学历，业务素质较高。

（2）B 公司为小型商业企业，主要业务为批发服装，公司职工共 10 人，其中会计部门 3 人。

（3）C 为劳务服务公司，其主要业务为培训、管理员工，并派遣至其他企业工作。其业务往来主要通过货币资金，如从其他企业收取管理费，支付职工保险费。

通过“会计核算形式”一章内容的学习，小王基本掌握了记账凭证会计核算形式、科目汇总表会计核算形式和汇总记账凭证会计核算形式的特点和记账程序。在将上述三种会计核算形式进行对比以后，小王觉得还是第一种会计核算形式最易理解和操作，因为在这种会计核算形式下，是根据填制好的记账凭证直接登记总账，而在另外的两种会计核算形式下，都要先对填制好的记账凭证进行汇总，然后才能根据汇总的数字登记总账，而编制科目汇总表和汇总记账凭证都比较麻烦，会给会计核算增加不少的工作量。于是，小王得出这样的结论：记账凭证会计核算形式是最简单和易于理解的，也是最适合企业的一种会计核算形式，自己毕业后从事会计核算工作的话，一定选用这种会计核算形式。

要求：根据你所学的知识分析小王的想法对吗？企业应当如何选择恰当的会计核算形式？

第 10 章
会计工作组织

学习目标

通过本章内容的学习，能够初步了解会计工作的组织原则和组织方式，了解会计机构设置和会计人员配备要求；理解会计人员的职责权限，掌握会计人员的法律责任和职业道德内容；掌握会计档案的保管要求和会计工作交接的有关规定。

10.1 会计工作组织概述

10.1.1 会计工作组织的意义

会计工作的组织就是根据会计工作的特点，制定会计法规制度，设置会计机构，配备会计工作人员，以保证合理、有效地进行会计工作。

会计是一项复杂、细致的综合性经济管理活动，科学地组织会计工作具有十分重要的意义。会计工作是一项系统工作，有系统就必然存在着系统的组织问题。只有在这个系统中各部分都组织得合理有序，互相协调，才能使整个会计工作得以顺利地进行。合理组织会计工作的意义可以归纳为以下几个方面。

1．有利于保证会计工作的质量，提高会计工作的效率

会计反映的是再生产过程中各个阶段以货币表现的经济活动，具体表现为周而复始的企业和行政事业单位的资金运动和频繁发生的财务收支。会计工作要把这些财务收支和经济活动从凭证到账簿，从账簿到报表，连续地进行收集、记录、分类、汇总和分析，这都需要一连串的数字计算，需要一系列的程序和手续，各个程序之间，各种手续之间，各个数字之间一环扣一环，联系紧密。在任何一个环节上出现差错或者脱节，都会造成整个核算结果不正确或不能及时完成。如果没有专职的机构和办事人员，没有一套工作制度和办事程序，就不能把会计工作科学地组织起来，就不能很好地完成会计的任务。

2．有利于确保会计工作与其他经济管理工作的协调一致

会计工作既与宏观的国家财政、税收、金融工作有着密切联系，又同企事业单位内部的计划、统计等工作有着非常密切的关系。会计工作一方面能够促进其他经济管理工作顺利进行，另一方面也需其他经济管理工作的配合。会计工作必须服从国家财政税收工作的管理，加强与金融工作的密切合作，还要与企事业单位的计划、统计工作之间保持口径一致，相互协调。只有这样，才能相互促进，充分发挥会计工作的作用。

3．有利于加强企事业单位内部经济责任制

经济责任制是各经营单位实行内部经济管理的重要手段。会计是经济管理的重要组成部分，必然要在贯彻经济责任制方面发挥重要作用。实行内部经济责任制离不开会计。比如科学的经济预测，正确的经济决策，以及业绩评价考核等，都离不开会计工作的支持。科学地组织会计工作，可以促使会计单位内部及有关部门管好资金，增收节支，提高管理水平，提高经济效益，可加强企事业单位内部的经济责任制。

此外，会计工作是一项政策性很强的工作。合理组织会计工作，对于贯彻执行国家的方针、政策和法令、制度，维护财经纪律，建立良好的社会经济秩序具有重要意义。

10.1.2 会计工作组织的原则

组织会计工作应遵循的原则是指组织会计工作时必须遵循的管理工作一般规律。它是做好会计工作，提高会计工作质量和效率必须遵守的原则。主要有以下几点。

1. 统一性原则

组织会计工作必须遵循统一性原则，必须符合《会计法》和《企业会计准则》等规定。因为在社会主义市场条件下，会计所提供的会计信息不仅要满足单位经济管理的需要，还要满足单位外部的会计信息使用者，包括国家宏观经济管理的需要。就整个社会而言，会计资料是一种重要的社会资源。从维护社会经济秩序，满足宏观经济管理的要求出发，规范会计行为是十分必要的。我国《会计法》明确规定了国家实行统一的会计规范。各单位必须依据国家的有关法规、制度的统一要求设置会计机构、配备会计人员和组织会计工作。

2. 适应性原则

组织会计工作，既要符合国家统一的要求，又要从实际出发，适应本单位的特点。各单位在与《会计法》和国家统一的会计准则不相抵触的前提下，应根据本单位业务经营的特点和经济规模的大小等具体情况来组织单位的会计工作。如在账簿的设置方面，由于不同企业有自己的特殊性，可以根据自身的业务特点设置相应的总账和明细账，会计科目和凭证的格式都可以根据企业的具体情况进行设计，这并不会影响会计信息的质量。

3. 协调性原则

企业的经济管理工作是一个系统，会计则是这个系统的重要组成部分。各个部分只有按系统目标的要求相互协调、相互配合，系统才能有效地、合理地运行。在组织会计工作时，必须坚持协调原则，保证会计工作与其他经济管理工作的协调运行。

4. 精简节约原则

在组织会计工作时，应在保证会计信息质量和会计任务完成的前提下，坚持精简节约原则。合理地设置会计机构，配备会计人员和建立会计工作的程序和手续，可以防止机构重叠、重复劳动和不必要的工作程序与手续，节约人力、物力和财力。

10.1.3 会计工作的组织形式

会计工作的组织形式是指单位内部会计核算工作范围的划分与管理方式。一般分为集中核算和非集中核算两种形式。

1. 集中核算

集中核算就是在厂部一级设置专门的会计机构，把整个企业的主要会计工作都集中在会计部门进行。企业内部各部门对本部门所发生的经济业务不进行全面核算，只填制或取得原始凭证，并对原始凭证进行适当的汇总，定期将原始凭证和汇总原始凭证送交会计部门，由会计部门加以审核，并据以登记有关账簿。

集中核算组织形式由于核算工作集中，便于会计人员进行分工，便于实行核算工作的现代化，因而简化和加速了核算工作，有利于提高工作效率。但由于这种组织形式的核算工作不是直接在单位内部各部门进行的，因而不便于各部门的领导随时利用核算资料检查本部门的经济活动情况。

2．非集中核算

非集中核算又称分散核算。这种组织形式是对企业内部各部门所发生的经济业务，由各级部门设置并登记账簿，进行比较全面的核算。各部门计算盈亏，编制内部会计报告，定期报送给企业会计部门，以便汇总编制整个企业的财务报告。

非集中核算组织形式可以使各部门经常地利用核算资料来领导和检查本部门的工作，但该组织形式核算工作量较大，核算成本较高。

集中核算与非集中核算是相对的。企业对其内部各部门所发生的经济业务是采取集中核算还是采取非集中核算方式，抑或两者相互渗透，主要取决于各企业的特点及管理要求，要从有利于加强经营管理，加强经济核算来抉择。

在一个单位内部，可以根据管理上的要求，分别采用集中核算或非集中核算形式，集中核算或非集中核算的具体内容和方法也不一定完全相同。但是，无论采取哪种组织形式，企事业单位对外的货币资金收付和债权债务结算等，都应由会计部门集中办理。

画龙点睛

合理选择会计工作组织方式对企事业单位能否顺利开展会计工作影响较大。主管会计或会计单位负责人要根据企事业单位生产经营的特点和管理要求来选择会计工作组织方式。企业会计工作的组织方式有集中核算和非集中核算。实行独立核算的单位，其会计工作的组织形式可以分为集中核算和非集中核算两种。

10.2 会计机构与会计人员

10.2.1 会计机构

会计机构是指直接从事和组织领导会计工作的职能部门。建立健全会计机构是加强会计工作，保证会计工作顺利进行的重要条件。

1．设置会计机构的必要性

会计机构设置是否合理，对于会计工作能否顺利开展有着重要的影响作用。企事业单位如果没有一个合适的会计机构，就不可能有序地完成会计工作的各项任务。建立健全会计机构，是加强会计工作、保证会计工作顺利进行的重要条件。因此，《会计法》第三十六条第一款规定：“各单位应当根据会计业务的需要，设置会计机构，或者在有关机构中设置会计人员并指定会计主管人员；不具备设置条件的，应当委托经批准设立从事会计代理记账业务的中介机构代理记账。”“设置会计机构，应当配备会计机构负责人；在有关机构中配备专职会计人员，应当在专职会计人员中指定会计主管人员。”

2．会计机构的设置

企事业单位都要设置从事会计工作的专职机构。在我国，由于会计和财务工作都是综合性经济管理工作，二者之间的关系非常密切，因此，我国通常把两者合并在一起，设置一个财务会计机构，简称为一元化组织机构。在西方的一些国家，将会计和财务分设两个不同的机构，简称为二元化组织机构。

为了保证会计工作顺利进行，充分发挥会计的职能作用，各企事业单位一般都应单独设置会计机构。对那些规模小、会计业务简单的企事业单位，可以不单独设置会计机构，但必须在有关机构中设置会计人员，并指定会计主管人员，以保证会计工作的正常进行。对那些规模大、会计业务量大且复杂的企事业单位，可按照“统一领导，分级管理”的原则，在企事业单位内部设置各级、各部门的会计组织。企事业单位可以根据会计业务量的多少，单独设置会计组织或会计人员。企事业单位的会计机构，在本单位行政领导的领导下开展会计工作。在设置总会计师的单位，其会计机构由总会计师直接领导，同时也接受上级财务会计部门的指导和监督。

各级主管部门一般设置会计（财务）司、局、处、科，这些会计机构要负责组织、领导和监督所属单位的会计工作，它们的主要任务是：根据国家统一会计法规、制度的要求，制定本系统适用的会计法规、制度的实施细则；审核并批复所属单位上报的会计报表，同时汇总编制本系统的汇总会计报表；检查和指导所属单位的会计工作，帮助其解决工作上的问题；总结并组织交流所属单位会计工作的先进经验；核算本单位与财政机关以及上下级之间有关款项缴拨的会计事项等。

会计机构是个综合性经济管理部门，其与单位内部其他各职能部门、各生产经营业务单位的工作有着十分密切的联系。因此，会计机构要主动为各职能部门、各业务单位服务，并依靠各职能部门和业务单位共同做好会计工作，完成会计任务。

会计机构要接受上级管理机构，如国家财政、税务和审计等部门的指导与监督，并按规定向上级有关部门报送会计报表。

3．会计机构的岗位责任制

会计机构的岗位责任制，也称会计人员岗位责任制，是指在会计机构内部按照会计工作的内容和会计人员的配备情况，将会计机构的工作划分为若干个岗位，并为每个岗位规定职责和要求的责任制度。企事业单位应本着有利于加强会计管理，改进工作作风，提高工作效率，以及有利于分清职责、严明纪律、考核干部的要求，建立健全会计机构岗位责任制。

实践证明，建立会计机构的岗位责任制，可以使每项会计工作都有专人负责，每个会计人员都有明确的职责，办事有要求，工作有检查。这样做，可以加强会计管理，提高工作效率，保证会计工作有序地进行，且有利于考核会计人员的工作成绩。

企事业单位建立会计机构的岗位责任制，应同本单位的经济责任制相联系，实行以责定权、权责明确、严格考核、有奖有惩的原则。

企事业单位建立会计机构的岗位责任制，要从本单位会计业务量和会计人员配备的实际情况出发，按照效益和精简的原则划分工作岗位。会计人员的工作岗位一般可分为：会计主管、出纳、财产物资核算、工资核算、成本费用核算、收入利润核算、资金核算、往来结算、总账报表、稽核等。这些岗位可以一人一岗、一人多岗或一岗多人，企事业单位可以根据自身特点具体确定。为贯彻内部牵制原则，出纳人员不得兼管稽核、会计档案保管及收入、费用、债权债务账目的登记工作。

勤学好问

刘华与孙明都是青岛某大学应届会计专业本科毕业生，同时应聘青岛飞龙有限公司的会计职位。财务经理对刘华、孙明的面试表现都十分满意，难以取舍。在等待通知时，刘华与孙明分别接到财务经理的电话：单位的出纳休产假五个月，担任会计期间同意兼任出纳吗？刘华说："没问题！年轻人应该在实践工作中多锻炼。"孙明说："不合适吧，会计不可兼任出纳，请经理还是另作安排。"青岛飞龙有限公司应录取刘华还是孙明？为什么？

在较大规模的单位中，会计业务量大，会计人员较多，会计机构内部可以按经济业务的类别划分岗位，设立若干职能组，分别负责各项业务工作，如设立综合财务组、工资组、资金组、成本组、会计组等，并按分管的业务明确各自的职责要求。有些单位也可以按经济业务和会计方法相结合的原则进行分工，设置资金核算组、成本核算组、综合报表组、审核分析组和计划决策组等，以便发挥会计的职能作用。

各个岗位上的会计人员在完成本职工作的同时，要与其他岗位上的会计人员密切配合，互相协作、共同做好本单位的会计工作。实行会计人员岗位责任制，并不要求会计人员长期固定在某一工作岗位上。会计人员之间的分工，应该有计划地进行轮换，以便会计人员能够比较全面地了解和熟悉各项会计工作，提高业务水平，便于相互协作，提高工作效率，把会计工作做得更好。

画龙点睛

会计机构的岗位责任制是指在会计机构内部按照会计工作的内容和会计人员配备的要求，将会计机构的工作划分为若干岗位，并为每个岗位规定职责和要求的责任制度。各单位建立会计机构岗位责任制，应同本单位的经济责任制相联系，实行以责定权，权责明确，严格考核，有奖有惩的原则。

10.2.2 会计人员

会计人员是指具体承担一个单位会计工作的人员。其按照职位和岗位分，一般有出纳、会计、会计部门主管人员等；其按照专业技术职务分，一般有会计员、助理会计师、会计师、高级会计师。

企事业单位应根据规模的大小及业务的需要，配备适量的会计人员。这是一个单位会计工作得以正常开展的重要条件。会计人员的配备，要符合会计机构内部岗位设置的要求。一般而言，每个设置专门会计机构的单位，除配备适量的会计人员外，还应该设置会计主管人员，大、中型企事业单位还可以设置总会计师，组织领导整个单位的会计工作。

1. 会计人员的从业资格

自 2013 年 7 月 1 日起施行的《会计从业资格管理办法》规定：在国家机关、社会团体、企业、事业单位和其他组织中担任会计机构负责人（会计主管）的人员，以及从事会计工作的其他人员应当取得会计从业资格。不具备会计从业资格的人员，不得从事会计工作，不得参加会计专业技术资格考试或评审、会计专业技术职务的聘任，不得申请取得会计人员荣誉证书。

（1）对于一般具体从事会计工作的人员，《会计法》第三十八条也有规定，“从事会计工作的人员，必须取得会计从业资格证书”。会计从业资格证书简称会计证，它是具备一定会计专业知识和技能的人员从事会计工作的资格证书。会计人员从业资格的认定是通过会计证制度来推行的，而会计证颁发实行的是考试的办法，并实行验证制度。会计从业资格考试科目为：财经法规与会计职业道德、会计基础、初级会计电算化。会计从业资格考试科目实行无纸化考试，无纸化考试题库由财政部统一组织建设。会计从业资格各考试科目应当一次性通过。会计从业资格证书实行 6 年定期换证制度。持证人员应当在会计从业资格证书到期前 6 个月内，填写定期换证登记表，持有效身份证件原件和会计从业资格证书，到所属会计从业资格管理机构办理换证手续。企事业单位的会计人员必须持证上岗，没有会计从业资格证书的人员不得从事会计工作。

（2）对于担任单位会计机构负责人（会计主管人员），《会计法》第三十八条规定，“除取得会计从业资格证书外，还应当具备会计师以上专业技术职务或从事会计工作三年以上的经历”。

（3）对于总会计师，根据《总会计师条例》，其任职资格是：取得会计师任职资格后，主管一个单位或单位内一个重要方面的财务会计工作时间不短于 3 年。

2．会计人员的职责

会计人员的职责，概括起来就是及时提供真实可靠的会计信息、认真贯彻执行和维护国家财经制度和财经纪律，积极参与经营管理，提高经济效益。根据《会计法》的规定，会计人员的主要职责有以下几方面。

（1）进行会计核算

会计人员要对实际发生的经济业务事项进行会计核算，填制会计凭证，登记会计账簿，编制财务会计报告。会计人员在进行会计核算时要做到手续完备、内容真实、数字准确、账目清楚、日清月结、按期报账，如实反映企事业单位的财务状况、经营成果和财务状况的变动，以满足国家宏观经济管理以及企业内部经营管理和有关各方的需要。进行会计核算，及时地提供真实可靠的、能满足有关各方需要的会计信息是会计人员最基本的职责，也是做好会计工作最起码的要求。

（2）实行会计监督

企事业单位的会计机构、会计人员对本单位实行会计监督。监督的主要内容有：

① 会计机构、会计人员对原始凭证进行审核和监督，对不真实、不合法的原始凭证不予受理，对伪造、变造、故意毁灭会计账簿或账外设账行为应当制止和纠正。

② 会计机构、会计人员应当对实物、款项进行监督，督促建立并严格执行财产清查制度。发现账簿记录与实物、款项不符的时候，应当按照有关规定进行处理；无权自行处理的，应当立即向本单位领导报告，请求查明原因，作出处理。

③ 会计机构、会计人员对指使、指令编造、篡改财务报告的行为，应当制止和纠正；

制止和纠正无效的，应当向上级主管单位报告，请求处理。

④ 会计机构、会计人员应当对财务收支进行监督。

⑤ 会计机构、会计人员对违反单位内部会计管理制度的经济活动，应当制止和纠正；制止和纠正无效的，向单位领导人报告，请求处理。

⑥ 会计机构、会计人员应当对单位制订的预算、财务计划、经济计划、业务计划的执行情况进行监督。

企事业单位必须接受审计机关、财政机关和税务机关依照国家法律和有关规定进行的监督，如实提供会计凭证、会计账簿、会计报表和其他会计资料以及有关情况，不得拒绝、隐匿、谎报。

（3）制定本单位会计政策

国家制定的统一的会计法规只是对会计工作管理和会计事务处理办法的一般规定。企事业单位要依据国家颁布的会计法规，结合本单位的特点和需要，建立健全本单位内部适用的会计事项处理办法。例如建立会计人员岗位责任制、内部牵制和稽核制度；制定分级核算、分级管理办法和费用开支报销手续办法等。

（4）办理其他会计事务

发展经济离不开会计。经济越发展，社会分工越细，生产力水平越高，作为经济管理重要组成部分的会计也就越重要，会计事务也日趋丰富。例如实行责任会计、经营决策会计、电算化会计等。

3. 会计人员的工作权限

为了保障会计人员能够顺利地履行自己的职责．国家赋予了他们必要的工作权限，主要有以下几方面。

（1）有权要求本单位有关部门、人员认真执行批准的计划、预算，遵守国家法律及财经纪律和财务会计制度。如有违反法律、法规的情况，会计人员有权拒绝付款、拒绝报销或拒绝执行，并向本单位领导人报告。对于弄虚作假、营私舞弊、欺骗上级等违法乱纪行为，会计人员必须坚决拒绝执行，并向本单位领导或上级部门报告。会计人员对于违反制度、法令的事项，不拒绝执行，又不向领导或上级机关、财政部门报告的，应同有关人员负连带责任。

（2）有权参与本单位编制计划，制定定额，签订经济合同，参加有关的生产、经营管理会议。领导人和有关部门对会计人员提出的财务开支和经济效益方面的问题和意见，要认真考虑，对合理的意见要加以采纳。

（3）有权监督、检查本单位有关部门的财务收支、资金使用和财产保管、收发、计量、检验等情况。有关部门要提供资料，如实反映情况。

为了保障会计人员行使工作权限，各级领导和有关人员要支持会计人员行使工作权限。本单位领导、上级机关和执法部门对会计人员反映的有关损害国家利益、违反财经纪律等问题，要认真及时地调查处理。如果反映的情况属实，不及时采取措施加以纠正，由领导人和上级机关负责。如果有人对会计人员坚持原则、反映情况进行刁难、阻挠或打击报复，上级机关要查明情况，严肃处理，情节严重的，要给予党纪国法制裁。确立上述法律责任，就能从法律上保护并鼓励会计人员为维护国家利益、维护财政制度和财务制度、保护社会主义公共财产、加强经济管理、提高经济效益而坚持原则，履行自己的职责。

4．会计人员的专业技术职务

为了合理使用会计人员，充分发挥会计人员的积极性和创造性，各企事业单位的会计人员根据学历、从事会计工作的年限、业务水平和工作业绩，并通过专业职务资格考试后，可以确定专业技术职务。目前会计专业职务名称定为会计员、助理会计师、会计师、高级会计师。会计员和助理会计师为初级职务，会计师为中级职务，高级会计师为高级职务。会计专业职务的任职条件和基本职责是有差别的。

（1）会计员的基本条件

初步掌握财务会计知识和技能，熟悉并能按照执行有关会计法规和财务会计制度，能担负一个岗位的财务会计工作，大学专科或中等专业学校毕业，在财务会计工作岗位上见习 1 年期满，并通过会计员专业技术职称资格考试。

会计员的基本职责为：负责具体审核和办理财务收支，编制记账凭证，登记会计账簿，编制会计报表和办理其他会计事务。

（2）助理会计师的基本条件

掌握一般的财务会计基础理论和专业知识；熟悉并能正确执行有关的财经方针、政策和财务会计法规、制度；能担负一个方面或某个重要岗位财务会计工作；在财务会计工作岗位上见习 1 年期满，或大学专科毕业并担任会计员职务 2 年以上，或中等专业学校毕业并担任会计员职务 4 年以上；并通过助理会计师专业技术职称资格考试。

助理会计师的基本职责为：负责草拟一般的财务会计制度、规定、办法；解释、解答财务会计法规、制度中的一般规定；分析、检查某一方面或某些项目的财务收支和预算的执行情况。

（3）会计师的基本条件

较系统地掌握财务会计基础理论和专业知识；掌握并能正确贯彻执行有关的财经方针、政策和财务会计法规、制度；具有一定的财务会计工作经验，能担负一个单位或管理一个地区、一个部门、一个系统的某个方面的财务会计工作；取得博士学位，并具有履行会计师职责的能力或者取得硕士学位并担任助理会计师职务 2 年左右，或者取得第二学士学位或研究生班结业证书，并担任助理会计师职务 2～3 年，或者大学本科或大学专科毕业并担任助理会计师职务 4 年以上；掌握一门外语，并通过会计师专业技术职称资格考试。

会计师的基本职责为：负责草拟比较重要的财务会计制度、规定、办法；解释、解答财务会计法规、制度中的重要问题；分析、检查财务收支和预算的执行情况；培养初级会计人员。

（4）高级会计师的基本条件

较系统地掌握经济、财务会计理论和专业知识；具有较高的政策水平和丰富的财务会计工作经验；能担负一个地区、一个部门或一个系统的财务会计管理工作。取得博士学位，并担任会计师职务 2～3 年；取得硕士学位、第二学士学位或研究生班结业证书；或大学本科毕业并担任会计师职务 5 年以上，较熟练地掌握一门外语，并通过高级会计师专业技术职称资格考评。

高级会计师的基本职责为：负责草拟和解释、解答在一个地区、一个部门、一个系统或在全国施行的财务会计法规、制度、办法；组织和指导一个地区或一个部门、一个系统的经济核算和财务会计工作；培养中级以上会计人才。

确定专业职务对学历和从事财务会计工作年限都有相应的要求，但对确有真才实学、成绩显著、贡献突出、符合任职条件的，在确定其相应专业职务时，可以不受学历和工作年限的限制。

5. 会计主管或会计负责人

企事业单位的会计主管人员或会计机构的负责人，是企事业单位会计工作的领导者和组织者。企事业单位应按照国家统一的会计法规、制度，结合本单位的具体情况主持制定本单位的会计制度和实施办法，科学地组织会计工作，并领导、督促会计人员贯彻执行；参与经营决策，主持制定和考核财务计划或预算；经常研究工作，总结经验，不断改进和完善会计工作；组织会计人员学习，提高会计人员素质，考核会计人员的工作，合理调配会计人员。《会计法》规定，担任单位会计机构负责人的，除取得会计从业资格证书外，还应当具备会计师以上专业技术职称资格或者从事会计工作 3 年以上的经历。

为了从组织上保障会计人员依法行使职权，履行职责不受侵犯，能够正确处理本单位局部利益与国家整体利益的关系，国家对会计主管人员或会计机构负责人的任免，规定了特殊的程序。

6. 总会计师

从 1961 年开始，我国在规模较大的国营企业中，逐步试行总会计师制度。为了确定总会计师的职权和地位，发挥总会计师在加强经济管理、提高经济效益中的作用，1990 年国务院颁布了《总会计师条例》。条例规定，总会计师是单位行政领导成员，协助单位主要行政领导工作，直接对单位主要行政领导负责；总会计师组织领导本单位的财务管理、成本管理、预算管理、会计核算和会计监督等方面的工作，参与本单位重要经济问题的分析和决策，并具体组织本单位执行国家有关财经法律、法规、方针、政策和制度，保护国家财产。

总会计师是一个行政职位，而不是会计人员专业技术职务。但是，总会计师必须是取得会计师任职资格后，主管一个单位或者单位内一个重要方面的财务会计工作时间不少于 3 年的会计人员。

（1）总会计师的基本职责

① 负责组织本单位的下列工作：编制和执行预算、财务收支计划、信贷计划；拟定资金的筹措和使用方案，开辟财源，有效地使用资金；进行成本费用预测、计划、控制、核算、分析和考核，督促本单位有关部门降低消耗，节约费用，提高经济效益；建立、健全经济核算制度，利用财务会计资料进行经济活动分析；承办单位主要行政领导交办的其他工作。

② 负责对本单位财会机构的设置和会计人员的配备、会计专业技术职务的设置和聘任提出方案；组织会计人员的业务培训和考核；支持会计人员依法行使职权。

③ 协助单位主要行政领导对企业的生产经营、行政事业单位的业务发展以及基本建设投资等问题作出决策；参与新产品开发、技术改造、科技研究、商品（劳务）价格和工资

奖金等方案的制定；参与重大经济合同和经济协议的研究、审查。

（2）总会计师的工作权限

① 对违反国家财经法律、法规、方针、政策、制度和有可能在经济上造成损失、浪费的行为，有权制止或者纠正；制止或纠正无效时，提请单位主要行政领导处理。

② 有权组织本单位各职能部门、直属基层组织的经济核算、财务会计和成本管理方面的工作。

③ 主管审批财务收支工作。除一般的财务收支可以由总会计师授权的财会机构负责人或者其他指定人员审批外，重大的财务收支须经总会计师审批或者由总会计师报单位主要行政领导批准。

④ 预算与财务收支计划、成本和费用计划、信贷计划、财务专题报告、会计决算报表须经总会计师签署；涉及财务收支的重大业务计划、经济合同、经济协议等在单位内部须经总会计师会签。

⑤ 会计人员的任用、晋升、调动、奖惩应当事先征求总会计师的意见；财会机构负责人或者会计主管人员的人选，应当由总会计师进行业务考核，依照有关规定审批。

企业的总会计师由本单位主要行政领导提名，政府主管部门任命或者聘任免职或者解聘程序与任命或者聘任程序相同。

7. 会计人员的法律责任

《会计法》规定，会计人员的法律责任主要包括以下内容。

（1）违反《会计法》的法律责任

会计人员违反《会计法》的行为主要有：

① 不依法设置会计账簿的。

② 私设会计账簿的。

③ 未按照规定编制、取得原始凭证或者填制、取得的原始凭证不符合规定的。

④ 以未经审核的会计凭证为依据登记会计账簿或者登记会计账簿不符合规定的。

⑤ 随意变更会计处理方法的。

⑥ 向不同的会计资料使用者提供的财务会计报告编制依据不一致的。

⑦ 未按照规定使用会计记录文字或者记账本位币的。

⑧ 未按照规定保管会计资料，致使会计资料毁损、灭失的。

⑨ 不按照规定建立并实施单位内部会计监督制度或者拒绝依法实施的监督或者不如实提供有关会计资料及有关情况的。

⑩ 任用会计人员不符合《会计法》规定的。

会计人员如果有上述行为之一的，由县级以上人民政府财政部门责令限期改正。可以对单位并处3000元以上5万元以下的罚款；对其直接负责的主管人员和其他直接责任人员，可以处以2000元以上2万元以下的罚款；属于国家工作人员的，还应当由其所在单位或者有关单位依法给予行政处分。

（2）违反《刑法》的法律责任

① 伪造、变造会计凭证、会计账簿，编制虚假财务会计报告，构成犯罪的，依法追究刑事责任，不构成犯罪的，由县级以上人民政府财政部门予以通报，可以对单位并处5000

元以上 10 万元以下的罚款；对其直接负责的主管人员和其他直接责任人员，可以处以 3000 元以上 5 万元以下的罚款；属于国家工作人员的，还应当由其所在单位或者有关单位依法给予撤职直至开除的行政处分；对其中的会计人员，并由县级人民政府财政部门吊销会计从业资格证书。

② 隐匿或者故意销毁依法应当保存的会计凭证、会计账簿、财务会计报告，构成犯罪的依法追究刑事责任。不构成犯罪的，由县级以上人民政府财政部门予以通报，可以对单位并处 5000 元以上 10 万元以下的罚款；对其直接负责的主管人员和其他直接责任人员，可以处以 3000 元以上 5 万元以下的罚款；属于国家工作人员的，还应当由其所在单位或者有关单位依法给予撤职直至开除的行政处分；对其中的会计人员，并由县级人民政府财政部门吊销会计从业资格证书。

③ 授意、指使、强令会计机构、会计人员及其他人员伪造、变造会计凭证、会计账簿，编制虚假财务会计报告或者隐匿、故意销毁依法应当保存的会计凭证、会计账簿、财务会计报告，构成犯罪的依法追究刑事责任。不构成犯罪的，可以对单位处 5000 元以上 5 万元以下的罚款；属于国家工作人员的，还应当由其所在单位或者有关单位依法给予降级、撤职、开除的行政处分。

勤学好问

如果你是某单位的会计，领导为了本单位的利益，让你做假账并以升职、高工资、高奖金为条件，你应该怎么办？并说明理由。

8．会计人员的继续教育

（1）会计人员继续教育的对象

2013 年 7 月 1 日开始施行的《会计人员继续教育规定（征求意见稿）》规定会计人员继续教育的对象为取得会计从业资格的人员。取得会计从业资格的人员，应当自取得资格的次年开始参加继续教育，取得规定学分。

会计人员继续教育分为高级、中级、初级三个层级。高级会计人员继续教育的对象为取得或者受聘高级会计专业技术资格职务及具备相当水平的会计人员；中级会计人员继续教育的对象为取得或者受聘中级会计专业技术资格职务及具备相当水平的会计人员；初级会计人员继续教育的对象为取得或者受聘初级会计专业技术资格职务的会计人员，以及取得会计从业资格但未取得或者受聘初级会计专业技术资格职务的会计人员。

会计人员由于病假、在境外工作、生育等原因，无法在当年完成继续教育取得规定学分的，应当提供合理证明，经县级以上地方人民政府财政部门审核确认后，其参加继续教育取得规定学分可以顺延至下一年度完成。

（2）会计人员继续教育的形式

会计人员继续教育的形式包括接受培训和其他形式两种。其中，接受培训主要包括：财政部门会计管理机构组织的培训及批准的培训单位组织的培训、省级以上业务主管部门举办的业务培训、正在普通院校或成人院校接受国家承认的会计专业学历教育、财政部门会计管理机构认可的其他形式。其他形式多种多样，不拘一格。如参加财政部组织的全国会计领军人才培训或考试、参加大中型企事业单位总会计师素质提升工程培训、参加高端会计人才培训或考试、公开出版有国际标准书号的会计类书籍、参加会计类知识大赛等继续教育形式。

（3）会计人员继续教育管理的学分制

会计人员继续教育采取学分制，每年参加继续教育取得的学分不得少于 24 学分。同时，对于“接受培训”和“其他形式”两种继续教育形式，分别规定了相应的学分制计量标准。

会计人员参加继续教育培训的，继续教育学分计量标准如下：①参加在继续教育管理部门备案并予以公布的会计人员继续教育机构组织的会计脱产培训和远程网络化会计培训，考试或考核合格的，每学时折算为 1 学分；②参加继续教育管理部门组织的会计人员继续教育师资培训、会计脱产培训和远程网络化会计培训，考试或考核合格的，每学时折算为 1 学分；③参加在继续教育管理部门备案的会计人员所在单位组织的会计脱产培训和远程网络化会计培训，考试或考核合格的，每学时折算为 1 学分；④参加财政部组织的全国会计领军人才培训，考试或考核合格的，每学时折算为 1 学分；⑤参加大中型企事业单位总会计师素质提升工程培训，考试或考核合格的，每学时折算为 1 学分；⑥参加省级财政部门、中央主管单位、新疆生产建设兵团财务局组织的高端会计人才培训，考试或考核合格的，每学时折算为 1 学分。

会计人员参加其他形式继续教育的，继续教育学分计量标准如下：①参加财政部组织的全国会计领军人才考试，以及省级财政部门、中央主管单位、新疆生产建设兵团财务局组织的高端会计人才考试，被录取的，折算为 24 学分；②参加会计、审计专业技术资格考试，以及注册会计师、注册资产评估师、注册税务师考试，每通过一科考试，折算为 24 学分；③参加国家教育行政主管部门承认的会计类专科以上学位学历教育，通过当年度所有学习科目考试或考核的，折算为 24 学分；④独立承担继续教育管理部门或其认可的会计学术团体的会计类研究课题，课题结项的，每项研究课题折算为 24 学分；与他人合作完成的，每项研究课题的第一作者折算为 20 学分，第二、第三作者每人折算为 16 学分，其他作者每人折算为 8 学分；⑤独立在有国内统一刊号的经济管理类报刊上发表的会计类论文，每篇论文折算为 24 学分；与他人合作发表的，每篇论文的第一作者折算为 20 学分，第二、第三作者每人折算为 16 学分，其他作者每人折算为 8 学分；⑥独立公开出版有国际标准书号的会计类书籍，每本会计类书籍折算为 24 学分；与他人合作出版的，每本会计类书籍的第一作者折算为 20 学分，第二、第三作者每人折算为 16 学分，其他作者每人折算为 8 学分；⑦参加省级以上财政部门、中央主管单位、新疆生产建设兵团财务局组织或其认可的会计类知识大赛，成绩合格的，折算为 24 学分。

会计人员在省级财政部门、中央主管单位、新疆生产建设兵团财务局管辖范围之间办理会计从业资格调转，如果未完成以前年度继续教育，应当在调出地完成后才能办理会计从业资格调转手续；如果未完成当年度继续教育，则根据办理调出登记的时间距离当年度末超过 3 个月与否，作出了相应规定。

（4）会计人员继续教育管理的登记制度

继续教育管理部门应当加强对会计人员参加继续教育情况的监督与检查，并将监督、检查结果作为会计人员参加先进会计工作者评选、颁发会计人员荣誉证书等的依据之一。对未按规定参加继续教育或者参加继续教育未取得规定学分的会计人员，继续教育管理部门应当责令其限期改正。

会计人员办理继续教育事项登记，可以通过以下两种途径：①会计人员参加继续教育经考试或考核合格后，应当在 3 个月内持会计从业资格证书、相关证明材料向所属继续教育管理部门办理继续教育事项登记；②继续教育管理部门根据会计人员继续教育机构报送的会计人员继续教育信息，为会计人员办理继续教育事项登记。继续教育管理部门应当建立健全会计人员从业档案信息系统，如实记载会计人员接受继续教育情况。

画龙点睛

会计知识更新是一个永恒的话题。“生也有涯，学也无涯”，一般水平的人要学习、学习、再学习，就是水平很高的也不例外，如“现代科学之父”洪保德就是最好的典范。随着经济的发展，新的会计事项不断出现，会计学科的蕴含量也不断快速增长。因此，会计人员所掌握的知识需要不断更新。坐视，意味着落后；落后，导致被淘汰。《会计法》中对会计人员继续教育的有关规定显得尤为重要。

10.3 会计规范与会计职业道德

10.3.1 会计规范

1．会计规范的意义和种类

（1）会计规范的意义

会计规范是关于会计工作的法律、行政法规和制度的总称，是会计行为的标准。会计规范是经济规范体系的一个重要组成部分。我国经济规范体系中，除了会计规范外，其他有关法律法规中对会计工作也提出了要求，如《公司法》、《税法》、《证券法》等对会计工作、会计信息的披露也都作了规定。

会计是一项综合性的经济管理工作，为了保证会计工作的顺利进行，会计工作必须做到有法可依，有章可循。制定和执行会计规范可以使会计工作符合预定的目标，有利于在经济活动中，贯彻执行财经方针和政策，遵守财经纪律；有了完善的会计规范，便能保障会计人员依法行使职权，充分发挥会计人员的作用；有了完善的会计规范，会计工作才能有组织、有秩序地进行。

（2）会计规范的种类

① 会计法规按性质与作用分：(a) 基本会计法规。基本会计法规是调整国民经济各部门和所有经济领域中财务会计关系的法律规范，具有全面性、稳定性和指导性等特点，是制定其他会计法规的基础，并指导全部会计工作，例如《会计法》、《会计基础工作规范》等。(b) 专项会计法规。专项会计法规是针对基本会计法规中某项条款做的详细规定，用以调整经济活动的某个方面的会计关系，例如《会计档案管理办法》、《会计电算化管理办法》等。(c) 部门会计法规。部门会计法规是按照基本会计法规的要求，结合专项会计法规的规定，根据部门特点制定用以调整部门经济活动的会计关系，例如《企业会计准则》、《事业单位会计准则》、《事业单位财务规则》、《企业财务会计报告条例》、《企业会计制度》

等。（d）其他经济法律中的会计法规。它们与上述三类法规有着密切的联系，可作为上述法规的补充，是我国会计法规的重要组成部分，例如《中华人民共和国合同法》、《中华人民共和国税法》、《中华人民共和国企业破产法》、《中华人民共和国证券法》等。

② 会计法规按内容分：（a）综合性法规，如《会计法》。（b）会计基础工作法规，如《会计基础工作法规》。（c）会计核算法规，如《企业兼营有关会计处理问题的暂行规定》、《国有企业试行破产有关会计处理问题的暂行规定》、《企业所得税会计处理的暂行规定》等。（d）会计人员管理法规，如《会计证管理办法》、《会计人员任免规定》、《会计专业职务试行条例》等。（e）注册会计师法规，如《中华人民共和国注册会计师法》。⑥涉外会计法规，如《对外经济合作企业会计制度》。

③ 会计法规按制定的部门分：（a）《会计法》，全国人民代表大会及其常务委员会制定的《会计法》是调整会计关系、规范会计行为的基本法，也是其他一切会计法规制度的根本大法。（b）国务院制定的有关行政法规，如《总会计师条例》、《企业财务会计报告条例》、《中华人民共和国审计法实施条例》。（c）财政部制定的规章制度，这类会计法规涉及面广，具有及时性、灵活性、针对性、强制性等特点，如《企业会计准则——基本准则》和各项具体准则、《事业单位会计准则》、《事业单位财务规则》、《会计基础工作规范》、《会计证管理办法》、《会计电算化管理办法》等各项制度、规定和办法。④财政部与其他部门联合制定的行政法规，财政部与国家档案局联合颁布的《会计档案管理办法》、财政部与国家税务总局联合颁布的《个体工商户会计制度》。

④ 会计法规按层次分：（a）基本法。即《会计法》，这是会计最高层次的法律规范，也是制定其他会计规范的依据，是由全国人民代表大会常务委员会通过后实施的。（b）会计准则。它是根据《会计法》的要求制定，对所有设在中华人民共和国境内的单位的会计核算工作均有约束力的规范，它由财政部制定，报国务院批准后颁发，具体又分为基本准则和具体准则。（c）会计制度。是由主管全国会计工作的财政部制定发布的，其制定依据是会计法律和会计行政法规。三个层次的关系是：会计法统驭会计准则，会计准则统驭会计制度。

2．会计法

《中华人民共和国会计法》（以下简称《会计法》），是从事会计工作，办理会计事务的法律规范。《会计法》是会计工作中最高层次的法律规范，是指导会计工作的最高准则，也是制定其他会计法规的依据。《会计法》于1985年1月21日由六届全国人大常委会第九次会议通过并公布，自1985年5月1日起实施。为适应改革开放和经济发展的要求，八届全国人大第五次会议于1993年12月29日，通过并公布了第一次修改后的《会计法》。随着社会经济环境的变化，会计信息成为社会各界关注的焦点，为了规范会计信息的生成和披露，适应改革和发展的需要，1999年10月31日，九届全国人大常委会第十二次会议第二次对《会计法》进行了修订，并自2000年7月1日起施行。再次修订的《会计法》，对于规范会计行为、保证会计资料真实完整、充分发挥会计在加强财务管理和经济管理、提高经济效益、维护社会主义市场经济秩序中的作用具有非常重要的意义。

修订并重新发布后的《会计法》，共有7章52条，包括以下几部分内容。

（1）总则部分

本部分规定了《会计法》立法宗旨，适用范围，依法建账的基本要求，单位负责人的会计责任，会计机构、会计人员的基本职责，对会计人员的法律保护，会计工作管理体制等几个方面的问题。

（2）会计核算部分

本部分规定了以下几个方面的问题：会计核算的基本要求、会计核算的内容、会计年度、记账本位币、会计凭证、会计账簿、账目核对、会计处理方法、或有事项的披露、财务会计报告、会计记录文字、会计档案管理。

（3）公司、企业会计核算的特别规定

本部分规定了公司、企业确认、计量、记录会计要素的基本要求和其会计核算的禁止性规定两个方面的问题。

（4）会计监督部分

本部分规定了五个方面的问题：单位内部会计监督制度、相关人员在单位内部会计监督中的职责、对违法会计行为的检举、会计工作的社会监督、会计工作的国家监督。

（5）会计机构和会计人员部分

本部分规定了七个方面的问题：会计机构的设置、总会计师的设置、会计机构内部稽核制度和内部牵制制度、会计人员从业资格、会计机构负责人的任职资格、会计人员业务培训与教育、会计工作交接。

（6）法律责任部分

本部分主要规定了会计机构、单位负责人、会计人员和其他有关人员违反《会计法》应当承担的法律责任。法律责任包括行政责任和刑事责任两种。

3．会计准则

会计准则是会计确认、计量、记录和报告所依据的标准和规则。世界各国由于社会经济背景不同，会计准则的制定机构不同，会计准则的内容也不同。1992 年 11 月，财政部公布了企业会计准则，并从 1993 年 7 月 1 日起开始实施，2006 年、2012 年、2014 年分别进行了大规模的修订，这标志着我国会计准则体系的初步建立，使我国会计规范的建设进入了一个新的时期，即与国际会计惯例逐步接轨的时期。

我国会计准则体系包括基本会计准则和具体会计准则两个层次。

（1）基本会计准则

基本会计准则的主要内容是对会计核算的一般原则和对会计要素的确认、计量和报告所作出的规定。其主要内容包括：

① 总则部分。说明了企业会计准则的性质、制定的依据、适用范围、会计工作的前提条件、记账基础以及会计核算基础工作的要求等。如总则中规定了会计核算的基本前提是会计核算工作赖以存在的前提条件，是企业设计和选择会计方法的重要依据。尽管这些基本前提没有规定会计核算的具体方法，但在会计工作中起着重要作用。会计核算的基本前提是人们在长期的会计实践中对其不断认识和总结的结晶。只有规定了这些会计核算的前提条件，会计核算才能正常地进行。

② 关于会计核算质量要求的规定。基本准则中对会计信息质量的要求共有八条，即可靠性、相关性、可理解件、可比性、实质重于形式、重要性、谨慎性和及时性等。这些原则是对会计核算的基本要求，是我国会计核算规范化建设的重要内容；不仅是衡量会计信息质量的基本要求，也是注册会计师审计会计报告公允性的一个参照标准。

③ 关于会计要素准则的规定。所谓会计要素准则，是指企业在核算各项会计要素进行确认、计量、记录和报告时应当遵循的基本要求。企业会计准则将会计要素划分为六项，即资产、负债、所有者权益、收入、费用和利润。

④ 关于会计计量的规定。企业在将符合确认条件的会计要素登记入账并列报于会计报表及其附注时，按照规定的会计计量属性进行计量，确定其金额。会计计量属性包括：历史成本、重置成本、可变现净值、现值、公允价值。

⑤ 关于会计报表体系的规定。《企业会计准则》要求会计报表除满足企业主管机关和财政、税务机关等国家政府部门的需要外，还应当满足企业各方面投资者、债权人、供应商、客户等的需要，要能够向他们提供反映财务状况、产权关系、偿债能力和利益分配的各种会计信息。针对上述要求，会计准则对全国范围内的企业会计报表作了统一规定，规定企业必须编制和对外报送四种主要会计报表，即资产负债表、利润表、现金流量表和所有者权益变动表。

（2）具体会计准则

具体会计准则是以基本会计准则为根据，对经济业务的会计处理及其程序提出的具体要求。从 1997 年正式颁布了《企业会计准则——关联方关系及其关联方交易的披露》开始，到 2001 年共颁布了 16 项具体准则。2006 年 2 月正式颁布了 38 项具体准则，2014 年初新增了 3 项具体准则，会计具体准则的名称如表 10-1 所示。

表 10-1　具体会计准则明细表

序号	准则名称	序号	准则名称	序号	准则名称
1	存货	15	建造合同	29	资产负债表日后事项
2	长期股权投资	16	政府补助	30	财务报表列表
3	投资性房地产	17	借款费用	31	现金流量表
4	固定资产	18	所得税	32	中期财务报告
5	生物资产	19	外币折算	33	合并财务报告
6	无形资产	20	企业合并	34	每股收益
7	非货币性资产交换	21	租赁	35	分部报告
8	资产减值	22	金融工具确认和计量	36	关联方披露
9	职工薪酬	23	金融资产转移	37	金融工具列表
10	企业年金基数	24	套期保值	38	首次执行企业会计准则
11	股份支付	25	原保险合同	39	公允价值计量
12	债务重组	26	再保险合同	40	合营安排
13	或有事项	27	石油天然气开采	41	在其他主体中权益的披露
14	收入	28	会计政策、会计估计变更和差错更正		

知识链接

会计基础工作的规范化程度与信息质量成为社会关注的焦点。会计基础工作规范化与信息质量的关系越来越受到社会的重视。由于它们自身的属性相互间构成了相辅相成、相互联系、不可分割的有机整体。没有会计基础工作的规范化就没有高质量的信息。财务会计需要特别重视会计规范与会计信息质量的关系，而管理会计则不需要遵循一套公认的准则，并接受独立第三方的监督。

画龙点睛

没有规矩，不成方圆。“没有规矩，不成方圆”是出自《孟子·离娄上》：“不以规矩，不能成方圆。”原意是说如果没有规和矩，就无法制作出方形和圆形的物品，后来引申为行为举止的标准和规则。这句贤文旨在教育人们，做人要遵纪守法。因此，会计人员在从事会计工作中，要按照会计法规处理会计业务，是会计人员职业要求之所在。

10.3.2 会计职业道德

1．会计职业道德的内容

会计职业道德是指会计职业人员在从事会计工作、履行会计行为时所应遵守的道德标准。会计职业道德，实际上就是解决会计人员的行为规范。按照《会计基础工作规范》的规定，会计人员职业道德的内容主要包括以下几方面。

（1）爱岗敬业

热爱本职工作，这是做好一切工作的出发点。只有建立了这个出发点，才会勤奋、努力钻研业务技术，使自己的知识和技能适应具体从事的会计工作的要求。

（2）熟悉法规

会计工作不只是单纯的记账、算账、报账工作，会计工作时时、事事、处处涉及执法守规方面的问题。会计人员应当熟悉财经法律、法规和国家统一的会计制度，做到自己在处理各项经济业务时知法依法、知章循章，依法把关守口，同时还要进行法规的宣传，提高法制观念。

（3）依法办事

按照《会计法》要求保证会计信息真实、完整的规定，会计人员必须依法办事，树立自己职业的形象和人格的尊严，敢于抵制歪风邪气，同一切违法乱纪的行为作斗争。

（4）客观公正

会计人员在办理会计事务中，应当实事求是、客观公正。这是一种工作态度，也是会计人员追求的一种境界。做好会计工作，不仅要有过硬的技术本领，同样也需要实事求是的精神和客观公正的态度。否则，就会把知识和技能用错了地方，甚至参与弄虚作假或者串通舞弊。

（5）搞好服务

会计工作的特点，决定了会计人员应当熟悉本单位的生产经营和业务管理情况，因此，会计人员应当积极运用所掌握的会计信息和会计方法，为改善单位的内部管理、提高经济效益服务。

（6）保守秘密

会计人员应当保守本单位的商业秘密，除法律规定和单位负责人同意外，不能私自向外界提供或者泄露单位的会计信息。会计人员由于会计工作性质的原因，有机会了解本单位的财务状况和生产经营情况，有可能了解或者掌握重要商业机密，因此，必须严守秘密。泄密是一种不道德行为，会计人员应当确立泄露商业秘密为大忌的观念，对于自己知悉的内部机密，在任何时候、任何情况下都严格保守，不能随意向外界泄露商业秘密。

画龙点睛

会计职业人格。职业不同职业道德则不同，职业道德构成职业生涯中的人格魅力。会计职业道德与会计信息质量好坏密切相关，会计信息质量的好坏与会计信息使用者的经济决策成败密切相关。因此，会计职业道德是会计工作者的职业人格，会计职业人格比会计人员的生命还要宝贵。

2．会计职业道德的监督检查

建立会计人员职业道德规范的工作，在我国还刚刚起步，实践不多，经验也有待积累。因此，有必要加强对会计人员职业道德的监督和检查工作。根据《会计基础工作规范》的规定，财政部门、业务主管部门和企事业单位是会计人员遵守职业道德情况的检查管理部门。监督和检查，主要是督促和教育，帮助会计人员提高职业道德水平。同时通过正反典型案例的宣传，逐步树立会计人员遵守职业道德的良好风尚。

10.4 会计档案与会计工作交接

10.4.1 会计档案

会计档案是指会计凭证、会计账簿和会计报表等会计核算资料，它是记录和反映经济业务的重要历史资料和证据。会计档案既是企事业单位的重要档案，也是国家档案的重要组成部分。企事业单位应加强对会计档案管理，建立健全会计档案的立卷、归档、保管、调阅和销毁等管理制度，切合实际把本单位的会计档案管理好。

会计档案是过去已发生的会计事项的真实记录，是会计信息使用者总结经验，进行决策的重要资料，也是进行会计检查、审计检查的重要资料。因此，企事业单位的会计部门必须认真做好会计档案的管理工作。

各企事业单位的会计人员要按《关于会计档案管理办法》的有关规定和要求，对本单位的各种会计凭证、会计账簿、会计报表、财务计划、财务预算和重要的经济合同等会计资料定期收集、审查核对、整理立卷、编制目录、装订成册。

1．定期整理归档

会计凭证是重要的会计档案之一。任何单位在完成经济业务手续和记账之后，都必须按规定的立卷归档制度形成会计档案资料。

会计部门在记账之后，应定期（每天、每旬或每月）对各种会计凭证加以分类整理，将各种记账凭证按照编号顺序，连同所附的原始凭证折叠整齐，加具封面、封底装订成册，并在装订线上加贴封签。在封面上，应写明单位名称、年度、月份、记账凭证的种类、起讫日期、起讫号数，以及记账凭证和原始凭证的张数，并在封签外加盖会计主管的骑缝图章。如果采用单式记账凭证，在整理装订凭证时，必须保持会计分录的完整。为此，应按凭证号顺序装订成册，不得按会计科目归类装订。

对各种重要的原始凭证以及各种需要随时查阅和退回的单据，应另编目录，单独登记保管，并在有关的记账凭证和原始凭证上相互注明日期和编号。对于某些记账凭证所附的原始凭证数量过多，可以单独装订保管，但应在封面上注明所属记账凭证的日期、编号、种类，同时在有关的记账凭证上注明“附件另附”和原始凭证名称和编号，以便备查。

会计账簿也是重要的会计档案。各企事业单位的会计人员在年度终了，应将全年已登记完，并已更换的各种明细活页账簿、卡片账簿以及必要的备查账簿连同账簿使用登记表装订成册，加上封面，统一编号，由有关人员签章后，与现金日记账、银行存款日记账和总分类账等订本账簿一起归档保管。

会计报表也是重要的会计档案。企事业单位的会计人员，在年度终了，应将全年编制的会计报表按时间先后顺序整理，装订成册，并加上封面，归档保管。

2．造册归档

每年的会计凭证、账簿、报表都应由财会部门按照归档的要求，负责整理立卷或装订成册。当年的会计档案，在会计年度终了后，可暂由本单位财务会计部门保管一年，期满后，原则上应由财务会计部门编造清册移交本单位的档案部门保管。财务会计部门和经办人员，必须将应归档的会计档案全部移交档案部门，不得自行封包保存。档案部门必须按期点收。档案部门接收的会计档案，原则上要保持原卷册的封装，个别需要拆封重新整理的，应由财会部门和经办人员共同拆封整理，以明确责任。会计档案必须进行科学管理，做到妥善保管，存放有序，查找方便，严格执行安全和保密制度，不得随意堆放，严防毁损、丢失和泄密。

3．制定使用及借阅手续

企事业单位对会计档案必须进行科学管理，做到妥善保管，存放有序，查找方便，并积极为本单位的使用提供方便。但调阅会计档案，应有一定的手续。应设置“会计档案调阅登记簿”，详细登记调阅日期、调阅人、调阅理由、归还日期等。本单位人员调阅会计档案，应经会计主管人员同意。外单位人员调阅会计档案，要有正式介绍信，经单位领导批准。向外单位提供会计档案时，档案原件原则上不得借出。如有特殊需要，须报经上级主管单位批准，并应限期归还。调阅人员未经批准不得擅自摘录有关数字。遇特殊情况需要影印复制会计档案的，必须经过本单位领导批准，并在会计档案调阅登记簿上详细记录会计档案影印复制的情况。

4．会计档案保管期限

会计档案的保管期限，根据保管资料的具体情况，分为永久、定期两类。定期保管期限分为 3 年、5 年、10 年、15 年、25 年共 5 类。会计档案的保管期限，从会计年度终了后的第一天算起。

保管期满的会计档案可以按照以下程序销毁：

① 由本单位档案机构同会计机构提出销毁意见，编制会计档案销毁清册，列明销毁会计档案的名称、卷号、册数、起止年度和档案编号、应保管期限、已保管期限、销毁时间等内容。

② 单位负责人在会计档案销毁清册上签名并签署意见。

③ 销毁会计档案时，应当由档案机构和会计机构共同派员监销。财政部门销毁会计档案时，应当由同级审计部门派员参加监销。

④ 监销人在销毁会计档案前，应当按照会计档案销毁清册所列内容清点核对所要销毁

的会计档案；销毁后，应当在会计档案销毁清册上签名盖章，并将监销情况报告本单位负责人。

《会计档案管理办法》规定了各类会计档案的保管期限，其内容如表 10-2 所示。

表 10-2　各类会计档案的保管期限

序号	档案名称	保管期限	备注
一	会计凭证类		
1	原始凭证	15 年	
2	记账凭证	15 年	
3	汇总凭证	15 年	
二	会计账簿类		
4	总账	15 年	包括日记账
5	明细账	15 年	
6	日记账	15 年	现金和银行存款日记账保管 25 年
7	固定资产卡片		固定资产报废清理后保管 5 年
8	辅助账簿	15 年	
三	财务报告类		包括各级主管部门汇总财务报告
9	月、季度财务报告	3 年	包括文字分析
10	年度财务报告（决算）	永久	包括文字分析
四	其他类		
11	会计移交清册	15 年	
12	会计档案保管清册	永久	
13	会计档案销毁清册	永久	
14	银行存款余额调节表	5 年	
15	银行对账单	5 年	

10.4.2　会计工作交接

《会计法》第四十一条规定："会计人员调动工作或者离职，必须与接管人员办清交接手续。一般会计人员办理交接手续，由会计机构负责人（会计主管人员）监交；会计机构负责人（会计主管人员）办理交接手续，由单位负责人监交，必要时主管单位可以派人会同监交。"这是对会计人员工作交接问题做出的法律规定。

会计人员工作交接是会计工作中的一项重要内容。会计人员调动工作或者离职时，与接管人员办清交接手续，是会计人员应尽的职责，也是做好会计工作的要求。

（1）做好会计交接工作，可以使会计工作前后衔接，保证会计工作连续进行。在持续经营的会计期间，会计工作是不间断进行的，会计人员调动工作或离职时，与接管人员办清交接手续，是保证会计工作连续进行的必要措施。

（2）做好会计交接工作，可以防止因会计人员的更换出现账目不清、财务混乱等现象。在会计人员更换时，如果不办理会计工作交接，或交接不清，不仅会造成账目不清、财务混乱、财产丢失等，也会给不法分子在经济上混水摸鱼有可乘之机。

（3）做好会计交接工作，也是分清移交人员和接管人员责任的有效措施。在会计工作交接过程中，按规定要进行认真的账目核对、财产清点等工作，因此，办好会计交接工作，不仅有利于加强财务会计管理，同时也便于分清移交人员和接管人员的责任。

1．需要办理会计工作交接的情形

《会计法》规定，“会计人员在调动工作或离职时必须办理会计工作交接”。除此之外，会计人员在临时离职或其他原因暂时不能工作时，也应办理会计工作交接，《会计基础工作规范》对此作了进一步的规定。

（1）临时离职或因病不能工作、需要接替或代理的，会计机构负责人（会计主管人员）或单位负责人必须指定专人接替或者代理，并办理会计工作交接手续。

（2）临时离职或因病不能工作的会计人员恢复工作时，应当与接替或代理人员办理交接手续。

（3）移交人员因病或其他特殊原因不能亲自办理移交手续的，经单位负责人批准，可由移交人委托他人代办交接，但委托人应当对所移交的会计凭证、会计账簿、财务会计报告和其他有关资料的真实性、完整性承担法律责任。

2．办理会计工作交接的基本程序

（1）交接前的准备工作

会计人员在办理会计工作交接前，必须做好以下准备工作：

① 已经受理的经济业务尚未填制会计凭证的应当填制完毕。

② 尚未登记的账目应当登记完毕，结出余额，并在最后一笔余额后加盖经办人印章。

③ 整理好应该移交的各项资料，对未了事项和遗留问题要写出书面说明材料。

④ 编制移交清册，列明应该移交的会计凭证、会计账簿、财务会计报告、公章、现金、有价证券、支票簿、发票、文件、其他会计资料和物品等内容；实行会计电算化的单位，从事该项工作的移交人员应在移交清册上列明会计软件及密码、会计软件数据盘、磁带等内容。

⑤ 会计机构负责人（会计主管人员）移交时，应将财务会计工作、重大财务收支问题和会计人员的情况等向接替人员介绍清楚。

（2）移交点收

移交人员离职前，必须将本人经管的会计工作，在规定的期限内，全部向接管人员移交清楚。接管人员应认真按照移交清册逐项点收。具体要求是：

① 现金要根据会计账簿记录余额进行当面点交，不得短缺，接替人员发现不一致或“白条抵库”现象时，移交人员在规定期限内负责查清处理。

② 有价证券的数量要与会计账簿记录一致，有价证券面额与发行价不一致时，按照会计账簿余额交接。

③ 会计凭证、会计账簿、财务会计报告和其他会计资料必须完整无缺，不得遗漏。如有短缺，必须查清原因，并在移交清册中加以说明，由移交人负责。

④ 银行存款账户余额要与银行对账单核对相符，如有未达账项，应编制银行存款余额调节表调节相符；各种财产物资和债权债务的明细账户余额，要与总账有关账户的余额核对相符；对重要实物要实地盘点，对余额较大的往来账户要与往来单位、个人核对。

⑤ 公章、收据、空白支票、发票、科目印章以及其他物品等必须交接清楚。

⑥ 实行会计电算化的单位，交接双方应在电子计算机上对有关数据进行实际操作，确

认有关数字正确无误后，方可交接。

（3）专人负责监交

为了明确责任，会计人员办理工作交接时，必须有专人负责监交。通过监交，保证双方都按照国家有关规定认真办理交接手续，防止流于形式，保证会计工作不因人员变动而受影响；保证交接双方处在平等的法律地位上享有权利和承担义务，不允许任何一方以大压小，以强凌弱，或采取非法手段进行威胁。移交清册应当经过监交人员审查和签名、盖章，作为交接双方明确责任的证件。对监交的具体要求是：

① 一般会计人员办理交接手续，由会计机构负责人（会计主管人员）监交。

② 会计机构负责人（会计主管人员）办理交接手续，由单位负责人监交，必要时主管单位可以派人会同监交。所谓必要时由主管部门派人会同监交，是指有些交接需要主管单位监交或者主管单位认为需要参与监交。通常有三种情况：

（a）所属单位负责人不能监交，需要由主管单位派人代表主管单位监交。如因单位撤并而办理交接手续等。

（b）所属单位负责人不能尽快监交，需要由主管单位派人督促监交。如主管单位责成所属单位撤换不合格的会计机构负责人（会计主管人员），所属单位负责人却以种种借口拖延不办交接手续时，主管单位就应派人督促会同监交等。

（c）不宜由所属单位负责人单独监交，而需要主管单位会同监交。如所属单位负责人与办理交接手续的会计机构负责人（会计主管人员）有矛盾，交接时需要主管单位派人会同监交，以防可能发生单位负责人借机刁难等。此外，主管单位认为交接中存在某种问题需要派人监交时，也可派人会同监交。

（4）交接后的有关事宜

① 会计工作交接完毕后，交接双方和监交人在移交清册上签名或盖章，并应在移交清册上注明：单位名称，交接日期，交接双方和监交人的职务、姓名，移交清册页数以及需要说明的问题和意见等。

② 接管人员应继续使用移交前的账簿，不得擅自另立账簿，以保证会计记录前后衔接，内容完整。

③ 移交清册一般应填制一式三份，交接双方各执一份，存档一份。

3. 移交后的责任

会计工作交接中，合理、公正地区分移交人和接替者的责任是非常必要的。交接工作完成后，移交人员所移交的会计凭证、会计账簿、财务会计报告和其他会计资料是在其经办会计工作期间内发生的，应当对这些会计资料的真实性、完整性负责，即便接替人员在交接时因疏忽没有发现所接会计资料在真实性、完整性方面的问题，如事后发现仍应由原移交人员负责，原移交人员不应以会计资料已移交而推脱责任。

重要概念

会计组织、集中核算、非集中核算、会计机构、会计人员、会计规范、会计职业道德、会计档案

要点回顾

（1）会计工作的组织就是根据会计工作的特点，制定会计法规制度，设置会计机构，配备会计工作人员，以保证合理、有效地进行会计工作。科学地组织会计工作对于保证会计工作质量，提高会计工作效率具有重要的意义。

（2）企事业单位应当根据本单位的特点，选择适合的会计工作组织形式。会计工作的组织形式是指单位内部会计核算工作范围的划分和管理方式。企业会计工作的组织形式有集中核算和非集中核算两种。

（3）会计机构是指直接从事和组织领导会计工作的职能部门。建立健全会计机构是加强会计工作，保证会计工作顺利进行的重要条件。各单位应当根据业务需要设置会计机构，不设置会计机构的应设置会计人员并指定会计主管人员，不具备设置会计机构、会计人员条件的，可以委托实行代理记账。

（4）会计机构的岗位责任制是指在会计机构内部按照会计工作的内容和会计人员配备的要求，将会计机构的工作划分为若干岗位，并为每个岗位规定职责和要求的责任制度。各单位建立会计机构岗位责任制，应同本单位的经济责任制相联系，实行以责定权，权责明确，严格考核，有奖有惩的原则。

（5）会计人员的职责概括起来就是会计核算和会计监督，具体说就是保证会计资料真实、完整，及时提供客观、可靠的会计信息，认真遵守国家的财经和会计方面的法律、法规和制度，积极参与经济管理，提高经济效益。

（6）会计人员是从事会计工作，处理会计业务，完成会计工作任务的专业技术人员。其应具备的基本条件是：必须持有有关机构颁发的会计从业资格证书。

（7）会计规范是关于会计工作的法律、行政法规和制度的总称。会计法规按层次分：一是会计法律，即《中华人民共和国会计法》，这是会计最高层次的规范，也是制定其他会计规范的依据，是由全国人民代表大会常务委员会通过后实施的；二是会计行政法规，是由国务院制定发布或者国务院有关部门拟订经国务院批准发布的法规，如《总会计师条例》、《企业财务会计报告条例》等；三是会计规章制度，是由主管全国会计工作的财政部制定发布的，如《企业会计准则》、《会计从业资格管理办法》、《会计人员继续教育规定》等。

（8）会计职业道德应该是会计职业人员在从事会计工作、履行会计行为时所应遵守的道德标准。我国单位内部会计人员的职业道德内容包括：爱岗敬业、熟悉法规、依法办事、客观公正、搞好服务、保守秘密。

（9）会计档案是指会计凭证、会计账簿和会计报表等会计核算专业资料，它是记录和反映经济业务的重要史料和证据。会计档案主要包括会计凭证、会计账簿和财务会计报告等会计核算专业材料。会计档案应当按照有关法律法规的规定保管、使用和销毁。

复习思考题

1. 会计工作组织的意义是什么？
2. 会计工作组织形式包括哪些？请调查一个企业，对该企业采用的会计工作组织形式的合理性进行评价。

3. 企业应如何设置会计机构？企业设置会计机构应遵循哪些原则？

4. 企业如何配备会计人员？会计人员的职责和权限有哪些？

5. 我国会计法规体系如何构成？各构成部分的相互关系又是怎样的？

6. 会计人员继续教育的形式及内容有哪些？

7. 会计人员应当具备哪些职业道德？你认为会计人员应当如何培养职业道德水平？

8. 会计档案包括哪些内容？企业会计档案的保管期限有何规定？

练习题

一、单项选择题

1. 会计人员继续教育采用学分制，每年参加继续教育取得的学分不少于（　　）学分。

A. 24　　B. 68　　C. 48　　D. 72

2. 我国会计核算工作最高层次的规范是（　　）。

A.《企业会计准则》　　B.《中华人民共和国会计法》

C.《中华人民共和国注册会计师法》　　D.《会计基础工作规范》

3. 银行存款余额调节表应该保管（　　）年。

A. 5　　B. 3　　C. 10　　D. 15

4. 下列不属于会计人员专业技术职称的是（　　）。

A. 会计师　　B. 总会计师　　C. 高级会计师　　D. 助理会计师

5. 根据现行《会计档案管理办法》，现金日记账和银行存款日记账应该保管（　　）年。

A. 3　　B. 5　　C. 15　　D. 25

6. 会计档案销毁清册应该（　　）。

A. 保管5年　　B. 保管10年　　C. 保管15年　　D. 永久保管

二、多项选择题

1. 下列属于会计档案的是（　　）。

A. 会计凭证　　B 会计账簿　　C. 会计报表　　D. 银行对账单

2. 下列会计档案应保管15年的有（　　）。

A. 总账　　B. 会计移交清册

C. 原始凭证　　D. 银行存款余额调节表

3. 会计工作岗位，可以（　　）。

A. 一人一岗　　B. 一人多岗

C. 一岗多人　　D. 出纳兼会计档案保管工作

4. 企业无论是采用集中核算或者非集中核算的组织形式，都应由企业的会计机构集中办理的业务有（　　）。

A. 对外的现金往来　　B. 债权核算

C. 物资购销　　D. 债务结算

5. 下列属于会计工作组织的内容有（　　）。

A. 会计机构的设置　　B. 会计人员的配备

C. 会计规范的制定与执行　　D. 会计档案的保管

6. 下列属于永久保管的会计档案是（　　）。

A. 会计档案保管清册　　B. 年度会计报告

C. 会计档案销毁清册　　D. 会计移交清册

三、判断题

1. 企事业单位的会计人员必须持证上岗，没有会计从业资格证书的人员不得从事会计工作。（　　）

2. 会计岗位应该有计划地进行轮换，以便会计人员能够比较全面地了解和熟悉各项会计工作。（　　）

3. 会计工作岗位责任制要求一人一岗，以符合内部控制制度的要求。（　　）

4. 一个实行独立核算的单位，其工作组织形式既可以选择集中核算形式，也可以选择非集中核算形式。（　　）

5.《会计法》中规定：伪造、变造会计凭证、会计账簿，编制虚假财务会计报告可以对单位并处5000元以上10万元以下的罚款。（　　）

6. 会计档案保管期限届满后，会计人员便可销毁会计档案。（　　）

案例分析

1. 2012年3月，甲市财政局派出检查组对市属国有莱兴机械厂的会计工作进行检查。检查中发现了以下情况：

（1）2011年8月，新厂长孙浩上任后，在未报经主管部门同意的情况下，将原会计科科长王华调到计划科任科长，提拔会计赵飞任会计科科长，并将厂长孙浩同学的女儿江英调入该会计科任出纳，兼管会计档案保管工作。江英没有会计从业资格证书。

（2）2011年10月，会计徐亮申请调离该厂，厂人事部门在其没有办清会计工作交接手续的情况下，即为其办理了调动手续。

要求：分析莱兴机械厂的上述行为是否合法，并说明理由。

2. 2012年1月，华东机械厂发生如下事项：

（1）6日，该厂会计人员王敏脱产学习一个星期，会计科长于英指定出纳员钱玉临时兼管王敏的债权债务账目的登记工作，未办理会计工作交接手续。

（2）11日，该厂档案科会同会计科销毁了一批保管期限已满的会计档案，未报经厂领导批准，也未编造会计档案销毁清册。销毁后未履行任何手续。

（3）该厂2011年度亏损23万元。22日，会计科长于英授意会计人员采取伪造会计凭证等手段调整企业的财务会计报告，将本年度利润调整为盈利50万元，并将调整后的企业财务会计报告经厂长及有关人员签名、盖章后向有关单位报送。

要求：根据以上事项，回答下列问题：

（1）出纳员钱玉临时兼管王敏的债权债务账目的登记工作是否符合规定？

（2）会计人员王敏脱产学习一个星期，是否需要办理会计工作交接手续？

（3）该华东机械厂档案科会同会计科销毁保管期满的会计档案在程序上是否符合规定？为什么？

3. 东盈电子公司会计吕莉因工作努力，钻研业务，积极提出合理化建议，多次被公司评为先进会计工作者。吕莉的丈夫在一家私有电子企业任总经理，在其丈夫的多次请求下，吕莉将在工作中接触到的公司新产品研发计划及相关会计资料复印提供给其丈夫，吕莉的行为给东盈电子公司带来一定的损失。公司认为吕莉不适合继续担任本公司会计工作。

要求：试分析回答下列问题：

（1）吕莉违反了哪些会计职业道德要求？

（2）哪些单位或部门可以对吕莉违反会计职业道德的行为进行处理？并说明理由。

参考文献

[1] 中国注册会计师协会. 2013 年度注册会计师全国统一考试辅导教材·会计. 北京：中国财政经济出版社，2013.

[2] 财政部会计资格评价中心、财政部会计资格评价中心. 2012 年全国会计专业技术资格考试·初级会计实务. 北京：经济科学出版社，2011.

[3] 宋廷山，李视友，刘承伟. 基础会计. 上海：上海财经大学出版社，2011.

[4] 许家林. 会计学原理. 北京：科学出版社，2011

[5] 王爱国等. 会计学原理[M]. 济南：山东人民出版社，2009.

[6] 程淮中. 基础会计. 北京：高等教育出版社，2008.

[7] 陈国辉. 会计学原理[M]. 北京：北京邮电大学出版社，2012.

[8] 李海波. 新编会计学原理:基础会计（第 14 版）[M]. 上海：立信会计出版社，2008.